CNB 536 소선지서에 관한 구속사적 해설
교회가 받고 깨달아야 할 메시지

소선지서 〈II〉

미가서 / 나훔서 / 하박국서 / 스바냐서 / 학개서 / 스가랴서 / 말라기서

이 광 호

2019년

교회와성경

지은이 | 이광호

영남대학교와 경북대학교대학원에서 법학과 서양사학을 공부했으며, 고려신학대학원(M.Div.)과 ACTS(Th.M.)에서 신학일반 및 조직신학을 공부한 후 대구 가톨릭대학교(Ph.D.)에서 선교학을 위한 비교종교학을 연구하였다. '홍은개혁신학연구원' 에서 성경신학 담당교수를 비롯해 고신대학교, 고려신학대학원, 영남신학대학교, 브니엘신학교, 대구가톨릭대학교, 숭실대학교 등에서 학생들을 가르쳤으며, 이슬람 전문선교단체인 국제 WIN선교회 한국대표를 지냈다. 현재는 실로암교회에서 담임목회를 하면서 한국개혁장로회신학교 교장을 맡고 있으며 부경신학연구원에서 강의하고 있다.

저서

- 성경에 나타난 성도의 사회참여(1990)
- 갈라디아서 강해(1990)
- 더불어 나누는 즐거움(1995)
- 기독교관점에서 본 세계문화사(1998)
- 세계 선교의 새로운 과제들(1998)
- 이슬람과 한국의 민간신앙(1998)
- 아빠, 교회 그만하고 슈퍼하자요(1995)
- 교회와 신앙(2002)
- 한국교회 무엇을 개혁할 것인가(2004)
- 한의 학제적 연구(공저)(2004)
- 세상속의 교회(2005)
- 한국교회의 문제점과 극복방안(공저)(2005)
- 교회, 변화인가 변질인가(2015)
- CNB 501 에세이 산상수훈(2005)
- CNB 502 예수님 생애 마지막 7일(2006)
- CNB 503 구약신학의 구속사적 이해(2006)
- CNB 504 신약신학의 구속사적 이해(2006)
- CNB 505 창세기(2007)
- CNB 506 바울의 생애와 바울서신(2007)
- CNB 507 손에 잡히는 신앙생활(2007)
- CNB 508 아름다운 신앙생활(2007)
- CNB 509 열매 맺는 신앙생활(2007)
- CNB 510 웨스트민스터 신앙고백(2008)
- CNB 511 사무엘서(2010)
- CNB 512 요한복음(2009)
- CNB 513 요한계시록(2009)
- CNB 514 로마서(2010)
- CNB 515 야고보서(2010)
- CNB 516 다니엘서(2011)
- CNB 517 열왕기상하(2011)
- CNB 518 고린도전후서(2012)
- CNB 519 개혁조직신학(2012)
- CNB 520 마태복음(2013)
- CNB 521 히브리서(2013)
- CNB 522 출애굽기(2013)
- CNB 523 목회서신(2014)
- CNB 524 사사기, 룻기(2014)
- CNB 525 옥중서신(2014)
- CNB 526 요한 1, 2, 3서, 유다서(2014)
- CNB 527 레위기(2015)
- CNB 528 스코틀랜드 신앙고백서(2015)
- CNB 529 이사야(2016)
- CNB 530 갈라디아서(2016)
- CNB 531 잠언(2017)
- CNB 532 욥기(2018)
- CNB 533 교회헌법해설(2018)
- CNB 534 사도행전(2018)
- CNB 535 소선지서〈I〉(2018)

역서

- 모슬렘 세계에 예수 그리스도를 심자(Charles R. Marsh, 1985년, CLC)
- 예수님의 수제자들(F. F. Bruce, 1988년, CLC)
- 치유함을 받으라(Colin Urquhart, 1988년, CLC)

홈페이지 http://siloam-church.org

소선지서〈II〉

미가서 / 나훔서 / 하박국서 / 스바냐서 / 학개서 / 스가랴서 / 말라기서

CNB 536

소선지서 〈II〉

미가서 / 나훔서 / 하박국서 / 스바냐서 / 학개서 / 스가랴서 / 말라기서

A Study on the Book of Micah, Nahum, Habakkuk, Zephaniah, Haggai, Zechariah, Malachi
by Kwangho Lee

Published by the Church & Bible Publishing House

초판 인쇄 | 2019년 2월 15일
초판 발행 | 2019년 2월 22일

발행처 | 교회와성경
주소 | 평택시 특구로 43번길 90 (서정동)
전화 | 031-662-4742
등록번호 | 제2012-03호
등록일자 | 2012년 7월 12일

발행인 | 문민규
지은이 | 이광호
편집주간 | 송영찬
편집 | 신명기
디자인 | 조혜진

총판 | (주) 비전북출판유통
주소 | 경기도 고양시 일산구 장항동 568-17호 (우) 411-834
전화 | 031-907-3927(대) 팩스 031-905-3927

값은 표지에 있습니다.
파손된 책은 구입처나 출판사에서 교환해 드립니다.
ISBN 978-89-98322-31-1 93230

Printed in Seoul of Korea

CNB 시리즈 서 문

CNB The Church and The Bible 시리즈는 개혁신앙의 교회관과 성경신학적 구속사 해석에 근거한 신 · 구약 성경 연구 시리즈이다.

이 시리즈는 보다 정확한 성경 본문 해석을 바탕으로 역사적 개혁 교회의 면모를 조명하고 우리 시대의 교회가 마땅히 추구해야 할 방향을 제시함으로써 교회의 삶과 문화를 창달하는 것을 그 목적으로 하고 있다.

따라서 이 시리즈는 진지하게 성경을 연구하며 본문이 제시하는 메시지에 충실하고 있다. 그렇다고 이 시리즈가 다분히 학문적이거나 또는 적용이라는 의미에 국한되지 않는다. 학구적인 자세는 변함 없지만 궁극적으로 하나님의 나라를 지향함에 있어 개혁주의 교회관을 분명히 하기 위해 보다 더 관심을 가진다는 의미이다.

본 시리즈의 집필자들은 이미 신 · 구약 계시로써 말씀하셨던 하나님께서 지금도 말씀하고 계시며, 몸된 교회의 머리이자 영원한 왕이신 그리스도께서 지금도 통치하시며, 태초부터 모든 성도들을 부르시어 복음으로 성장하게 하시는 성령께서 지금도 구원 사역을 성취하심으로써 창세로부터 종말에 이르기까지 거룩한 나라로서 교회가 여전히 존재하고 있음을 그 무엇보다도 중요하게 여기고 있다.

아무쪼록 이 시리즈를 통해 계시에 근거한 바른 교회관과 성경관을 가지고 이 땅에 진정한 그리스도인의 삶과 문화가 확장되기를 바라는 바이다.

시리즈 편집인

김영철 목사, 미문(美聞)교회 목사, Th.M.
송영찬 목사, 기독교개혁신보 편집국장, M.Div.
오광만 목사, 대한신학대학원대학교 교수, Ph.D.
이광호 목사, 실로암교회 목사, Ph.D.

소선지서 〈II〉

미가서 / 나훔서 / 하박국서 / 스바냐서 / 학개서 / 스가랴서 / 말라기서

A Study on the Book of
Micah, Nahum, Habakkuk, Zephaniah, Haggai, Zechariah, Malachi

2019년

교회와성경

머리말

지난 해(2018) 가을 호세아서, 요엘서, 아모스서, 오바댜서, 요나서를 주해한 〈소신지서(I)〉를 출간했다. 그 후 추운 겨울을 지나보내고 봄이 가까워오는 때 미가서, 나훔서, 하박국서, 스바냐서, 학개서, 스가랴서, 말라기서를 주해한 〈소선지서(II)〉를 내놓게 되었다. 타락한 시대 여러 선지자들을 통해 언약의 백성들에게 전해진 하나님의 말씀을 살피며 오늘날 우리 시대를 돌아보게 된다.

모든 성경은 각 서책에 따라 부분적으로 읽되 모두가 하나로 연결된 진리라는 사실을 염두에 두어야 한다. 구약성경 가운데 여러 선지자들이 계시 받아 쓴 예언서들 역시 마찬가지이다. 각 선지서들은 시대와 대상에 따라 독자적인 의미를 가지는 동시에 구속사 가운데 다른 선지서들과 유기적으로 연결되어 있다. 즉 시대와 지역에 따라 다양한 배경을 가진 선지자들이 전한 메시지는 전체적으로 통일성이 있다.

소선지서로 알려진 예언서들이 일반적으로 대선지서로 일컬어지는 이사야서, 예레미야서, 다니엘서, 에스겔서보다 그 권위가 떨어지거나 덜 중요한 것으로 여겨서는 안 된다. 모든 선지서들은 그 분량에 상관없이 동일한 권위를 가지고 있다. 하나님께서 특별한 선지자들을 불러 자신의 뜻을 계시한 진리이기 때문이다.

하나님께서는 구속사 가운데 여러 시대에 걸쳐 수많은 선지자들을 보내셨다. 하지만 각 선지자들의 예언을 시대적 배경에 대한 이해 없이 평면적으로 읽어서는 그 뜻을 올바르게 이해할 수 없다. 남북 이스라엘 왕국이 분열된 후 선지자들을 통해 주어진 예언의 말씀은 전체적으로 보아 세 등분의 시대적 특성과 더불어 살펴볼 필요가 있다.

먼저 북 이스라엘 왕국이 앗수르 제국에 의해 패망당하기 전과 망할 무렵 하나님께서 선포한 메시지들은 그 나름대로의 특색을 지니고 있다. 그리고 그보다 오랜 세월이 지난 후 예루살렘 도성과 성전 파괴와 더불어 임한 남 유다 왕국의 패망을 전후한 시기가 가지는 특색이 있다. 또한 이스라엘 자손이 바벨론 포로생활에서 돌아온 후에 하나님께서 주신 특별한 메시지가 있다.

즉 호세아서나 이사야서를 읽을 때와 예레미야서와 다니엘서를 읽을 때 각각 제시된 구속사적 의미와 더불어 달리 읽어야 한다. 또한 학개, 스가랴, 말라기를 읽을 때도 각 시대의 특성을 이해하는 가운데 성경을 대해야만 한다. 또한 역사서를 읽을 때도 각 시대적 특성을 염두에 두고 그 의미를 파악하는 것은 매우 중요하다.

모든 선지자들은 모세 율법을 비롯한 각 시대마다 소유하게 된 성경을 총합적으로 잘 이해하고 있던 신앙인들이었다. 여러 선지자들을 통해 하나님께서 이스라엘 백성에게 주신 예언의 말씀은 장차 오실 메시아를 향하고 있었다. 당시 주어진 예언의 말씀은 오늘날 신약교회 시대에도 그 의미가 여전히 살아있다.

이 책을 접하는 교회와 성도들이 하나님의 말씀인 성경에 올바르게 접근하게 되기를 바란다. 그리하여 이 책을 통해 배도에 빠진 기독교 시대를 살아가는 현대 교회와 그에 속한 성도들이 자기 성찰의 기회와 더불어 이 땅에 참된 교회를 세우는 일을 위해 조금이나마 힘을 얻게 되었으면 한다. 현대 한국 교회가 세상으로부터 마저 지탄받을 정도로 극히 세속화되고 타락한 사실을 부인하는 자들은 없을 것이다.

그러므로 하나님을 진정으로 경외하는 많은 성도들은 교회가 온전히 거듭나기를 바라고 있다. 하지만 진정한 교회 개혁은 인간들의 종교적인 결단이나 다양한 종교개혁에 연관된 행사를 통해서 이루어지지 않는다. 참된 교회의 회복을 위해서는 오직 계시된 하나님의 말씀을 통한 성령 하나님의 도우심을 기대할 수밖에 없다.

이 책이 나올 때까지 여러모로 도움을 주신 많은 분들께 감사드린다. 필자가 목회하고 있는 실로암교회 모든 성도님들께 고마운 마음을 전한다. 그리고 늘 가까이 지켜보며 기도하시는 연로하신 부모님이신 이재일 장로님과 김옥금 권사님께 감사드린다. 점차 기력을 잃어 가시는 듯한 부모님을 보면 늘 마음이 짠하다. 또한 항상 한 집에서 부대끼며 살아가는 사랑하는 아내와 두 아들에게도 고마운 마음을 가진다.

세상이 그 사악함을 더욱 분명히 드러내는 것을 보면 주님 오실 때가 그리 멀지 않다는 생각이 든다. 인간의 문명과 문화, 과학의 발달이 종말을 더욱 가속화하는 듯한 느낌을 받을 때가 많다. 하나님의 자녀들조차 주님의 재림을 관념화 하고 있을 때 주님께서 갑작스럽게 이땅에 재림하실 것이다. 이 놀라운 비밀을 알고 있는 성도들은 항상 정신을 바짝 차리고 깨어 있어야만 한다. 주님의 재림을 실제적으로 기다리는 모든 성도들이 하나님 앞에서 겸손한 자세로 남은 생애를 잘 살아내길 간절히 바란다.

"아멘, 주 예수여 오시옵소서"(계22:20).

2019년 입춘을 앞두고
실로암교회 서재에서
이광호 목사

13

차 례

미가서

〈목 차〉

미가서 · 17

서 문

선지자 미가가 예언을 하던 시대인 유다 왕국의 요담, 아하스, 히스기야 왕이 통치하던 때는 이스라엘 민족이 크게 혼란을 겪고 있었다. 북쪽 지역 사람들은 언약의 백성이라고 주장하면서 실제로는 그와 거리가 먼 삶을 살았다. 특히 지도자를 자처하는 자들 가운데 온갖 부패가 넘쳐나고 있었다.

이미 비뚤어진 '여로보암의 길' 을 좇아가던 북 이스라엘 왕국은 처음부터 배도에 빠져 있었다. 하지만 남쪽 유다 왕국은 그러지 말아야 했다. 예루살렘 성전에는 제사장들과 레위인들이 하나님에 대한 제사와 더불어 성전 관리를 했으며, 많은 백성들이 하나님께 제물을 바치고자 예루살렘을 찾아왔다.

그러나 예루살렘에 거주하던 지도자들은 말씀을 떠나 부패한 상태로 이기적인 욕망을 추구하기에 급급했다. 그들로 인해 영적이며 종교적인 타락상이 넘쳐났다. 그들은 부당한 재물을 취하기 위해 율법에서 벗어나 종교의식을 더럽혔으며 하나님을 욕되게 하는 우상숭배 행위를 예사로 여겼다.

뿐만 아니라 권력을 가진 정치인들은 나약한 시민들을 괴롭혔다. 그리고 부유한 자들은 가난한 사람들을 멸시했다. 그들은 과부와 고아와 나그

네 등 어려움에 처한 사람들에게 긍휼을 베풀기를 거부했다. 오히려 악한 지도자들은 저들에게 심한 억압을 가하며 착취와 학대를 일삼았다.

그런 악행을 저지르면서도 입술로는 하나님의 이름을 떠올리기를 좋아했다. 그들은 하나님을 핑계대어 어리석은 백성들에게 충성을 요구하면서 자기의 종교적 신앙을 앞세우며 자랑하고 있었다. 사람들 앞에서 스스로 하나님으로부터 최상의 축복을 받은 것인 양 떠벌리고 다녔던 것이다.

하지만 저들의 그런 행위는 하나님을 욕되게 하는 것에 지나지 않았다. 그들은 도리어 예루살렘 성전을 모독하기를 되풀이했다. 그리고 백성들에게는 하나님이 살아계시기 때문에 모든 것을 형통하게 해 주시리라고 주장하며 어리석은 자들을 기만했다. 하나님께서는 배도에 빠진 그런 자들을 엄히 심판하시고자 했다.

그런 중에 하나님께서는 선지자 미가를 통해 장차 오실 메시아에 대한 예언의 말씀을 주셨다. 즉 언약의 백성들이 가진 참된 소망은 이땅에 있지 않고 영원한 천국에 있었다. 하나님께서 메시아를 통해 허락하시게 될 영원한 천국을 소망하지 않은 채 타락한 이 세상에서 무언가 성취하고자 하는 것은 하나님의 심판을 자초하게 될 따름이다.

미가서를 강해하는 이 글은 안산 푸른교회(담임목사 권형록) 사경회(2018년 3월 25-26일)를 위해 준비되었다. 지난 수년간 그 교회에서 사경회를 인도해 왔기 때문에 반가운 성도들을 만나 말씀으로 교제할 것을 생각하니 벌써부터 기대감이 부풀어 오른다. 부족한 사람을 불러 말씀으로 교제케 해준 푸른교회 당회와 모든 성도들께 감사의 마음을 전한다.

제1장

배도에 빠진 언약의 백성
(미1:1-16)

1. 남북 이스라엘 왕국과 하나님의 심판에 대한 예언(미1:1-3)

선지자 미가(Micah)는 이스라엘 민족 유다 왕국의 요담, 아하스, 히스기야 왕이 통치하던 시대1)에 하나님의 말씀을 예언한 인물이다. 그는 가드(Gath)에 속한 작은 마을 모레셋(Moresheth) 출신으로 사마리아와 예루살렘 곧 북 이스라엘 왕국과 남 유다 왕국을 향해 예언했다.

우리가 여기서 생각해 보아야 할 점은 그가 수십 년 동안 하나님의 말씀을 예언한 사실은 미가서에 기록된 말씀이 그 오랜 기간에 걸쳐 기록된 것

1) 이 당시 북 이스라엘 왕국은 정치적으로 매우 혼란한 시기였다. 왕에 대한 암살이 되풀이 되었으며 새로운 왕이 등극하여 잠시 권력을 잡았다가 또다시 다음 왕이 나타났다. 그러다가 결국은 BC722년 앗수르 제국에 의해 패망 당하게 된다. 선지자 미가가 예언할 시기를 전후한 이스라엘 왕국의 왕들은, 여로보암 2세의 아들 스가랴, 스가랴를 암살하고 왕위에 오른 살룸, 다시 살룸을 살해하고 왕이 된 므나헴, 그의 아들 브가히야, 그 후 반란을 일으켜 왕위를 쟁탈한 베가, 또한 베가를 살해하고 왕권을 차지한 호세아 등이었다. 결국 이스라엘 왕국이 멸망함으로써 호세아는 이스라엘 왕국의 마지막 왕이 되었다.

을 의미하지 않는다는 사실이다. 즉 미가서는 한자리에서 하나님으로부터 계시 받은 것으로 보인다. 따라서 그가 위에 언급한 세 명의 왕들이 통치하던 시기의 의미가 총체적으로 연결되어 있던 어느 시기에 언약의 자손들을 향한 하나님의 말씀이 그에게 주어졌던 것이다.

당시는 남북 이스라엘 왕국이 앗수르 제국에 의해 끊임없는 침략을 받으며 극한 위기 상황에 처해있던 시기였다.2) 유다 왕국의 아하스와 히스기야 시대이자 북 왕국 호세아의 통치 때 사마리아가 함락되어 북 왕국이 완전히 패망(BC722년) 당하게 되었다. 하지만 남 유다 왕국의 예루살렘 역시 끊임없이 앗수르의 공격을 받고 있었다. 따라서 일반 백성들은 심한 불안에 빠지게 되었으며 하나님의 말씀을 멀리하는 왕들과 제사장들 및 거짓 선지자들뿐 아니라 백성의 지도자들도 갈피를 잡지 못하고 있었다.

그럴 때 하나님께서는 선지자 미가를 통해 하나님의 말씀을 선포하셨다. 그는 전체 언약 백성들을 향해 여호와 하나님께서 하시는 말씀을 들으라고 외쳤다. 뿐만 아니라 땅과 거기 존재하는 모든 만물들도 자세히 귀담아 들어야 한다고 했다. 이는 하나님의 엄위한 선포가 구체적으로 이루어지게 되리라는 사실을 말해주고 있다.

또한 여호와 하나님께서 배도에 빠진 백성들의 모든 허물을 드러내실 것이며 그로 인한 심판은 예루살렘 성전으로부터 이루어지게 된다고 했다. 즉 하나님께서 천상의 나라에서 친히 내려오셔서 그의 처소가 있는 땅의 높은 곳 즉 예루살렘의 성소를 밟고 거기서 궁극적인 심판을 선언하게 된다는 것이었다. 그것은 배도의 길에 치우쳐 있는 백성들에게 두려운 예언이 아닐 수 없었다.

---

2) 그 어간에 앗수르 제국을 통치한 왕들은 디글랏빌레셀 3세, 살만에셀 5세, 사르곤 2세, 산헤립 등이었다.

2. 하나님의 심판과 위기에 처한 나라(미1:4-7)

배도에 빠진 언약의 자손들은 하나님의 심판을 받을 수밖에 없다. 그 무서운 심판이 임하면 여호와 하나님이 임재하시는 예루살렘 성전 아래 있는 모든 산들이 녹아내리고 골짜기들이 갈라지게 된다. 그것은 마치 뜨거운 불 앞에 놓여있는 양초와 같고 산비탈로 쏟아져 내리는 흙탕물과도 같다. 그것은 사람들이 도저히 감당할 수 없는 극한 위기가 도래한다는 사실을 말해주고 있다.

언약의 백성들에게 그런 무서운 심판이 임하게 된 까닭은 전적으로 '야곱의 허물' 과 '이스라엘 족속의 죄' 때문이었다. 여기서 '야곱의 허물' 이란 북 이스라엘 왕국의 사마리아 성의 타락과 그곳 사람들이 행한 배도를 의미하며, '이스라엘 족속의 죄' 란 약속의 땅 가나안의 중심에 위치한 예루살렘 성이 종교 혼합주의적 산당이 되어 그에 가까이 하는 배도자들의 종교 행위에 밀접하게 연관되는 것으로 보인다.

그러므로 하나님께서는 사마리아를 폐허로 만들어 그 땅을 포도나무나 심을 수 있는 광야 같이 만들어 버릴 것이라고 하셨다. 또한 그 돌무더기를 골짜기에 쏟아 붓고 그 성의 기초가 드러나게 하시리라고 말씀하셨다. 이는 당시로서는 화려한 도성이 파괴되어 더 이상 사람들이 살 수 없는 곳이 된다는 의미를 지니고 있다.

그리고 사람들이 새겨 만든 우상을 다 파괴하고 그들이 몸을 팔아 벌어들인 재물을 모두 불살라버릴 것이라고 하셨다. 또한 그들이 나무를 다듬어 만든 목상을 훼파하실 것이며 그들이 기생처럼 자기 몸을 팔아 재산을 끌어 모았으므로 그것들이 기생의 재산으로 되돌아가 버린다는 것이었다. 이는 사마리아가 모은 귀중한 예물들은 우상을 섬기는 자들로부터 취했으므로 그것이 다시 우상을 섬기는 데 사용되리라는 사실에 연관되어 있다. 즉 이는 하나님을 배도하고 부정한 방법으로 모은 재물은 결코 하나님의 영광을 위해 올바르게 사용될 수 없다는 사실을 말해주고 있다.

3. 선지자의 고통과 애곡(미1:8-16)

그런 상황에서 선지자 미가는 스스로 애통하며 애곡할 수밖에 없음을 언급하고 있다. 그는 또한 벌거벗은 몸으로 행하며 마치 들개가 울부짖듯이 슬픈 소리로 애곡하고 타조가 구슬프게 울듯이 애통하리라고 했다. 그것은 저들에게 모든 소망이 완전히 끊어지게 되리라는 사실에 대한 언급이다.

그가 그렇게 애곡하고 애통하는 까닭은 야곱의 자손들 곧 북 이스라엘 왕국 백성이 받은 깊은 상처를 고칠 방법이 없고 그 상처가 남쪽 유다 왕국까지 이르게 될 것이기 때문이라고 했다. 이는 그 고통스런 일이 언약의 백성들의 성문인 예루살렘에도 미치게 될 것에 대한 예언에 연관되어 있다.[3] 하지만 선지자는 그 사실을 가드(Gath)에 알리지 말고 울부짖지 말라고 요구했다. 또한 베들레아브라(Beth-le-aphrah)에서 티끌을 뒤집어쓰고 뒹굴게 되리라는 말을 했다.

그리고 사빌(Shaphir) 거민들에게는 벌거벗은 몸으로 수치를 당하며 이방의 포로로 잡혀 가리라고 했다. 또한 사아난(Zaanan) 사람들은 두려움에 빠져 성 밖으로 나오지도 못할 것이라고 했다. 나아가 벧에셀(Beth Ezel) 거민들이 슬피 우는 소리를 들으면 거기에도 피난처가 없다는 사실을 알게 되리라고 언급했다.

마롯(Maroth) 사람들은 예루살렘 성문 앞에 여호와 하나님으로부터 재앙

---

3) 남북 이스라엘 왕국의 배도 행위로 인해 북쪽 왕국은 앗수르 제국에 의해 완전히 패망 당하게 되지만 남쪽 왕국은 그 명맥을 이어갈 수 있게 된다. 그러나 남 유다 왕국과 예루살렘 성에도 원수의 나라로부터 엄청난 위협이 가해지게 되리라는 사실이 선지자의 입술을 통해 예언되었다.

이 임한 것을 목격하며 거기서 벗어나기 위해 몸부림치게 된다. 그리고 라기스(Lachish) 거민에게는 군마(軍馬)에 마차를 매어 도망칠 준비를 하라고 일렀다. 그들이 이스라엘의 죄를 가장 먼저 받아들여 시온 곧 예루살렘으로 하여금 범죄케 했기 때문이라는 것이었다.

그러므로 유다 사람들에게 가드 모레셋(Moresheth Gath)에 대하여는 예물을 주고 작별을 고하도록 요구했다. 이 말은 저들과의 관계 단절을 요구하는 의미를 지니고 있다. 즉 이스라엘 왕들은 악십(Achzib)의 집들을 믿고 있다가는 헛물을 켤 것이며 그들이 이스라엘의 모든 왕들을 속이게 되리라는 것이었다. 이는 하나님을 떠난 상태에서 형성되는 모든 관계는 곧 허물어질 수밖에 없음을 말해주고 있다.

그리고 마레사(Mareshah) 거민들에게는 적군들이 들이닥칠 것이며 이스라엘의 영광은 아둘람(Adullam)까지 물러가 결국은 점차 사라지게 될 것이라고 했다. 그러면서 저들을 향해 사랑하는 자녀들을 위하여 머리털을 밀고 독수리처럼 대머리가 된 채 애곡하라는 말을 했다. 그 자녀들이 장차 원수들에 의해 사로잡혀 갈 것이기 때문이었다. 하나님의 영광이 사라지고 이방의 포로로 사로 잡혀가는 그와 같은 심각한 형편에서 모든 것을 내려놓고 애곡하지 않을 수 없는 노릇이었다.

이 말씀은 이스라엘 백성이 부정한 이방 나라의 포로가 되어 낯선 먼 지역으로 사로잡혀 갈 것에 대한 예언이다. 이는 곧 미가 선지자가 예언할 당시 북 이스라엘 왕국이 패망하고 사마리아 거민들이 앗수르 제국에 의해 포로로 잡혀간 것에 연관되어 있다. 또한 나중 남 유다 왕국이 멸망하고 예루살렘의 거민들이 바벨론 제국에 의해 포로로 잡혀가게 되는 처참한 사실에 대한 예언적인 의미가 담겨있기도 하다.

제2장

사악한 자들과 남은 자들
(미2:1-13)

1. 사악한 자들(미2:1,2)

언약의 백성들 가운데 살아가면서 그들 위에 군림하며 권세를 부리는 기득권자들은 사악한 자들이다. 그들은 밤이 되면 침상에 누워 남몰래 악행을 꾀하며 간사한 계획을 세운다. 이는 아무도 알아채지 못하게 비밀리에 자기의 욕망을 채우기 위하여 나쁜 일을 도모하는 것을 의미한다.

그들은 세속적인 권세를 가지고 있기 때문에 날이 밝으면 스스로 세운 계획을 하나씩 실행해 나간다. 그들은 가난하고 힘없는 자들의 밭을 탐내어 강제로 빼앗기도 하고 이웃의 가옥들을 탐하여 착취하기도 한다. 그들은 원래부터 소유권을 가진 자들을 부당하게 탄압하며 그 궁핍한 자들이 유산으로 물려받은 소유물을 자기의 것으로 만들어 버리기도 한다.

그런 자들은 온갖 사악한 방법들을 동원하여 세상에서 권력을 누리며 많은 재산을 소유하게 된다. 그들은 부당한 방법을 사용하여 연약한 자들을 괴롭히면서도 그 악한 행위가 얼마나 무서운 결과를 가져 오게 되는지 모르고 있다. 그들은 하나님으로부터 저주받아 참된 분별력을 완전히 상실한 자들이었기 때문이다. 하지만 참된 지혜를 소유한 성도들은 어느 쪽이 참된 복을 소유한 자인지 깨달아 알게 된다.

2. 하나님의 경고와 교훈(미2:3-5)

하나님께서는 선지자 미가를 통해 언약의 족속인 이스라엘 백성에게 끔찍한 재앙을 내리고자 계획하고 계신다는 사실을 말씀하셨다. 그것은 무서운 심판으로서 이미 바짝 임박한 상태가 되어 결코 피할 수 없는 형편이었다. 그 예언이 실행되면 배도에 빠진 자들은 더 이상 머리를 들고 거만한 태도로 활보하지 못하게 된다.

그때 백성들은 자신의 상황을 직시하며 스스로 조롱하는 풍자시를 지을 것이며 슬픈 애가를 지어 부를 것이다. "우리가 완전히 패망하게 되었도다. 여호와 하나님께서 우리에게 허락하신 유산인 땅을 빼앗아 우리를 포로로 잡아 간 원수들의 손에 넘기셨도다"(미2:4). 이는 언약의 나라가 이방 왕국에 의해 빼앗기게 된다는 예언적 의미를 지니고 있다. 즉 언약의 자손들은 이방 지역으로 사로잡혀 가게 되고 그 땅에는 이방 종족이 들어와 자신의 것인 양 간주하여 차지하게 된다는 것이었다.

그러므로 이방인들이 회중 가운데서 제비를 뽑아 땅을 측량하여 나누어 가지게 됨으로써 원주인인 언약의 자손들을 위하여 남겨진 몫은 하나도 없을 것이라고 했다. 여기에는 언약의 언저리에 머물며 배도에 빠진 자들로 인해 하나님께서 냉혹한 심판을 내리시리라는 의미가 내포되어 있다. 자기의 욕망과 목적을 달성하기 위해 배도를 일삼는 기득권자들은 겉보기에 상당한 성공을 거둔 듯이 보이지만 실상은 아무런 의미 없는 허사를 행한 것에 지나지 않는다는 것이었다.

3. 거짓 교사들에게 주어진 메시지(미2:6-11)

이스라엘 백성 가운데서 부당한 기득권을 가진 배도자들은 선지자를 통해 전달되는 예언의 말씀을 듣기 싫어했다. 그들은 귀를 막은 채 하나님께서 주시는 경고의 예언을 경청하기를 거부했다. 그것은 세상에서 얻는 저들의 쾌락이나 만족감을 유지하는 데 아무런 도움이 되지 않을 뿐더러 도리어 방해가 되기 때문이었다. 따라서 그들은 도리어 참 선지자가 예언을 하지 못하도록 가로막았다.

기득권층에 있으면서 부귀영화를 누리던 사람들은 자신에게 임할 재앙에 연관된 것들은 예언할 내용이 못 되는 헛소리라고 주장했다. 그러면서 하나님은 절대로 자기 백성에게 망신을 주거나 수치스럽게 하지 않을 것이라 강조해 말했다. 그 사람들은 스스로 주도하는 언행이 마치 하나님 앞에서 훌륭한 신앙인의 자세라도 되는 양 착각하고 있었다. 율법을 벗어나 주관적인 신앙에 빠진 자들은 하나님의 뜻이나 의도가 아니라 자신의 종교적인 감성에 따라 판단하기를 좋아했기 때문이다.

이러한 문제는 오늘날 우리 시대에도 동일하게 발생하고 있다. 하나님의 말씀을 멀리하는 종교인들은 자신의 판단과 행동이 옳은 것으로 오해한다. 그런 자들은 종교 사회적 분위기에 적절하게 반응하며 그것을 신앙인 양 내세우는 것이다.

그러므로 미가 선지자가 예언하던 당시에도 배도자들은 참 예언을 하는 선지자를 오히려 강하게 책망했다. 하나님께서 특별히 택하신 야곱의 집안이 저주를 받는다고 주장하는 것이 말이 되느냐는 것이었다. 여호와 하나님이 참을성이 없어서 부정한 이방인들에게 거룩한 약속의 땅을 넘기시는 어리석은 일을 행하시겠느냐고 말했다. 하나님은 자기 자녀들에 대하여 끝까지 인내하시는 분으로서 결단코 그런 일을 행하시지 않는다는 것이었다.

배도자들로부터 그와 같은 말을 들은 선지자 미가는 하나님은 정직한 삶을 살아가는 자들을 위해 반드시 유익한 일을 행하신다고 했다. 하지만 올바르지 못한 삶을 살아가는 악한 자들에게는 결코 저들이 원하는 좋은 예언의 말씀을 주시지 않는다는 말을 했다. 따라서 선지자의 말은 정직하고 성실하게 살아가는 하나님의 자녀들에게는 큰 유익이 된다는 것이었다.

선지자는 그 말과 더불어 근래 들어 일어난 일들에 대하여 언급했다. 언약의 자손이라 주장하는 기득권자들이 오히려 하나님의 자녀들에 대하여 마치 적군이나 원수들에게 하듯 악행을 저질렀다는 것이다. 그들은 전쟁을 피하여 다른 곳으로 이주해 가는 연약한 자들의 의복을 빼앗기도 하고 심지어는 입고 있던 겉옷을 벗겨 빼앗기도 했다.

또한 백성의 부녀자들을 저희가 살고 있는 정든 집으로부터 쫓아내고 그 어린 자녀들에게 허락된 하나님의 영광마저도 영영히 빼앗아버렸다. 그들은 언약의 왕국을 상속해야 할 어린 자녀들에게 참된 교훈을 주지 않음으로써 올바른 신앙인으로 성장해 가는 것을 적극적으로 방해했던 것이다.

그러므로 선지자 미가는 이제 그 땅은 더 이상 언약의 자손들이 쉬며 안식할 수 있는 영역이 되지 못한다는 사실을 말했다. 따라서 백성들을 향해 그곳을 떠나 멀리 가라고 했다. 그 거룩한 땅은 이제 더럽혀졌으며 그로 말미암아 하나님께서 그곳을 반드시 심판하실 것이며 그 멸망이 끔찍하리라는 사실을 언급했던 것이다.

그리고 거짓말에 능하고 사기꾼 같은 자가 나타나서, '내가 너희에게 포도주와 독주가 넘쳐나리라고 예언하노라' (미2:11)고 한다면 어리석은 자들은 그를 훌륭한 선지자로 치켜세울 것이 분명하다는 점을 말했다. 그들은 사실 여부와 상관없이 자기에게 듣기 좋은 말을 해주면 무조건 받아들이고자 한다. 즉 거짓 선지자가 포도주와 독주가 넘쳐 맘껏 취하며 살 수 있으리란 말을 하면 그것을 만족스런 예언으로 받아들이게 되리라는 것이었다.

4. 남은 자들과 귀환 예언(미2:12-13)

하나님께서는 선지자 미가를 통해 그에 관한 예언의 말씀을 주신 후 이제 '남은 자' 에 대한 말씀을 하셨다. 그가 장차 야곱에게 속한 무리를 한 자리로 모을 것이며 친히 이스라엘의 남은 자 곧 유다 왕국(미2:12.참조)에 속한 백성을 불러 모으시리라는 것이었다. 하나님은 그들을 모아 '한 처소' (미2:12)에 두리라고 말씀하셨다.

하나님께서 이스라엘 민족의 남은 자들을 한자리에 불러 모아 마치 에돔의 수도로서 풍요로움을 상징하는 보스라의 양떼 같게 하실 것이라고 했다. 그리고 그들이 푸른 초장의 건강한 양 무리 같이 되리라는 언급을 했다. 그들의 수가 매우 많기 때문에 누구든지 그 소리를 크게 들을 수 있게 되리라는 것이었다.

그리고 하나님께서 저들을 위해 길을 열어주시고 그들을 포로 된 이방 땅에서 인도해 내실 것이라고 했다. 그들이 견고한 성문들을 부수고 그 바깥으로 나가게 되리라는 사실을 말했다. 그리고 그들의 지도자를 뒤따라가며 내달려서 원래 자신의 성문에 이르러 자기 처소로 나아가게 될 것이라고 했다. 즉 그들의 왕이 백성들 앞서 행하며 여호와께서 선두에 서서 그 남은 자들을 본토로 인도하시리라는 것이었다.

여기에는 때가 되면 하나님께서 장차 포로로 잡혀가게 될 언약의 자손들을 다시금 본토로 인도하시리라는 의미를 담고 있다. 이는 물론 앞으로 임하실 예수 그리스도의 구원 사역에 대한 예언을 포함하고 있는 것으로 보아야 한다. 하나님께서는 이 모든 것들을 통해 배도에 빠진 이스라엘 자손과 그들 가운데서 메시아를 보내시고자 하는 자신의 뜻을 분명히 보여주셨던 것이다.

제3장

지도자들의 악행
(미3:1-12)

1. 하나님의 공의를 버린 지도자들(미3:1-4)

선지자 미가는 야곱 곧 북 이스라엘 왕국의 고위 관료들과 이스라엘 곧 남 유다 왕국의 치리자들을 향해 말했다. 언약의 자손들의 지도자라면 마땅히 공의에 대하여 알 것이 아니냐고 물었다. 하지만 배도에 빠진 자들은 하나님의 공의를 행하기를 거부했다.

언약의 백성들을 다스리는 지도자들은 하나님께서 원하시는 선을 미워하고 배도자들이 추구하는 악을 행하기를 좋아했다. 이는 단순한 일반 윤리적인 문제에 국한되지 않는다. 그들은 하나님의 백성의 가죽을 벗기고 그 살을 뜯어먹는 악행을 지속했다. 이는 연약한 자들의 살을 먹고 그 가죽을 벗기면서 그 뼈를 꺾어 다지기를 마치 고기를 저미어 냄비에 끓이고 가마솥에 삶아 먹듯이 하고 있다는 것이다. 이는 하나님의 백성을 자신의 욕망을 채우기 위한 대상과 도구로 사용하고 있음을 말해 준다.

하지만 저들의 그와 같은 사악한 삶은 결코 오래 지속될 수 없다. 하나님의 심판이 임하면 권세를 누리던 자들이 하나님께 살려달라고 부르짖을 때가 올 것이었기 때문이다. 선지자는 하나님을 멀리하고 그의 뜻을 외면하는 지도자들을 강하게 책망했다. 그와 같은 악행을 저지르는데도 하나님께서 위기에 빠진 저들의 기도를 들어주실 리 만무하다고 했다. 하나님께서 저들로부터 귀를 막고 그들이 부르짖는 기도를 듣지 않는다는 것이다. 즉 그들의 악한 행위로 인해 그들 앞에서 얼굴을 감추신다는 것이었다.

2. 언약의 백성을 유혹하는 자들(미3:5-8)

하나님의 자녀들을 미혹하는 거짓 선지자들은 그 외형을 보고는 실상을 분별해 내기 쉽지 않다. 그들은 사람들의 구미에 맞는 그럴 듯한 말들을 늘어놓기 때문에 신앙이 어린 자들이 판단하기 어려운 것이다. 그 거짓 선지자들은 무언가 먹을 것을 입 안에 가득 넣어주면 무책임한 '평화' 를 외치기를 좋아한다. 하나님이 저들을 기뻐하신다고 외치면서 어리석은 자들을 기만하며 거짓 선전을 해대는 것이다.

반대로 그 입에 아무것도 채워지지 않으면 좋지 않은 말로 생트집을 잡으며 어리석은 백성들을 협박한다. 즉 그들은 자기에게 먹을거리를 주지 않으면 하나님이 진노하여 마치 금방이라도 재난이 발생할 것처럼 선전하며 겁을 준다. 그런 자들은 하나님의 말씀과 그의 고유한 뜻에 대해서는 전혀 관심이 없고 자기의 욕망을 채우기 위해 평화와 재앙을 되풀이하여 언급하며 언약의 백성들을 이용하기에 급급할 따름이다.

하나님께서 자기 백성들에게 허락하시는 '화평' 은 인간들이 세상에서 경험하는 것과는 본질적으로 다르다. 그 평화는 인간들의 마음에서 생성되거나 주변 환경으로부터 제공되는 것이 아니라 전적인 하나님의 은혜로 허락되는 선물이다. 그러므로 나중 예수님께서는 제자들에게 그에 관한 말씀을 하셨다.

> "평안(평화, peace)을 너희에게 끼치노니 곧 나의 평안을 너희에게 주노라 내가 너희에게 주는 것은 세상이 주는 것 같지 아니하니라 너희는 마음에 근심도 말고 두려워하지도 말라" (요14:27)

예수님께서는 자기를 따르는 제자들에게 평화를 약속하셨다. 이는 나중에 세워지게 될 자신의 몸된 교회에 속한 모든 성도들에게 주어진 것이기도 하다. 그런데 그 평화는 세상에 살아가는 인간들의 일반적인 경험에 따른 이성으로 해석될 수 있는 성질의 것이 아니라는 점이 강조되고 있다.

이에 대해서는 매우 주의 깊은 이해를 해야 한다. 그 평화는 이 세상에 살아가는 성도들에게 도리어 상당한 고통을 동반하게 된다. 이땅에서 예수 그리스도의 나라에 속한 백성이 된 자들은 하나님으로 말미암은 진정한 평화를 간직한 채 세상으로부터 임하는 무서운 환난과 고통을 감내해야 하기 때문이다.

그러므로 예수님께서는 자기를 따르는 제자들에게 진정한 평화를 주신다는 약속을 하시면서 그와 더불어 근심하지 말고 두려워하지도 말라는 언급을 하셨다. 드러나는 형식으로 볼 때는 그 내용이 상호 조화되지 않는 상반된 의미를 지니고 있다. 즉 평화와 두려움은 정반대의 속성을 지니고 있기 때문이다. 성숙한 성도들은 이에 대한 분명한 깨달음을 소유하고 있어야만 한다.

여호와 하나님께서는 그에 연관된 근본 원리를 무시한 채 이스라엘 백성들 가운데 거짓 평화를 전하며 조장하는 자들을 향해 강한 경고의 메시지를 주셨다. 부귀영화를 추구하며 살던 저들의 모든 날은 이제 곧 끝나게 된다는 것이었다. 그리하여 배도에 빠진 자들의 악행으로 인해 한 치 앞을 내나볼 수 없는 깜깜한 흑암이 드리워지게 될 것이며 그때는 거짓 선지자들이 어떤 환상도 보지 못할 것이라 말씀하셨다.

또한 그 흑암으로 인해 그동안 점을 쳐오던 미신 행위마저도 끝나버리게 되리라고 하셨다. 그동안 그들 위에서 비치던 태양 빛이 완전히 사라져버리기 때문에 비록 시간적으로 낮이라 할지라도 깜깜한 밤처럼 되리라는 것이었다. 그와 같은 현상은 저들이 전혀 예기치 못하던 최악의 상태였다.

그렇게 되면 자칭 선견자라 주장하는 자들이 심한 부끄러움에 빠질 것이며 마술을 부리며 사람들을 공교히 속이던 술객들이 수치를 당하게 된다. 이는 하나님께서 저들에게 어떠한 응답도 하지 않을 것이기 때문이다. 저들에게는 이제 백성들을 기만하고 속일 만한 조그만 능력조차도 남아있지 않게 되는 것이다.

그러나 참 선지자들은 전혀 그렇지 않다. 미가는 하나님편에 서 있는 자신에 대하여 언급했다. 자기는 오직 여호와 하나님의 성령으로 말미암아 놀라운 권능과 공의와 재능으로 채움을 얻게 된다는 것이었다. 그리하여 야곱 곧 북 이스라엘 왕국의 허물과 이스라엘 곧 남 유다 왕국 백성의 모든 죄악을 저들 앞에 낱낱이 드러내 보이리라고 말했다. 그 모든 허물과 죄는 배도에 빠진 자들이 스스로 주도한 것들이었다.

3. 지도자들의 악행(미3:9-12)

선지자 미가는 야곱의 족속인 북 이스라엘 왕국의 두령과 이스라엘 족속 곧 남 유다 왕국의 치리자들을 향해 말했다. 그것은 하나님께서 내리시는 강력한 경고의 말씀이다. 즉 하나님의 공의를 미워하고 정직한 것을 굽게 하는 배도자들에게 임하게 될 심판에 연관된 하나님의 예언을 전했던 것이다.

선지자는 그 사람들이 하나님의 거룩한 산에 있는 시온을 붉은 피로 물들였으며 예루살렘을 죄악으로 건축했다는 사실을 지적했다. 그들 가운데 힘을 가진 재판관들은 뇌물을 받고 엉터리 판결을 내림으로써 끊임없이 억울한 사람들을 양산해냈다. 또한 제사장들은 원래의 직분을 버리고 삯을 받을 목적으로 거짓 교훈을 베풀었으며 선지자들은 돈을 벌기 위해 점을 치기를 좋아했다.

그러면서도 배도에 빠진 자들은 자신의 실상을 외면한 채 오히려 자기는 여호와를 의뢰한다는 점을 사람들 앞에서 거짓으로 드러내 보이고자 했다. 그들은 항상 여호와의 이름을 들먹이며 자신이 마치 유능한 신앙인인양 비쳐지기를 좋아한다. 그래서 여호와 하나님이 저들의 무리 가운데 계신다는 점을 관념적으로 강조했다. 그로 인해 언약의 백성들에게 하나님의 재앙이 임하지 않는다고 강조하며 거짓 선전하기를 지속했다.

하지만 하나님께서는 결코 인간들의 잔꾀에 기만당하시는 분이 아니다. 따라서 거짓으로 가득 찬 자들로 말미암아 시온은 마치 쟁기로 밭을 갈 듯이 갈려 뒤엎이게 된다. 또한 예루살렘은 흙무더기처럼 되고 성전이 있는 곳은 수풀로 뒤덮인 우뚝 솟은 산처럼 된다는 것이었다. 이는 거짓 지도자들의 사악한 행위로 말미암아 언약의 자손들 가운데 죄가 관영하게 되고 그 죄악으로 말미암아 거룩한 도성과 그 안에 있는 모든 것들이 황폐하게 된다는 점을 말해주고 있다.

제4장

메시아 강림 예언과 배도에 대한 심판
(미4:1-13)

1. '말일'(末日)에 이루어질 일(미4:1,2)

선지자 미가는 말일 곧 세상 끝 날이 되면 반드시 이룩될 일에 관한 예언을 하고 있다. 그 날이 이르면 거룩한 성전이 서 있는 여호와의 산이 모든 산들의 꼭대기에 우뚝 서게 선다. 그렇게 되면 그 위에서 모든 산들을 눈 아래로 내려다보게 되며 이방 모든 민족들이 그 산을 향하여 구름처럼 몰려들게 된다.

그때 이방 지역으로부터 몰려든 많은 사람들이 길을 행진하며 크게 외친다. "오라 우리가 여호와의 산에 올라가서 야곱의 하나님의 전에 이르자 그가 그 도로 우리에게 가르치실 것이라 우리가 그 길로 행하리라"(미4:2). 하나님의 은혜를 입은 모든 성도들이 하나님의 뜻에 대한 깨달음을 가지게 되는 것이다. 저들에게 중요한 것은 여호와의 산과 그 가운데 있는 거룩한 성전이며 하나님께서 허락하시는 도를 배우며 그의 길로 행하는 것이다.

그리하여 이방 지역에서부터 나아온 새로운 여호와의 백성들은 시온으로부터 율법이 나온다는 사실을 알게 된다. 이는 인간의 두뇌나 이 세상의 다른 어느 곳이 아니라 오직 예루살렘 성전에서부터 하나님의 말씀이 나오게 된다는 점을 깨닫는 것에 연관되어 있다. 이 말은 인생의 참된 길잡이가 되는 유일한 규준은 오직 하나님의 말씀이라는 사실에 기인한다. 이사야서에는 말일(末日)에 임하게 될 일에 대하여 이와 동일한 예언의 말씀이 기록되어 있다.

> "말일에 여호와의 전의 산이 모든 산 꼭대기에 굳게 설 것이요 모든 작은 산 위에 뛰어나리니 만방이 그리로 모여 들 것이라 많은 백성이 가며 이르기를 오라 우리가 여호와의 산에 오르며 야곱의 하나님의 전에 이르자 그가 그 도로 우리에게 가르치실 것이라 우리가 그 길로 행하리라 하리니 이는 율법이 시온에서부터 나올 것이요 여호와의 말씀이 예루살렘에서부터 나올 것임이니라" (사2:2,3)

이사야서에 언급된 말씀과 미가서에 기록된 말씀은 장차 오실 메시아에 연관된 예언이다. 장차 약속의 땅에 메시아가 강림하셔서 예루살렘을 통해 모든 사역을 이룩하시게 되면 세상의 모든 족속들이 그에 굴복할 수밖에 없다. 이는 언약의 자손인 이스라엘 민족으로부터 전 세계를 향한 복음 선포가 이루어질 것에 대한 예언의 말씀이다.

2. 메시아를 통한 심판 예언(미4:3,4)

장차 이땅에 오실 메시아는 세상의 모든 것에 대한 마지막 심판을 행하시게 된다. 그는 많은 민족 가운데서 발생한 모든 악행들에 대하여 엄중한 판결을 하신다. 그리고 각처의 여러 왕국들 사이의 갈등에 대해서도 선악간 해결해 주신다. 이는 주님이 모든 것에 대한 최종 판결자라는 사실을 말해주고 있다. 그렇게 되면 죄와 오염으로 점철된 타락한 세상이 근본적으로 변화하게 된다.

그로 말미암아 새로운 세상에는 더 이상 불필요한 모든 전쟁들이 사라진다. 나라마다 전쟁무기로 사용하던 칼들을 쳐서 농사를 짓는 보습을 만든다. 그리고 사람을 죽이는 창을 쳐서 이로운 낫을 만들게 된다. 더 이상 정복을 위해 칼과 창을 들이대는 일이 없어져 다시는 나라들 사이에 전쟁을 일으키거나 군사 훈련을 할 필요가 없는 시대가 도래하게 되는 것이다. 이 예언의 말씀은 이사야서에도 기록되어 있다.

> "그가 열방 사이에 판단하시며 많은 백성을 판결하시리니 무리가 그 칼을 쳐서 보습을 만들고 그 창을 쳐서 낫을 만들 것이며 이 나라와 저 나라가 다시는 칼을 들고 서로 치지 아니하며 다시는 전쟁을 연습지 아니하리라"(사 2:4)

그때가 이르면 사람들이 자기가 경작하는 포도나무와 무화과나무 아래 평안히 앉아 쉬게 될 것이며 그들을 두렵게 할 자가 완전히 사라진다. 그와 같은 삶은 사람들의 노력과 주변 나라들간의 협상을 통해 그와 같은 상황을 만들어 가는 것이 아니라 하나님께서 보내시는 메시아를 통해 그렇게 된다. 이는 진정한 평화의 시대가 도래할 것에 대한 예언이다.

선지자는 하나님께서 자기에게 그에 관한 예언의 말씀을 주셨음을 강조하고 있다. 우리는 여기서 선지자 이사야가 예언했던 또 다른 본문 말씀을 떠올리게 된다. 장차 메시아가 오시게 되면 죄악 세상과는 완전히 다르게 변할 평화로운 나라에 관한 내용이 곧 그것이다. 그때는 모든 두려움과 갈등이 완전히 사라지게 되는 것이다.

> "그 때에 이리가 어린 양과 함께 거하며 표범이 어린 염소와 함께 누우며 송아지와 어린 사자와 살찐 짐승이 함께 있어 어린 아이에게 끌리며 암소와

곰이 함께 먹으며 그것들의 새끼가 함께 엎드리며 사자가 소처럼 풀을 먹을 것이며 젖 먹는 아이가 독사의 구멍에서 장난하며 젖뗀 어린 아이가 독사의 굴에 손을 넣을 것이라 나의 거룩한 산 모든 곳에서 해됨도 없고 상함도 없을 것이니 이는 물이 바다를 덮음 같이 여호와를 아는 지식이 세상에 충만할 것임이니라 그 날에 이새의 뿌리에서 한 싹이 나서 만민의 기호로 설 것이요 열방이 그에게로 돌아오리니 그 거한 곳이 영화로우리라"(사11:6-10)

우리는 이 말씀 가운데서 장차 이땅에 메시아가 오시게 되면 죄에 빠진 세상이 완전히 바뀌게 된다는 사실을 보게 된다. 이는 물론 예수님께서 이 땅에 오셔서 이룩하신 십자가 사역을 비롯한 그의 모든 생애를 통해 성취된 상황을 말하고 있다. 미가 선지자가 예언한 내용도 그와 동일한 의미를 지니고 있다.

3. 메시아의 때(미4:5-8)

선지자 미가는 장차 때가 이르면 일어나게 될 사실을 예언하고 있다. 하나님을 알지 못하는 모든 백성들은 각각 자기가 믿는 이방 신들의 이름을 빙자하여 개인적인 욕망에 따라 행한다는 것이다. 그런 가운데서도 참 진리를 깨달은 성도들은 여호와 하나님의 능력에 힘입어 영원히 행하게 되리라고 했다. 하나님께서는 선지자의 입술을 통해 친히 그에 대하여 말씀하셨다.

"그 날에는 내가 저는 자를 모으며 쫓겨난 자와 내가 환난 받게 한 자를 모아 그 저는 자로 남은 백성이 되게 하며 멀리 쫓겨났던 자로 강한 나라가 되게 하고 나 여호와가 시온 산에서 이제부터 영원까지 그들을 치리하리라"(미4:6,7).

이 말씀은 이땅에 오신 예수님께서 친히 가르치시고 행하신 일과 그대로 조화된다. 복음서에는 그에 대한 구체적인 증거가 나타나고 있다. 이 내용은 구약성경에 기록된 예언이 메시아를 통해 성취된 사실을 증거해 보여주고 있다.

> "소경이 보며 앉은뱅이가 걸으며 문둥이가 깨끗함을 받으며 귀머거리가 들으며 죽은 자가 살아나며 가난한 자에게 복음이 전파된다 하라 누구든지 나를 인하여 실족하지 아니하는 자는 복이 있도다 하시니라" (마11:5,6)

인간의 몸을 입고 이땅에 오신 예수님께서는 건강하고 유능하여 권력을 가진 부유한 자들이 아니라 어렵고 힘들게 살아가는 가난한 자들에게 복음을 전하여 구원의 길로 인도하셨다. 그런 자들은 이 세상에 특별한 소망이 없으므로 영원한 천국에 소망을 둘 수밖에 없다. 물론 그들은 현실적인 상황과 더불어 자기를 자랑하지 않는 겸허한 삶의 자세를 지니고 있다. 그들이 곧 사람의 능력으로 말미암지 않은 강력한 나라를 세우게 되는 것이다.

선지자 미가는 여기서 여호와 하나님께서 이제부터 영원토록 그리스도께 속한 모든 백성을 시온 산에서 치리하시리라는 예언을 했다. 이는 그들이 하나님의 영원한 백성이 되어 그를 섬기게 된다는 사실과 연관되어 있다. 그러므로 모든 양 떼들의 망대가 되는 시온 산을 향해 옛적부터 권능의 모체가 되어왔던 '예루살렘 왕국' 이 저에게 돌아오게 되리라는 사실을 예언했던 것이다.

성경에 기록되어 있는 것처럼 예루살렘 왕국은 구속사 가운데 매우 특별한 의미를 지니고 있다. 그 왕국은 아브라함 시대 멜기세덱이 통치하던 왕국에 기초하고 있다(창14:17-20). 그 왕국 중앙에 모리아(Moria) 산이 있어서 아브라함은 그 산에서 하나님의 요구에 따라 사랑하는 독자 이삭을 제물로 바쳤다. 그것은 구약성경에 나타난 유일한 인신제사(人身祭祀)로서 장차 예수 그리스도가 오셔서 완벽한 제물이 되어 하나님께 바쳐지게 되는 예언적 성격을 지니고 있었다. 선지자 미가가 예언한 예루살렘 왕국은 그 나라의 회복과 연관되는 의미로 받아들일 수 있다.

4. 바벨론 포로와 귀환에 대한 예언(미4:9,10)

선지자는 언약의 백성을 향해, 어찌하여 울부짖으며 아우성치느냐고 책망했다. 그들 가운데 백성을 온전한 길로 인도할 수 있는 왕이 없어졌고 참 지혜로운 자들이 사라져 버렸기 때문에 마치 해산하는 여인처럼 고통스러워하는 것이냐고 물었다. 이는 그들이 무엇 때문에 그토록 울부짖으며 괴로워하는지 그 이유조차 모르고 있다는 사실에 대한 지적이다. 이 말은 곧 나라를 잃고 극한 어려움에 처하게 될 사실을 시사해주고 있다.

그럼에도 불구하고 하나님께서는 딸 시온에게 구로하여 해산하는 여인처럼 몸부림치라는 말씀을 하셨다. 그러면서 이제 곧 그 성읍에서 쫓겨나 빈들에 나가 살다가 마치 해산하는 여인처럼 몸부림치며 신음하게 되리라는 것이었다. 이는 곧 언약의 백성들이 바벨론의 포로로 잡혀 갈 것에 대한 예언이다. 그것은 또한 예루살렘 성전이 파괴되고 다윗 왕조가 패망 당한 사실과 더불어 그들이 이방인들의 포로가 되어 사로 잡혀가는 엄청난 고통을 동반하지 않을 수 없음을 말해 준다.

그러나 주님께서 장차 다시금 그 언약의 백성을 이방 왕국의 압제로부터 건져내 주시리라고 했다. 즉 원수들의 세력으로부터 저를 속량해 내신다는 것이었다. 하나님께서는 그 백성을 다시금 예루살렘과 언약의 땅으로 불러들임으로써 장차 메시아를 보내시고자 하는 그의 뜻을 진행시키시게 되는 것이다.

우리가 여기서 기억해야 할 바는 이 말씀 가운데 메시아 예언적 의미가 담겨 있다는 사실이다. 딸 시온이 해산하는 여인처럼 구로하며 아들을 낳게 되리라는 예언(미4:10)은 선지자 이사야가 '그러므로 주께서 친히 징조를 너희에게 주실 것이라 보라 처녀가 잉태하여 아들을 낳을 것이요 그의 이름을 임마누엘이라 하리라' (사7:14)고 전한 예언의 말씀과 조화되는 것으로 받아들여야 한다. 이처럼 선지자 미가는 타락한 언약의 자손들을 향해 외치면서 장차 오실 메시아를 예언의 중심에 두고 있다.

5. 메시아 강림을 앞둔 악한 시대(미4:11-13)

선지자는 장차 많은 이방 왕국들이 모든 세력을 결집하여 언약의 백성을 공격하게 되리라는 사실을 언급했다. 그 이방 군대는 시온이 완전히 패망하고 예루살렘이 폐허로 변하는 것을 보고자 한다는 말을 서슴지 않았다. 그렇게 되면 시온이 이방인들에 의해 짓밟혀 더러워질 수밖에 없게 된다.

하지만 그 이방인들은 여호와 하나님의 뜻을 전혀 모른다. 즉 하나님께서 뜻 하시는 바 구체적이고 원대한 계획을 전혀 깨닫지 못하고 있었으므로 그런 악행을 저지르게 된다. 결국 하나님께서는 이제 저들을 한꺼번에 벌하시기 위해 마치 곡식단을 타작마당으로 모아 큰 더미로 쌓듯이 그들을 한자리에 불러 모으신다.

그런 상태에서 하나님께서는 딸 시온을 향해 명령을 내리셨다. 일어나 이방인들의 세력을 치라는 것이었다. 그렇게 하면 하나님께서 시온의 뿔을 철같이 강하게 할 것이며 저의 굽을 놋쇠같이 만들어 저들을 짓밟게 하리라고 말씀하셨다. 그로 인해 무장한 이방의 여러 왕국의 강력한 세력을 쳐부수게 되리라는 것이었다.

그리하여 언약의 자손들이 이방인들에게 궁극적인 승리를 거둠으로써 취한 전리품들을 구별하여 온 세상의 주인이 되시는 여호와 하나님께 바치게 된다. 그것으로 말미암아 하나님이 만방의 통치자란 사실이 백일하에 드러난다. 따라서 언약의 백성들은 궁극적인 승리자이신 여호와 하나님을 믿고 그에 온전히 의지해야만 하는 것이다.

제5장

메시아와 승리의 소망
(미5:1-15)

1. 전쟁 준비(미5:1)

선지자 미가는 여기서 딸로 묘사되는 시온과 예루살렘을 향해 군대를 모으라고 명령했다. 이방인의 세력이 언약의 장소를 에워싸고 있었기 때문이었다. 이는 또한 하나님의 도성과 이방 왕국 사이에 결전(決戰)이 있을 것에 대한 예언적 성격을 지니고 있다.

그런데 그 이방 군대가 막대기로 이스라엘 왕국 통치자의 뺨을 치리라는 사실을 언급하고 있다. 예루살렘을 포위하고 있는 침략군들이 그를 모독하듯이 얼굴을 치게 되리라는 것이었다. 즉 여기서 언약의 왕국의 최고 통치자인 왕이 적군의 막대기로 자신의 뺨을 맞는다는 것은 견디기 어려운 조롱을 당한다는 의미를 지니고 있다.

이는 사실 상상하기조차 힘든 굴욕이다. 언약의 왕국을 다스리는 통치자가 침략자인 이방 군인들로부터 막대기로 뺨을 맞는다는 것은 개인뿐 아니라 민족적인 치욕이 아닐 수 없다. 하지만 그와 같은 불행한 일을 당한다고 할지라도 달리 어찌할 방법이 없다. 하나님으로부터 임하는 도움의 손길이 멈춘 상태에서는 그대로 당할 수밖에 없었던 것이다.

우리는 여기서 당시 이스라엘 민족의 위급한 상황을 엿보게 된다. 하지만 배도에 빠진 지도자들은 그에 연연하지 않고 하나님의 자녀들을 심하게 억압하며 자신의 성공과 번영을 위한 도구 정도로 여겼을 따름이다. 그들은 입술로 하나님의 이름을 부르며 훌륭한 신앙인으로 위장하고 있었지만 그를 진정으로 경외하는 마음을 버린 채 언약의 민족 공동체를 허물고 약화시키는 일에 몰두해 있었던 것이다.

이스라엘 민족의 그 절망스러운 상황을 해결할 수 있는 존재는 오직 여호와 하나님 한 분밖에 없다. 그나마 그것은 인간들의 적극적인 요청에 의한 것이 아니라 전적인 하나님의 작정과 계획에 따른 것이다. 이는 자기 백성들을 구원하시고자 하는 하나님의 전적인 은혜로 말미암아 이루어지게 된다.

2. 베들레헴에서 출생할 메시아(미5:2-5)

선지자 미가는 여기서 장차 이땅에 오실 메시아에 관한 예언을 하고 있다. 그가 베들레헴을 통해 오시게 된다는 것이었다. 비록 베들레헴 에브라다(Bethlehem Ephratah)가 유다 족속 가운데 보잘것없어 보일지라도 이스라엘을 통치할 메시아가 그로부터 오시리라는 예언이었다. 그 메시아는 인간의 몸을 입고 오시게 되지만 죄에 빠진 다른 모든 인간들과는 근원적으로 다른 존재이다.

예수님께서 베들레헴에서 출생했을 때 동방 박사들이 별을 따라 와서 예루살렘의 헤롯왕에게 이르렀다. 그들은 그를 향해 메시아가 어디에서 태어날지 물었다. 헤롯은 그 말을 듣고 제사장들과 서기관들을 불러 모아 그에 대하여 알아보도록 했다. 그들은 구약성경에 기록된 내용을 근거로 삼아 그에 대한 답변을 했다.

"왕이 모든 대제사장과 백성의 서기관들을 모아 그리스도가 어디서 나겠느뇨 물으니 가로되 유대 베들레헴이오니 이는 선지자로 이렇게 기록된 바 또 유대 땅 베들레헴아 너는 유대 고을 중에 가장 작지 아니하도다 네게서 한 다스리는 자가 나와서 내 백성 이스라엘의 목자가 되리라 하였음이니이다"(마2:4-6)

당시 제사장들과 서기관들은 구약성경 미가서의 글을 인용해 그에 대한 답변을 했다. 이는 그 이전의 모든 선지자들도 그 말씀을 통해 이미 알고 있던 내용이었다. 즉 그것은 전혀 새로운 주장이 아니었다.

또한 선지자 미가는 장차 오실 메시아의 근본이 상고(上古)에 있으며 태초에 있다고 선포했다. 이는 메시아가 영원 전부터 존재해 계신 하나님이라는 사실을 증거해 주고 있다. 하나님께서 자기 자녀들을 위해 보내시는 그분은 근원적으로 볼 때 이땅으로부터 오시는 것이 아니라 영원한 천상의 나라에서 오신다는 것이었다. 그 메시아는 곧 삼위일체 하나님 중 성자 하나님 자신이라는 사실을 말해주고 있는 것이다.

미가는 이와 더불어 그가 하나님의 때에 맞추어 이 세상에 오신다는 사실을 드러내 보여주고 있다(미5:3). 즉 아기를 잉태한 여인이 해산하는 날까지 그 아기를 태중에 배고 있다가 때가 차면 이땅에 분만하는 것처럼 메시아가 오시는 것도 그렇다는 것이다. 즉 그때까지 하나님께서는 자기 백성을 이방인의 손에 맡겨두신다는 것이었다.

메시아이신 예수님께서 세상에 오신 것은 하나님의 때가 꽉 찼기 때문이었다. 사도 바울은 이와 연관하여 때가 찼으므로 그가 인간의 몸을 입고 이땅에 오신 것으로 말하고 있다. 그는 갈라디아 교회에 보내는 편지에서 그에 대하여 분명히 언급하고 있다.

"때가 차매(when the fulness of the time was come) 하나님이 그 아들을 보내사 여자에게서 나게 하시고 율법 아래 나게 하신 것은 ... 너희가 아들인

고로 하나님이 그 아들의 영을 우리 마음 가운데 보내사 아바 아버지라 부르게 하셨느니라" (갈4:4-6)

예수님께서 이땅에 오신 것은 우연한 시기에 이루어진 것이 아니다. 나아가 사회적 환경이나 역사적 문제와 연관되어 그 시기에 맞추어 오시지도 않았다. 그가 오신 것은 하나님께서 계획하신 특별한 섭리와 경륜의 때가 꽉 차게 되어 오래 전에 이미 정해진 때가 이르러 성취된 것이다.

선지자 미가는 또한 그후에 사로잡혀 가 있던 남은 백성이 이스라엘 자손에게 돌아올 것이라고 했다. 우리는 여기서 역사적 과정에서 바벨론 제국에 의해 포로로 잡혀 갔다가 나중 귀환할 때 거기 남은 백성들을 지칭하는 것으로 이해할 수 있다. 즉 나중 페르시아 제국에 의해 바벨론이 패망한 후 고레스 왕은 BC538년 포로들의 본토 귀환을 허용했다.

그리하여 스룹바벨, 에스라, 느헤미야를 통해 세 차례 본토로 돌아와 성전 재건과 성곽 재건을 하게 되었다. 그때 귀환하지 않고 페르시아 지역에 남은 자들이 상당수 있었다. 대표적으로 예수님께서 출생하셨을 때 예루살렘과 베들레헴을 방문했던 동방 박사들은 그때 남은 백성들 가운데 하나님의 말씀을 연구하던 서기관들이었다(마2:1-12).

미가서 본문에서 남은 자들 곧 그의 동족들이 본토로 돌아오게 된다는 것은 그 예언이 일차적으로 그와 연관되어 있음을 말해준다(미5:3). 그와 더불어 흩어진 이방 족속들 가운데 택함 받은 백성들이 언약의 자손들에게로 돌아와 접붙임을 받게 되는 것이다. 이는 하나님의 구속사적 경륜에 연관되어 있다.

선지자 미가는 또한 장차 오실 메시아가 언약의 백성들로 하여금 평강을 누리게 해 주실 것이라 말했다. 그로 말미암아 진정한 안녕과 평화가 도래한다는 것이었다. 즉 그가 오시기까지는 언약의 자손들이 적대세력들에 의해 엄청난 고난을 당할 수밖에 없다. 장차 이땅에 오시게 될 메시아는 여호와 하나님의 놀라운 능력과 그의 이름으로 인한 위엄으로써 모든 사역을 감당하시게 된다.

메시아가 여호와 하나님의 능력과 그의 이름으로 말미암은 위엄으로써 굳건히 서서 자기 양떼들에게 신령한 양식을 먹이신다. 이는 그가 언약의 백성으로 하여금 안전하게 거하도록 해준다는 의미를 지니고 있다. 그리고 이제 그의 위대함이 땅 끝까지 미치게 되리라고 했다. 이는 예수님께서 자기 제자들을 향해 '땅 끝까지 이르러 내 증인이 되리라' (행1:8; 13:47)고 말씀하신 약속과 조화되는 교회론적인 의미로 받아들일 수 있다.

3. 앗수르의 침략과 구원의 소망(미5:5,6)

신실한 언약의 백성들은 참된 평강의 제공자가 될 메시아의 도래를 간절히 기다리며 소망하는 삶을 살아가게 된다. 그러나 악을 행하는 자들은 심판주이신 그가 이땅에 오시는 것을 거부하거나 두려워할 수밖에 없다. 또한 메시아를 부인하는 자들의 양상은 언약의 민족 내부에서 배도에 빠진 기득권자들에 의해 발생하기도 하며 이방인들의 영역인 외부에서 나타나기도 한다.

하지만 장차 오실 메시아는 자기 자녀들에게 진정한 평화를 제공하시는 분이다. 따라서 성경은 그를 두고 모든 것에 대하여 완벽한 분이라는 사실을 밝히고 있다. 선지자 이사야는 언약의 자손들을 향해 그에 대한 예언적 메시지를 선포했다.

> "이는 한 아기가 우리에게 났고 한 아들을 우리에게 주신바 되었는데 그 어깨에는 정사를 메었고 그 이름은 기묘자라, 모사라, 전능하신 하나님이라, 영존하시는 아버지라, 평강의 왕이라 할 것임이라" (사9:6)

이처럼 언약의 자손들은 하나님께서 보내시는 메시아를 통해 궁극적인 승리를 얻게 된다. 하지만 선지자 미가는 본문 가운데서 앗수르 군대가 약속의 땅으로 들어와 요새를 침략할 것이라고 예언했다. 그렇게 되면 이스라엘 자손들은 일곱 목자, 여덟 장군들을 보내 그 침략자들과 맞서 싸우게 되리라는 것이었다. 이는 적군의 침략을 방관하지 않고 강력한 지도자들을 통해 저들에 맞서 대치한다는 의미를 지니고 있다.

선지자의 예언이 성취될 때 앗수르 군대는 북 이스라엘 왕국을 공격해 사마리아를 함락시켰다. 뿐만 아니라 그들은 남쪽 예루살렘을 정복하기 위해 모든 전력(戰力)을 쏟아 부었다. 이스라엘 백성들은 그에 맞서 힘껏 싸웠으나 결국 사마리아는 완전히 패망했으며 예루살렘은 겨우 그 명맥을 유지할 수 있게 되었다.

그렇지만 하나님께서는 곤궁해진 언약의 백성들에게 최종 승리를 안겨 주시리라는 약속을 하셨다. 선지자는 그렇게 되는 것이 결코 이스라엘 백성들의 전투력에 달려 있는 것이 아니라는 사실을 언급했다. 예루살렘을 저들의 손에 넘겨주지 않고 자기 백성을 지켜 주신 분은 하나님 곧 메시아였다.

하지만 배도자들은 그 사실을 전혀 알지 못하고 있었다. 그들은 그것이 마치 자신의 능력으로 인한 것인 양 여기며 기고만장했다. 따라서 그들은 배도의 길에서 돌이킨 것이 아니라 더욱 부패한 자리로 들어섰다. 그로 말미암아 더 큰 심판이 도래하고 있었으나 그들은 깨닫지 못하고 있었던 것이다.

4. 야곱의 남은 자(미5:7-9)

북 이스라엘 왕국이 BC722년 앗수르 제국에 의해 패망하게 되자 이방인들이 들어와 약속의 땅을 더럽혔으며 나라 잃은 백성들은 여러 지역으로 뿔뿔이 흩어지게 되었다. 그들은 이제 조상들이 살아오던 땅으로부터 쫓겨나 이방 족속 가운데서 살아갈 수밖에 없었다. 그때 살아남아 언약을 보존하던 자들은 하나님께서 위로부터 내려주시는 이슬 같고 풀잎에 내리는 단비 같을 것이라 했다.

그들은 거기서 사람들을 의지하지 않고 오직 여호와 하나님 한 분만을 의지하리라고 다짐했다. 언약의 백성들은 하나님을 알지 못하는 자들이 자신에게 아무런 도움이 되지 않는다는 점을 알게 되었기 때문이다. 이처럼 하나님 한 분 외에 진정한 도움을 주실 만한 자가 없다는 사실을 깨닫는 것은 매우 중요하다.

야곱의 남은 자들은 많은 나라들과 이방 백성들 가운데 흩어져 있어서 그들이 마치 수풀의 짐승 중에 있는 사자 같고 양떼 중에 있는 젊은 사자 같다고 했다. 만일 그들이 열국의 민족들 가운데로 지나가면 저들을 짓밟고 찢을 것이며 능히 패망에 빠진 그들을 구원할 자가 없다는 것이다. 이 말은 하나님께 속하여 그를 의지하는 성도들의 능력이 얼마나 크고 위대한가 하는 점을 말해주고 있다.

이 모든 것은 메시아의 권능으로 인하여 성취될 뿐 아니라 그의 손이 대적자들 위에 들려 모든 원수를 진멸하기를 바란다고 했다. 즉 일시적으로는 언약의 백성이 이방 세력의 침략을 당해 패망한 듯이 보이지만 메시아가 오시게 되면 저들을 궁극적으로 심판하게 된다는 사실을 말해주고 있다. 따라서 그 백성들은 장차 오실 메시아를 간절히 소망할 수밖에 없었던 것이다.

5. 하나님의 승리와 심판(미5:10-15)

하나님께서 언약의 백성을 향해 말씀하셨다. 메시아와 연관된 그 날이 이르게 되면 전쟁을 위해 예비된 저들의 준마(駿馬)들을 멸절시킬 것이며 저들의 모든 병거를 부숴버리겠다고 하셨다. 이는 언약의 자손들에게 긍정적인 의미를 지니고 있다. 즉 이제는 모든 것에 대한 궁극적인 승리가 이루어지게 될 것이므로 더 이상 전쟁이 필요 없다는 것이다. 또한 배도에 빠진 자들의 성읍들을 멸망시키며 저들의 모든 견고한 성벽들을 완전히 무너뜨리게 될 것이라고 하셨다.

하나님께서는 그와 더불어 복술자들이 사람들을 속이고 기만하는 행위를 저들의 손에서 끊어버리실 것이며 그들 가운데 다시는 사악한 점쟁이가 활동하지 못하게 하시리라고 했다. 뿐만 아니라 하나님께서 친히 어리석은 자들이 자신을 위해 새겨 만든 우상과 주상을 파괴해 버리실 것이며 다시는 언약의 자손들이 인간의 손으로 만든 참람한 것들을 섬기지 않으리라는 말씀을 하셨다.

그리고 하나님께서 저들이 제작한 아세라 목상(木像)을 그들 가운데서 뽑아내 버릴 것이라 언급하셨다. 그리고 하나님께 저항하는 자들의 성읍들을 파괴할 것이라고 하셨다. 나아가 하나님께서는 진노와 분한으로 말미암아 자기의 뜻에 청종치 아니한 나라가 저지른 모든 것들을 심판하시리라고 말씀하셨다.

여기에는 하나님께서 부정하고 부패한 옛적의 모든 것들을 허물어 버리신 후 거룩한 하나님 나라를 다시 세우시겠다는 강력한 의지가 담겨 있다. 타락한 세상에서 인간들이 만든 것들은 파괴되고 그대신 거룩하고 신령한 나라를 예비하고 계신다는 것이었다. 그것을 위해서는 사악한 것들에 대한 심판이 필수적이다.

제6장

하나님의 특별한 말씀과 미가의 대응
(미6:1-16)

1. 언약의 백성을 향한 하나님의 말씀(미6:1-5)

선지자 미가는 언약의 백성들을 향해 여호와 하나님께서 주신 계시의 말씀을 청종하라고 촉구했다. 하나님께서 자기에게 자리에서 일어나 산들 앞에서 쟁변하라고 명하셨다는 것이었다. 그리하여 높고 낮은 모든 산들로 하여금 그 목소리를 듣게 하라는 요구를 하셨다는 것이다.

그 산들과 땅을 떠받치고 있는 견고한 기둥들에게 주님께서 자기 백성을 걸어 논고를 펼치신 내용을 들어보라고 했다. 인간들을 비롯한 모든 피조세계는 그것을 들어야만 할 당위성을 지니고 있다. 그것은 주님께서 자기 백성을 법적인 상대로 삼아 고소하고 계시기 때문이다. 이는 그 백성이 하나님 앞에서 불법을 자행하고 있다는 사실이 만천하에 드러나게 되리라는 사실에 연관되어 있다.

하나님께서는 자기 백성을 향하여 그가 지금까지 저들을 위하여 어떤 일을 행하셨으며, 저들을 괴롭게 한 것이 무엇인지 말해 보라고 질책하셨다. 즉 자기가 아무런 잘못이 없는 자들을 괴롭게 할 목적으로 어떤 징계를 가하신 적이 없다고 말씀하셨던 것이다. 하나님은 오히려 저들을 위해 가장 선한 길로 인도해 오신 사실을 강조하셨다.

하나님께서 친히 언약의 자손을 애굽 땅에서 인도해 내셨으며, 종노릇하며 압제 당하던 그 나라에서 속량하셨다는 사실을 언급했다. 그 일을 위해 모세와 아론과 미리암을 앞서 보내 백성들 앞에서 놀라운 능력을 행하도록 하지 않았느냐고 말씀하셨다. 그러면서 모압 왕 발락이 꾀한 것과 브올의 아들 발람이 그에게 대답한 것을 기억하여 싯딤에서부터 길갈까지의 일들을 생각해 보라고 하셨다. 그리하면 여호와 하나님께서 저들을 위해 의를 행하신 사실을 알게 되리라는 것이었다.

발람과 발락에 관한 기록은 민수기에 기록되어 있다(민22장, 참조). 모압 왕 발락은 이스라엘 민족을 저주하기 위해 이방신 사상에 젖어 있던 발람을 이용하려고 했다. 하나님께서 발람에게 그렇게 하지 말도록 요청하셨으나 은근히 그는 모압 왕 발락의 편에 서고자 했다. 그러자 하나님의 사자가 나타나 발람에게 경고의 메시지를 전하기 위해 그가 타고 가던 당나귀의 입을 통해 저를 꾸짖었다.

그로 인해 발람은 모압 왕 발락을 찾아가 이스라엘 민족을 저주하기는커녕 도리어 축복을 빌게 된다. 나아가 발람은 발락에게 이스라엘 백성을 꾀어 우상의 제물을 먹고 음란한 행위를 하도록 가르쳤다(계2:14). 발락은 발람의 말을 듣고 그대로 실행함으로써 많은 이스라엘 자손으로 하여금 배도에 빠뜨려 타락의 길을 걷도록 만들었다. 선지자 미가는 언약의 백성들에게 모압 왕 발락과 발람 사이에 있었던 일로 인해 하나님의 말씀에 불순종했던 과거를 교훈 삼아 돌이켜 순결을 회복하도록 권고했던 것이다.

2. 미가의 대응(미6:6-8)

선지자 미가는 자기가 무엇을 가지고 여호와 앞에 나아가야 하며 지극히 높으신 하나님을 어떻게 경배해야 할지 언급했다. 그리고 번제물로 바칠 일 년 된 수송아지를 가지고 그 앞에 나아가는 것이 좋을지 스스로 자문(自問)했다. 또한 여호와 하나님께서 과연 수천 마리의 수양이나 강물처럼 넘치는 수만 마리의 동물 기름을 기뻐하실지 의문을 던졌다.

만일 그것이 아니라면 자기 허물을 위하여 자기의 맏아들을 바쳐야 할지 혹은 자기 영혼의 죄악을 인하여 자기 몸에서 태어난 열매 곧 자식을 드려야 할지 말했다. 하나님을 진정으로 경배할 수 있는 방법이 무엇인지 자문했다. 그는 하나님께서 기뻐하실 만한 최상의 제물이 무엇인지 염두에 두고 있었던 것이다. 당시 선지자는 믿음의 조상 아브라함이 모리아 산에서 독자 이삭을 하나님께 제물로 바쳤던 사건을 기억하고 있었을 것이 분명하다.

> "여호와께서 가라사대 네 아들 네 사랑하는 독자 이삭을 데리고 모리아 땅으로 가서 내가 네게 지시하는 한 산 거기서 그를 번제로 드리라"(창22:2)

선지자는 하나님께서 궁극적으로 원하시는 제물은 다양한 동물들의 고기와 피가 아니라 인간의 몸이라는 사실을 알고 있었을 것이다. 이는 물론 장차 오실 예수 그리스도의 십자가 사역에 대한 희미한 그림자로 작용하고 있다. 하나님의 어린 양으로서 완벽한 제물이 될 메시아에 대한 깨달음이 있었던 것이다.

그러면서 선지자는 주님께서 진정으로 원하시는 선한 것이 과연 무엇인지 이미 저들에게 보여주셨음을 말했다. 여호와 하나님께서 언약의 백성에게 구하는 것은 오직 공의를 행하며 인자를 사랑하는 삶이라는 것이었다. 그리고 겸손한 자세로 하나님과 함께 거하며 행하는 것이라고 했다. 이는 하나님의 눈길을 벗어나지 않는 성도로서 온전한 삶을 살아야 한다는 사실과 연관되어 있다. 호세아서에는 그에 관한 기록이 나타난다.

> “나는 인애를 원하고 제사를 원치 아니하며 번제보다 하나님을 아는 것을 원하노라” (호6:6)

하나님께서는 인간들의 일반적인 제사가 아니라 그 이상의 것을 원하고 계신다. 그것은 하나님의 뜻을 올바르게 깨달아 순종하는 것이다. 선지자 호세아는 그것이 곧 인애라고 밝히고 있다.

하지만 우리가 여기서 결코 간과하지 말아야 할 점은 인간들 가운데 하나님께서 요구하시는 그 인애를 온전히 감당할 수 있는 자가 존재하지 않는다는 사실이다. 그것을 위해서는 중보자 되시는 메시아의 사역을 절대로 필요로 한다. 그가 오셔서 흠 없는 완벽한 제물이 되어 하나님께 바쳐짐으로써 구원사역을 감당하실 때 그에게 속한 백성은 그의 사역을 통해 영원한 은혜를 입게 되는 것이다.

이 말은 먼저 하나님을 기쁘게 하는 것이 자기의 소유물을 바침으로써 되지 않는다는 점을 보여주고 있다. 어리석은 사람들은 자기에게 가장 소중한 것을 바치면 하나님께서 기뻐하실 것으로 여긴다. 하지만 하나님은 그런 것들을 바라는 분이 아니라 오실 메시아를 소망하는 가운데 그의 뜻에 온전히 순종하며 살아가는 성도의 삶이라 말씀하셨던 것이다.

또한 우리는 인간의 특별한 행위가 하나님을 기쁘시게 할 수 없다는 점을 분명히 기억할 필요가 있다. 단지 하나님께서 베푸신 은혜로 말미암아 그 신령한 의미에 참여할 수 있게 된다. 그것은 오직 예수 그리스도의 사역을 통해 가능하게 되며 그 결과 하나님 앞에서 온전히 순종하는 삶을 살아갈 수 있는 것이다.

3. 지속되는 하나님의 말씀(미6:9-16)

선지자 미가는 백성들을 향해 여호와 하나님께서 자기 자녀들이 거하는 성읍을 향하여 외쳐 부르고 계신다는 사실을 말했다. 그와 더불어 인간들이 가지는 온전한 지혜란 주님을 알고 그의 이름을 진정으로 경외하는 삶이라는 점을 선포했다. 여호와를 경외하지 않는 자에게는 참된 지혜가 존재하지 않는다. 잠언서 앞부분에서는 그에 대해 분명한 언급을 하고 있다.

> "잠언과 비유와 지혜 있는 자의 말과 그 오묘한 말을 깨달으리라 여호와를 경외하는 것이 지식의 근본이어늘 미련한 자는 지혜와 훈계를 멸시하느니라" (잠1:6,7)

여호와를 경외하지 않는 자들에게는 참된 지식도 지혜도 존재하지 않는다. 하나님의 자녀들은 항상 그점을 염두에 두고 살아가야 한다. 따라서 언약의 백성들이 징계를 당하거나 환난을 당하고 있다면 순순히 그것을 받아들이고 그것을 허용하시는 하나님의 뜻에 온전히 순종할 수 있어야 한다.

하나님을 멸시한 악한 자들의 집에는 부당하게 모은 재물들이 가득 쌓여있으며 그들은 여전히 사람을 속이는 가짜 되를 사용하며 저울추를 속이고 있다. 선지자는 만일 누구든지 부당한 저울을 사용하거나 주머니에 남몰래 거짓 저울추를 숨겨두고 사용한다면, 사람들이 그것을 보며 깨끗한 삶이라 말하겠느냐고 반문했다. 그와 같은 행위는 결코 있어서는 안 될 일이라는 것이었다.

그런 식의 부당한 방법으로 재산을 끌어 모아 부자가 된 자들에게는 강포가 가득하고 그런 사람들이 득실대는 사회에서는 이웃을 기만하고 거짓말 하는 것을 예사로 여긴다. 또한 그들의 혀는 진실을 말하지 않고 속이는 행동을 되풀이 한다. 언약의 백성들 가운데는 결코 그와 같은 일이 있어서는 안 된다.

그러므로 하나님께서는 사악한 자들을 쳐서 크게 상하게 하셨으며 더러운 죄악으로 인해 저들의 땅을 황폐케 하셨다는 것이다. 그런 상황에서는 그들이 많은 음식을 먹지만 배부르지 못한 채 속이 텅 빌 것이며 그들이 자기의 보물을 집안 깊숙이 감추어 두지만 오래 보존되지 못한다. 설령 어느 정도 보존한다고 할지라도 하나님께서 그것들을 원수들의 칼에 붙이실 것이라고 했다.

그리고 그들이 곡식의 씨앗을 열심히 뿌린다고 할지라도 추수하지 못할 것이며 감람 열매를 밟아 기름을 생산한다고 해도 그 기름을 자기 몸에 바르지 못하리라고 했다. 또한 포도주 틀을 밟아 술을 빚을지라도 그것을 마시지 못한다고 했다. 저들의 모든 수고가 아무런 의미가 없는 헛된 것에 지나지 않는다는 것이었다. 이는 하나님을 진정으로 경외하지 않은 상태에서는 아무 것도 온전히 이룩하거나 소유할 수 없음을 말해주고 있다.

나아가 배도에 빠진 언약의 백성들이 하나님을 버리고 오므리의 율례와 아합 집의 모든 행위를 따라 지키고 있음을 지적했다. 이스라엘 백성들 가운데서 권력을 찬탈한 오므리 가문에서는 모세 율법을 변개하여 거짓 율례를 제정함으로써 어리석은 백성들을 속였다. 그리고 아합의 집에서는 주변의 여러 종족들로부터 더러운 이방신 사상을 가지고 들어와 백성들을 혼합주의에 빠뜨렸다.

악한 자들이 그런 식의 간사한 꾀를 동원하여 추구하는 모든 것들은 하나님을 멸시하는 악행에 지나지 않는다. 따라서 하나님께서 저들의 땅을 황무케 만들어 버리신다. 그리고 그 백성들을 사람들의 조롱거리로 만드시게 된다. 그렇게 되면 그 기득권자들이 저지른 악한 소행으로 말미암아 저들로부터 잘못된 지도를 받은 언약의 자손들이 치욕을 당할 수밖에 없게 되는 것이다.

제7장

선지자의 반응과 하나님의 궁극적인 승리
(미7:1-20)

1. 미가의 대응(미7:1-6)

선지자 미가는 당시 이스라엘 백성과 자신이 처한 형편이 곧 재앙이라는 사실을 언급했다. 자기는 마치 여름 실과를 모두 따내고 난 뒤와 포도를 거둔 후 같아서 더 이상 먹을 만한 과일 송이가 남아 있지 않다는 것이었다. 자기 마음에 간절히 원하는 바 처음 익은 무화과 열매가 더 이상 없다는 것이다.

이처럼 하나님을 진정으로 경외하는 선한 사람이 세상에서 끊어져버렸으며 정직한 자가 눈앞에 보이지 않는다고 했다. 또한 많은 무리가 자신의 욕망을 채우기 위해 타인의 피를 흘리고자 길가에 매복하며 각기 그물로 자기 형제를 잡으려 한다는 것이었다. 그런 자들은 두 손을 부지런히 움직이며 끊임없이 악행을 저지르고 있다고 했다. 백성을 다스리는 지도자들과 재판관들은 더러운 뇌물을 받기 원하며 권력을 가진 자들은 사리사욕(私利私慾)을 채우기 위해 서로 공모하기에 급급하다고 했다.

그들 가운데 가장 괜찮게 보이는 사람이라 할지라도 마치 찔레와 같이 날카롭고 가장 정직한 자라고 해도 가시 울타리보다 더 못하다고 했다. 그런 자들에게는 장차 하나님의 무서운 심판이 임할 수밖에 없다. 하나님께서 이미 파수꾼과 같은 수많은 선지자들을 통해 엄히 경고하신 것처럼 저들 앞에는 두려운 형벌의 날이 다가오고 있다. 따라서 그들에게는 엄청난 혼란이 일어날 수밖에 없다는 것이었다.

선지자 미가는 또한 저들에게 이웃을 믿지 말고 친구를 의지하지 말라는 말을 했다. 그리고 자기 품에 누워있는 여인에게도 입술의 문을 굳게 지켜 모든 것을 발설해서는 안 된다고 했다. 아들이 아버지를 멸시하고 딸이 그 어머니를 대적하며 며느리가 시어머니를 대적할 것이므로 사람의 원수가 곧 자기 집안 사람이라는 것이었다(미7:6). 이는 세상에 믿을 만한 사람이 아무도 없다는 사실을 말해주고 있다.

이 말씀은 하나님의 진리와 연관된 예언적 교훈으로 볼 수 있다. 그와 같은 일은 단순한 윤리적인 문제가 아니라 진리로 인해 발생하는 문제로 보아야 하기 때문이다. 예수님께서는 자기로 말미암아 일반적인 평화가 임하는 것이 아니라 가정 안에서조차 화평이 깨어지리라는 사실에 대하여 언급하셨다.

> "내가 세상에 화평을 주러 온 줄로 생각지 말라 화평이 아니요 검을 주러 왔노라 내가 온 것은 사람이 그 아비와, 딸이 어미와, 며느리가 시어미와 불화하게 하려 함이니 사람의 원수가 자기 집안 식구리라 아비나 어미를 나보다 더 사랑하는 자는 내게 합당치 아니하고 아들이나 딸을 나보다 더 사랑하는 자도 내게 합당치 아니하고 또 자기 십자가를 지고 나를 좇지 않는 자도 내게 합당치 아니하니라" (마10:34-38)

우리는 예수님께서 하신 이 말씀을 주의 깊게 생각해 보아야 한다. 그로 말미암아 가족간에 불화가 생기며 서로 원수가 되기까지 한다는 것이다.

이와 같은 양상은 일반적인 관점에서 볼 때 결코 바람직한 현상이라 할 수 없다. 하지만 이 말씀은 이땅에 메시아로 오신 하나님의 아들이 성도들의 삶에 절대적인 위치에 놓이게 된다는 사실을 말해주고 있다.

구원받은 백성에게 있어서 구원자이신 메시아는 이 세상의 어떤 것과도 비교될 수 없는 절대적인 존재이다. 예수님 당시 그로 말미암아 각 가정에서 실제로 그와 같은 일이 발생했을 때 제자들은 그 광경을 지켜보며, 그가 구약에 예언된 메시아라는 사실을 깨달아 알 수 있었다. 미가서 본문에 기록된 예언이 그를 통해 성취되고 있었기 때문이다.

2. 미가의 고백(미7:7-10)

선지자 미가는 그런 가운데서 자기는 오로지 여호와 하나님 한 분만을 우러러 볼 것이며 오직 자기를 구원하시는 주님만 바라보겠다는 말을 했다. 그렇게 하면 하나님께서 자기의 간구와 요청을 들어 주시리라는 것이었다. 이는 하나님 홀로 인간들이 진실로 신뢰할 만한 분이라는 사실을 언급하는 것이다. 이와 같은 고백은 모든 하나님의 자녀들이 소유해야 하는 근본적인 것이다.

이는 하나님께서 저들의 궁극적인 보호자가 된다는 사실을 말해주고 있다. 따라서 선지자는 대적하는 원수들을 향해 자기가 처한 어려운 형편을 바라보면서 기뻐하지 말라는 경고를 했다. 자기는 일시적으로 엎드러진다고 할지라도 곧 다시 일어날 것이며 잠시 어두운 데 앉게 된다고 할지라도 여호와 하나님께서 자신의 빛이 되어주신다고 했다. 어떤 열악한 환경 조건 가운데 놓인다고 할지라도 하나님께서 자신을 든든히 지켜 보호해 주신다는 것이었다.

또한 선지자 미가는 자기도 여호와 하나님 앞에서는 보잘것없는 범죄한 인간에 지나지 않는다는 사실을 고백했다. 그러므로 그의 진노가 가라앉을 때까지는 참고 견뎌야만 한다. 즉 자기는 일시적으로 하나님의 진노를 당하겠지만 곧 주님께서 자기를 위하여 변호해 주신다고 했다. 그렇게 하여 자기를 선한 길로 인도하여 빛 가운데 이르게 하실 것이므로 하나님께서 행하시는 진정한 공의를 보게 되리라는 것이었다.

그렇게 되면 자기를 대적하는 사악한 자들이 그 광경을 보면서 부끄러워하리라고 했다. 그들은 언약의 백성들 가운데 살아가면서 배도에 빠진 위선적인 기득권자들이었다. 그들은 전에 선지자인 자기를 향해, '네 하나님 여호와가 어디 있느냐' 고 조롱하며 비아냥거리던 자들이다(미7:10). 이제 그 배도자들이 길거리의 진흙같이 짓밟힐 것이니 자기는 그 광경을 목격하게 되리라는 것이었다.

3. 이스라엘 민족에 약속된 복(미7:11-13)

선지자 미가는 예루살렘 거민들을 향해 그들이 곧 무너진 성벽을 재건할 날이 이를 것이라고 말했다. 또한 그때가 이르게 되면 저들의 영토가 확장될 것이라 했다. 이는 장차 도래하게 될 메시아의 날에 연관된 예언임과 동시에 조만간 그 거룩한 성이 파괴당하게 되리라는 사실에 연관된 예언이다.

그 날이 도래하게 되면 동서사방으로부터 수많은 사람들이 예루살렘으로 돌아오리라고 했다. 앗수르에서 사람들이 찾아오고 애굽 성읍들과 유프라테스 강 일대에서 무리가 몰려오게 된다. 그리고 이 바다에서 저 바다, 이 산에서 저 산까지 여러 곳에서 하나님의 백성들이 예루살렘으로 되돌아온다는 것이었다.

그러나 그들이 거주하던 땅은 하나님의 은혜가 임하기 전까지는 크게 황폐하게 된다고 했다. 그 원인은 여호와 하나님을 버리고 배도에 빠진 이스라엘 백성이 저시른 죄악 때문이라는 것이었다. 이는 예루살렘이 패망하기 전 사악한 기득권자들이 하나님을 떠나 제 멋대로 살아갈 것에 대한 예언이다.

4. 이스라엘을 위한 간구와 청원(미7:14-17)

선지자 미가는 이제 하나님께 간절히 기도했다. 주님께서 지팡이로 주님의 백성 곧 갈멜산 속 삼림에서 외롭게 살아가는 주님께 속한 백성들을 먹이시되 그들로 하여금 옛날같이 바산과 길르앗에서 풍성하게 먹을 수 있게 해달라는 것이었다. 그러자 하나님께서는 그 백성이 애굽에서 나오던 날과 같이 저들에게 놀라운 이적을 보여주시겠다고 약속하셨다.

자기의 군사력을 자랑하는 열방의 많은 이방 민족들이 하나님의 놀라운 기적을 보면 기가 꺾여 부끄러움을 당하게 될 것이며 간담이 서늘해져 입을 막고 귀가 막힐 것이라고 했다. 그들은 마치 뱀처럼 티끌을 핥으며 땅에 기는 벌레처럼 떨면서 그 좁은 구멍으로부터 나와 두려워하리라는 것이었다. 그들은 여호와 하나님께로 나아와 그로 말미암아 큰 두려움에 빠지게 되리라고 했던 것이다.

중요한 점은 그때가 이르게 되면 이방 지역에서 여호와 하나님을 찾는 자들이 많을 것이라는 사실이다. 이는 오만하기 그지없는 유대인들에게 매우 자존심 상하는 문제가 아닐 수 없었다. 스스로 언약의 자손임을 내세우는 그들에게 이방인들은 부정한 존재 이상이 아니었기 때문이다. 그러나 하나님께서는 이방 민족 가운데서 자기 자녀들을 찾아 불러내어 그의 거룩한 작정에 따라 원래의 상태로 회복하시고자 했던 것이다.

5. 여호와의 은혜와 승리(미7:18-20)

선지자 미가는 죄와 허물을 용서해주시는 하나님의 은혜에 깊이 감사하는 표현을 했다. 그는 그와 같은 놀라운 권능을 지닌 다른 신이 존재하지 않는다는 사실을 잘 알고 있었다. 하나님께서는 자기 백성의 모든 죄악을 용서하실 뿐 아니라 그 상속을 계승한 남은 자의 허물을 전혀 기억하시지 않는다. 나아가 그는 인애를 기뻐하시므로 노를 오랫동안 품고 계시지 않는 분이다.

그 하나님께서 이제 자기 자녀들을 긍휼히 여기셔서 저들의 허물을 발로 밟으시고 모든 죄악을 깊은 바다 가운데 던져버리신다는 것이다. 주님께서 옛날 열조에게 맹세하신 대로 야곱에게 성실을 베푸시며 아브라함에게 인애를 더하시리라는 것이었다. 이를 통해 자기 백성을 위한 하나님의 놀라운 구원 사역이 예언되고 있다.

미가서의 맨 마지막 부분에서는 메시아에 관한 예언적 의미가 포함되어 있다. 그가 남은 자들의 모든 죄악을 용서하시고 모든 허물을 완전히 도말해주신다. 그것은 아브라함을 비롯한 모든 열조들에게 한 약속의 말씀이 반드시 이루어진다는 사실을 확인하고 있는 것이다.

나훔서

〈목 차〉

나훔서 · 65

서 문

선지자 나훔(Nahum)의 예언은 앗수르 제국과 니느웨가 멸망을 눈앞에 둔 어느 시기였을 것으로 보인다. 그때는 아마도 스바냐, 하박국, 예레미야 등의 선지자들이 하나님의 계시를 받아 예언하던 시대와 비슷한 시기였을 것이다. 앗수르 제국은 BC612년 바벨론 왕국에 의해 패망 당한다. 나훔서가 그 이전 어느 때에 기록되었다면 당시 유다 왕국에는 여러 가지 변화가 일어나고 있던 시기였다.

우리는 성경의 내증을 통해 나훔서가 니느웨와 앗수르 제국을 향한 예언서라는 사실을 알고 있다. 하지만 이방신을 믿는 그들이 이스라엘 민족의 선지자가 예언하는 여호와 하나님의 말씀을 믿고 받아들일 리 만무하다. 그들은 오히려 하나님의 뜻을 전면적으로 멸시함으로써 악행을 되풀이 했을 따름이다.

우리가 여기서 반드시 기억해야 할 바는 나훔서가 앗수르 사람들을 향해 주어진 계시적 예언이지만 그 말씀을 믿고 받아들여야 할 자들은 그 이방인들이 아니라 언약의 백성이었다는 사실이다. 당시 극심한 고통과 위기에 처해 있던 이스라엘 민족은 그 예언의 말씀을 통해 소망을 가지게 되었던 것이다.

또한 하나님께서 앗수르 제국을 심판하시고자 했던 근본적인 까닭은 일반 윤리적인 범죄나 사악한 행위 자체 때문이 아니었다. 예나 지금이나 세상에는 그런 악행을 저지르는 이방 나라와 그에 속한 백성들이 무수히 많지만 하나님은 저들을 그와 같은 방식의 예언을 통해 심판을 선포하거나 행하지 않으셨다. 하나님의 주된 관심은 이방 왕국에 대한 심판 자체가 아니라 언약의 왕국에 대한 보존에 있었다. 장차 그 가운데서 메시아가 오실 것이었기 때문이다.

그런 측면에서 볼 때 앗수르 제국은 다른 이방 나라들과는 차별되는 의미를 지니고 있었다. 그 나라는 언약의 백성과 직접 연관되어 있었다. 그들은 북 이스라엘 왕국을 패망시켰으며(BC722) 남 유다 왕국마저 침략하며 괴롭히는 행위를 지속했다. 또한 저들에게 복속된 언약의 백성들을 미혹하여 이방신을 섬기는 사악한 길로 유도하기를 게을리하지 않았다.

결국 북 이스라엘 왕국을 패망시킨 앗수르 제국은 점차 예루살렘을 침략하여 약속의 땅 전체를 점령하고 언약의 백성들을 멸망시키려 했다. 앗수르 제국의 입장에서는 세력을 확장시키고자 하는 정복욕에 의해 그렇게 하고 있었다. 하지만 그것은 하나님께 저항하는 행위로서 메시아가 오시는 길을 방해하는 것에 연관되어 있었다.

하나님께서 니느웨와 앗수르를 멸망시키려 하셨던 가장 근본적인 이유는 바로 거기 있었다. 메시아가 이땅에 강림하시는 일을 직접 방해하는 세력은 어느 누구라 할지라도 역사 가운데서 하나님의 심판을 면할 수 없다. 또한 언약의 자손들 가운데서도 신앙이 어리거나 어리석은 자들은 그에 대하여 오해하는 경우가 많이 있었다.

하나님의 거룩한 뜻을 멀리하는 자들은 이땅에 메시아를 보내시고자 하는 하나님의 섭리적 계획을 알지 못했다. 그들은 하나님께서 앗수르의 세력을 물리치시면 그것으로 인해 자신의 안정되고 부유한 삶을 꾸려나가고자 했다. 그런 자들은 앗수르를 멸망시키고자 하는 하나님의 뜻이 메시아에 연관된 것이 아니라 자신을 잘 살게 해주기 위한 것이라 오해했다.

하지만 그와 같은 생각은 신앙이 어리거나 잘못된 자들의 무지한 오해에 지나지 않는다. 배도자들 가운데는 그런 상황을 앞세워 언약의 백성을 향해 또 다른 거짓 교훈을 꾸며 전하는 자들이 많이 있었다. 그들은 유대인 민족주의자들로서 하나님의 말씀에 순종하고자 한 것이 아니라 자기의 목적을 위한 하나님으로 변질시킴으로써 배도행위를 지속했던 것이다.

제1장

공의의 하나님과 메시아 예언
(나1:1-15)

1. 니느웨를 향한 하나님의 진노(나1:1-3)

앗수르 제국에 의해 북 이스라엘 왕국이 완전히 패망한 상태에서 남 유다 왕국은 일정기간 존속되고 있었으나 안정되지 못했다. 그런 중 BC621년에는 요시아 왕의 개혁운동이 일어나게 되었다. 이는 유다 왕국의 전반적인 상황이 신앙적으로 온전치 못했음을 말해주고 있다. 그렇다고 해서 남은 이스라엘 민족은 이제 여호와 하나님 한 분 이외에 달리 의지할 만한 대상이 있었던 것이 아니다.

따라서 당시 신앙적인 상식을 갖춘 이스라엘 백성들 가운데는 더러운 산당(山堂)들을 파괴하고 하나님의 율법을 지켜야 한다고 판단하는 자들이 많아지게 되었다. 그처럼 유다 왕국이 극도로 혼란에 빠진 상황에서 하나님께서는 여러 선지자들을 보내 진리의 말씀으로 돌아오도록 채근하셨다. 하지만 그 백성은 잠시 정신을 차리는 듯 했지만 결국 더 큰 배도에 빠져 하나님의 심판을 자초하게 되었다.

그런 와중에 여호와 하나님께서는 엘고스 사람(Elkoshite) 나훔을 불러 언약의 백성을 향한 예언의 말씀을 주셨다. 하나님은 먼저 그를 통해 자신은 '질투의 하나님' 으로서 진리를 떠난 배도자들을 반드시 보복하시리라는 사실을 언급하셨다. 그는 자기를 거슬러 저항하는 자들에 대해서는 엄히 보복하시며 자기를 대적하는 자들에게는 무서운 진노의 심판을 내리신다고 말씀하셨던 것이다.

여호와 하나님께서는 노하기를 더디하고 오래 인내하시는 분으로서 무한한 권능을 가지고 계시지만 징벌을 받아야 할 자들에 대해서는 결코 관대하거나 침묵하지 않으신다는 점을 드러내 보여주고 있다. 그의 진노는 상상을 초월하는 방법으로 무섭게 몰아치기 때문에 어느 누구도 감히 그에 저항하지 못한다. 그러므로 여호와 하나님의 길은 마치 무섭게 몰아치는 광풍과도 같다는 사실을 언급하셨다.

2. 우주만물을 다스리시는 하나님(나1:3-6)

하나님께서는 오랫동안 참고 인내하시는 분이지만 심판을 행하실 때는 엄청난 자연의 위력을 동원하시는 분이기도 하다. 따라서 선지자 나훔은 여호와의 길은 회리바람과 광풍 가운데 있으며 구름은 그의 발에 묻어있는 티끌에 지나지 않는다는 사실을 말했다. 뿐만 아니라 그는 드넓은 바다를 꾸짖으시고 그 물을 말려 버리시기도 한다. 또한 흘러내리는 강물을 바짝 마르게 하시기도 하며 초목이 풍부한 바산(Bashan)과 갈멜(Carmel)을 메마른 땅으로 바꾸시며 레바논(Lebanon)의 꽃들을 시들게 만들기도 하신다고 했다.

이에 관해서는 여호와 하나님께서 그전에 이미 이스라엘 민족에게 그 모든 것을 직접 체험하도록 허락하신 바 있다. 그러므로 이스라엘 백성은 홍해바다 밑의 마른 길을 따라 걸었으며 시내 광야 생활 사십 년을 마친 후에는 강바닥이 마른 요단을 건너 가나안 땅으로 들어가기도 했다. 모든 언약의 자손들은 그에 관한 하나님의 능력을 잘 알고 있었다.

하나님께서는 그와 같은 놀라운 상황을 언제든지 일으키실 수 있으며, 그는 때에 따라 오묘한 자연 현상을 이용하시기도 한다. 그렇게 되면 크고 높은 산들이 진동하고 작은 산들이 맥없이 녹아내린다. 그와 더불어 하나님 앞에서 땅 곧 세계와 그 가운데 있는 모든 것들이 질서를 잃고 뒤죽박죽 된다.

어리석은 인간들은 그와 같은 상황을 직접 경험하고 목격하면서도 그것이 하나님으로 말미암은 것인 줄 알지 못한다. 즉 하나님의 심판을 눈치채지 못한 채 단순한 자연현상인 것으로 여기게 될 따름이다. 그 어리석은 자들은 자연 가운데 특별히 나타나는 하나님의 진노 앞에 서있으면서도 그 하나님을 경외하지 않고 그의 뜻을 알아가려고 하지 않은 채 여전히 무서운 죄악에 머물게 된다.

선지자 나훔은 그점을 강조하면서 누가 감히 여호와 하나님의 무서운 진노 앞에 설 것이며 어떤 인간이 그의 분노를 능히 감당할 수 있겠느냐고 했다. 그때가 이르게 되면 맹렬한 불처럼 쏟아 부어지는 하나님의 격한 진노로 말미암아 산에 있는 바위들이 산산이 깨어져 버리게 된다. 이는 죄에 빠진 어느 누구도 거룩한 여호와 하나님 앞에 남아 온전하게 설 존재가 없음을 말해주고 있다.

나훔이 전한 이 예언의 말씀은 하나님의 심판에 연관되어 있으며 종말에 일어나게 될 상황을 말해 준다. 그때가 이르면 하나님을 알지 못하는 배도자들과 불신자들은 예기치 못한 상황으로 인해 놀라지 않을 수 없다. 사도 베드로는 그의 두 번째 서신에서 그에 관한 기록을 남기고 있다.

> “그러나 주의 날이 도적 같이 오리니 그 날에는 하늘이 큰 소리로 떠나가고 체질이 뜨거운 불에 풀어지고 땅과 그 중에 있는 모든 일이 드러나리로다

... 그 날에 하늘이 불에 타서 풀어지고 체질이 뜨거운 불에 녹아지려니와 우리는 그의 약속대로 의의 거하는바 새 하늘과 새 땅을 바라보도다"(벧후 3:10-13)

타락한 인간들이 살아가는 오염된 이 세상은 결코 영원하지 않다. 죄에 물든 모든 피조세계는 때가 되면 완전히 사라지게 된다. 그와 같은 일은 하나님의 최종 심판에 의하여 이루어진다. 우리는 선지자 나훔의 예언 가운데서 마지막 심판에 연관된 미래의 단면을 보게 된다. 따라서 오늘날 교회에 속한 성도들은 구약성경과 신약성경에 기록된 예언의 말씀을 통해 영원한 새 하늘과 새 땅을 바라보며 살아가야 하는 것이다.

3. 여호와를 의지하는 자들과 악을 꾀하는 자들(나1:7-11)

선지자 나훔은 여호와 하나님이 원래부터 선한 분이라는 사실을 언급하고 있다. 그는 환난 날이 닥칠 때 자기의 자녀들을 버리시지 않고 친히 저들을 위한 안전한 산성(山城)이 되어주신다는 사실을 말했다. 그 하나님께서는 자기에게 피하는 자들을 익히 알고 계신다. 따라서 위기에 빠진 백성을 그 원수들로부터 지켜 보호해 주시는 것이다.

하지만 여호와 하나님은 자기를 멸시하는 이방인들과 배도에 빠져 진리를 대적하는 자들에 대해서는 무섭게 진노하신다. 그는 스스로 화려한 영역을 조성하여 욕망을 추구하며 살아가는 자들의 거주지를 범람하는 물로 휩쓸어 진멸하시게 된다. 그리고 그곳에서 인생을 즐기며 만족스러워 하던 대적자들을 깜깜한 흑암 가운데로 내쫓아버리신다.

그 사실을 언급한 선지자 나훔은 배도에 빠져 부패한 언약의 백성들을 향해 감히 하나님 앞에서 무슨 사악한 음모를 꾸미고 있느냐며 강하게 책망했다. 하나님은 결코 그런 자들을 내버려 두시는 분이 아니라는 것이었다. 그 하나님께서는 자기에게 저항하는 자들을 완전히 멸망시킬 것이므로 사악한 자들은 다시 그에게 반기를 들지 못하게 되리라고 했다.

하나님께 저항하는 원수들과 배도자들은 장차 마치 가시덤불이 뒤엉킨 것처럼 엉망이 될 수밖에 없다. 그들은 정신없이 술을 들이켜 마시고 만취한 자들과 같은 모습을 띠게 된다. 그 사람들의 결국은 마치 약한 바람에도 이리저리 날려 다니는 힘없는 지푸라기와도 같다고 했다. 악한 자들은 그것들이 뜨거운 불에 던져져 타버리듯이 무서운 심판을 당하게 된다는 것이었다.

그런데 선지자 나훔은 여호와 하나님의 명을 거역하고 그에 대하여 음모를 꾸미는 흉악한 자가 니느웨에서 나온다는 사실을 언급했다. 그가 하나님의 언약의 백성들 가운데 들어와 사악한 영향력을 행사하며 더러운 행동을 권하게 되리라는 사실을 말했다. 여기서 단수의 인물인 한 사람으로 묘사된 것은 언약의 백성을 괴롭히는 앗수르의 최고 통치자를 일컫는 것으로 보인다(나1:11). 강력한 세력을 가진 그가 이방신에 연관된 종교사상과 더불어 이방 왕국의 문명과 문화를 가져와 하나님의 자녀들을 미혹한다는 것이었다.

또한 이 말씀 가운데는 이스라엘 백성을 향한 강한 경고의 메시지가 담겨 있다. 이기적인 자들은 강력한 이방 세력과 타협하기를 좋아하며 저들의 모든 것을 받아들이려고 한다. 그들은 그렇게 하는 것이 대단한 자랑이라도 되는 양 여기면서 세상에 적절히 적응하며 욕망대로 살아가는 태도가 지혜라고 착각하고 있기 때문이다.

또한 신앙이 어린 연약한 자들 가운데는 이방인들의 사상과 실상을 따라가는 배도자들을 보며 저들의 풍요로움을 부러워하는 일이 발생하기도 한다. 즉 아직 미성숙한 어린 신앙인들은 저들을 부러워하며 동경하는 일마저 생겨나게 된다. 따라서 선지자는 이 말씀 가운데서 악한 자들의 패망을 언급하며 저들을 부러워하지도 말고 가까이 해서도 안 된다는 사실을 강조하고 있는 것이다.

4. 악한 자들에 대한 심판과 자유를 되찾게 될 자들이 받는 은혜 (나1:12-14)

선지자가 전한 하나님의 말씀은 앗수르 제국과 니느웨에 대한 경고성 예언이다. 그 이방 나라에 속한 자들이 지금은 비록 강하게 보이며 군대의 수가 많을지라도 장차 반드시 멸망하게 된다는 것이었다. 그렇게 되면 저들의 막강한 세력과 풍요로운 모든 것들이 자취도 없이 사라진다.

그러나 언약의 자손들은 그와 달리 희망을 바라볼 수 있게 된다. 그들은 장차 여호와 하나님으로부터 놀라운 은혜를 입을 것이기 때문이다. 하나님께서는 언약의 백성을 향해 그전에는 사악한 이방인들의 세력이 저들을 심하게 괴롭혔지만 다시는 그런 일이 발생하지 않을 것이라 말씀하셨다. 즉 과거에는 언약의 왕국에 속한 백성들이 하나님을 떠나 이방인들과 가까이 지내며 친화적이었으나 저들이 멸망한 후에는 하나님께서 친히 자기 백성을 지켜주신다는 것이었다.

앗수르 사람들은 그 동안 언약에 속한 백성을 온갖 다양한 방법으로 미혹하여 저들에게 멍에를 씌우고 사슬로 결박한 채 괴롭혀 왔다. 그러나 하나님께서는 이제 저들의 멍에를 부서뜨리고 저들을 결박한 사슬을 끊어버리시겠다고 말씀하셨다(나1:13). 그것은 외적인 형식상 언약의 백성을 보호하시기 위한 것이었지만 그 근본 배경에는 저들 가운데 메시아를 보내시고자 하는 하나님의 거룩한 뜻이 자리잡고 있었다.

선지자 나훔은 그와 더불어 하나님께서 니느웨를 향해 저들의 이름이 다시는 자손들을 통해 이어져 존재하지 못할 것이라고 하신 말씀을 전했다. 하나님께서는 또한 저들의 신당에 새긴 형상들과 모든 우상들을 파괴해 버리시겠노라고 하셨다. 그리하여 그 더러운 것들은 땅속 깊이 묻히게 되어 아무런 쓸모가 없게 된다. 그 모든 심판은 하나님께서 이루어 가시는 언약의 진행을 방해하는 자들에 대한 무서운 진노에 연관되어 있었다.

5. 메시아에 대한 예언(나1:15)

본문에서 '아름다운 소식'과 '화평을 전하는 자'에 관하여 언급된 것은 당시의 상황이 그렇지 못했다는 사실을 반증해주고 있다. 이스라엘 민족은 앗수르 제국에 의해 북 이스라엘 왕국이 패망했을 뿐 아니라 남은 유다 왕국 조차 크게 위협당하고 있었다. 이는 민족의 생존 문제와 연관되어 있었다.

나훔은 본문 가운데서 메시아에 대한 직접적인 예언을 전하고 있다. 하나님께서는 언약의 자손들을 향해 장차 일어나게 될 놀라운 일들을 보라는 말씀을 하셨다. 그것은 아름다운 소식을 전하고 평화를 선포하는 자의 발이 산 위에 서있다는 것이었다. 이는 이스라엘의 궁극적인 승리를 예언하고 있다.

따라서 그 백성에게 하나님께서 요구하고 계시는 바 성경에 기록된 절기들을 지키고 하나님 앞에서 한 저들의 서원을 지키도록 요구했다. 그 가운데 '메시아의 강림'에 대한 약속이 들어있기 때문이었다. 성경에서 '아름다운 소식을 가져오고 평화를 선포하는 자'(one who brings good news, who proclaims peace)가 단수로 묘사된 것은 그 사람이 앗수르를 비롯한 모든 이방 왕국의 악한 세력을 심판하는 자로서 참된 권위가 그에게 있다는 사실을 말해주고 있다.

하나님께서는 또한 자기를 욕되게 하는 자들이 전부 진멸당한 사실에 대한 언급을 하셨다. 따라서 다시는 그 악한 자들이 언약의 백성들 가운데로 통행하지 못한다고 말씀하셨다. 이는 하나님께서 저들을 지켜 보호하시기 때문에 이제 그들이 약속의 땅을 공격하여 침략할 수 없다는 점을 말해주고 있다.

그런데 우리는 후일 이스라엘 백성이 바벨론 왕국에 의해 나라를 빼앗기고 거룩한 예루살렘 성전마저 파괴되는 고통을 맛보아야 했던 사실을 기억하고 있다. 뿐만 아니라 그들은 그 이방인의 포로로 사로잡혀가는 굴욕을 당해야 했다. 또한 페르시아 시대와 헬라제국이 지배할 때도 언약의 백성들은 이방인들의 지배아래 놓여 있었다. 나아가 로마제국이 통치하던 시기에는 약속의 땅과 그 안에 거하던 언약의 자손들이 이방 나라의 속국이 되었다.

이는 이스라엘 백성이 그후에도 이방의 외세로부터 끊임없는 침략을 받았음을 의미한다. 나아가 이방 왕국의 통치 아래 신음했음을 말해주고 있다. 그렇다면 나훔이 예언한 '아름다운 소식을 가져오고 평화를 선포하는 자' 에 관한 그 말씀은 무엇을 의미하고 있는가? 선지자 나훔이 본문 가운데서 예언하고 있는 바는 눈앞에 놓인 세속 왕국들로부터의 침략에 국한되지 않는다.

그것은 역사 가운데 존재했던 당시와 그후에 따라오는 역사적인 상황 넘어 존재하는 메시아와 그의 영원한 천국에 연관되어 있었다. 따라서 신약성경에는 메시아에 관한 분명한 예언의 성취를 보여주고 있다. 사도 바울은 로마에 있는 교회에 편지하면서 그에 관련된 기록을 남겼다.

> "보내심을 받지 아니하였으면 어찌 전파하리요 기록된바 아름답도다 좋은 소식을 전하는 자들의 발이여 함과 같으니라"(롬10:15)

바울은 이 편지 가운데서 선지자 나훔이 예언한 말씀에 연관지어 메시아 사역의 결과로서 하나님의 복음이 만방에 선포되고 있다는 사실을 언급하고 있다. 즉 그 말씀은 메시아로 말미암아 세워진 지상교회와 그에 속한 복음전파자들의 사역에 연관되어 있다. 그래서 하나님으로부터 보냄을 받지 않은 상태에서는 복음을 전파할 수 없다는 사실을 언급했다. 이는 구약성경에서 나훔이 전한 아름다운 소식을 전하고 화평을 선포하는 자의 발이 산 위에 있다는 예언의 말씀이 예수 그리스도와 더불어 성취된 사실을 증거해 주고 있다.

제2장

이스라엘 왕국과 앗수르 제국에 대한 하나님의 심판
(나2:1-13)

1. 대적자들을 경계해야 할 언약의 백성

북 이스라엘 왕국이 패망한 후 유다 왕국의 남은 언약의 자손들은 주변의 공세로 인해 긴장하지 않을 수 없었다. 유다와 예루살렘을 파괴하려고 하는 자들이 호시탐탐 노리고 있었기 때문이다. 따라서 그들이 언약의 중심인 거룩한 산성을 파수하고 그 길목을 지키는 것은 매우 중요한 일이었다.

그에 대한 경계를 소홀히 하고 방심하게 되면 엄청난 고난을 당할 수밖에 없다. 그것은 방어할 만한 자체적인 나름대로의 군사력을 갖추었다고 할지라도 그것으로써 승리를 장담할 수 있는 것이 아니었다. 설령 상당한 힘을 가지고 있다 할지라도 나태하거나 적을 방어하기 위한 근본 자세가 흐트러진다면 적의 공격을 당해낼 수 없다.

따라서 언약의 자손들은 여호와 하나님께 온전히 의지하는 자세와 더불어 원수들을 제압할 수 있는 영적인 세력을 강화해야 했다. 그리고 침범을 방어하기 위해 항상 정신을 바짝 차리고 있지 않으면 안 되었다. 이에 대해서는 오늘날 우리 역시 교회 가운데서 올바르게 적용해야 한다.

현대는 하나님의 교회를 둘러싼 세상의 사악한 세력, 즉 사탄의 지배를 받는 자들의 공격이 드세다. 이를 방어하기 위해서는 먼저 하나님으로부터 임하는 신령한 힘을 소유해야 하며 또한 저들의 공격에 대하여 투철한 자세로 경계에 임해야만 한다. 설령 힘이 있음에도 불구하고 경계의 끈을 다잡지 않는다면 방어벽이 뚫릴 우려가 따른다.

그러므로 사도 바울은 원수들의 공격을 방어해야 하는 성도들의 기본적인 신앙 자세에 연관된 매우 중요한 교훈을 남기고 있다. 사탄의 세력과 맞서 싸우기 위해서는 예수 그리스도의 군사로서 완전군장을 해야만 한다는 것이었다. 에베소서에는 그에 관한 구체적인 내용이 기록되어 있다.

> "종말로 너희가 주 안에서와 그 힘의 능력으로 강건하여지고 마귀의 궤계를 능히 대적하기 위하여 하나님의 전신갑주를 입으라 우리의 씨름은 혈과 육에 대한 것이 아니요 정사와 권세와 이 어두움의 세상 주관자들과 하늘에 있는 악의 영들에게 대함이라 그러므로 하나님의 전신갑주를 취하라 이는 악한 날에 너희가 능히 대적하고 모든 일을 행한 후에 서기 위함이라 그런즉 서서 진리로 너희 허리 띠를 띠고 의의 흉배를 붙이고 평안의 복음의 예비한 것으로 신을 신고 모든 것 위에 믿음의 방패를 가지고 이로써 능히 악한 자의 모든 화전을 소멸하고 구원의 투구와 성령의 검 곧 하나님의 말씀을 가지라" (엡6:10-17)

지상교회에 속한 하나님의 자녀들은 항상 사도의 말처럼 자신을 철저히 무장하고 있어야 한다. 우리가 여기서 분명히 기억해야 할 바는 아무리 경계를 강화한다고 할지라도 저들을 퇴각시킬 만한 영적인 무장이 갖추어져 있지 않다면 그대로 쓰러질 수밖에 없다는 사실이다. 따라서 우리 시대에 교회와 그에 속한 모든 성도들은 말씀을 통한 강력한 무장을 하고 있지 않으면 안 된다.

그리고 호시탐탐 연약한 신앙인들을 찾아 노리는 사악한 자들에 대한 경계의 끈을 잠시도 늦추지 말아야 한다. 그래야만 교회가 세상의 공격을 효력 있게 방어하는 가운데 지상교회를 든든히 세워나갈 수 있게 되는 것이다. 이는 성숙한 모든 성도들이 항상 신경을 써야 할 내용이다.

2. 앗수르를 향한 하나님의 경고(나2:1,2)

하나님께서는 본문 가운데서 앗수르를 향한 경고의 메시지를 주셨다. 파괴하는 자가 저들을 치러 올라왔다는 것이었다. 여기서 파괴하는 자란 바벨론 군대의 세력을 일컫고 있다. 그들이 당시 막강한 세력을 갖추고 있던 앗수르를 공격하게 된다는 것이었다.

나훔은 그 군대가 앗수르인들이 소유한 모든 것들을 약탈해 가게 되리라고 했다. 그들은 앗수르 땅의 비옥한 지역에 심어진 포도나무의 무성한 가지들을 남김없이 다 없애 버리게 된다. 하지만 그들이 승리를 거둔다고 할지라도 일시적인 것에 지나지 않는다.

하나님께서는 이를 통해 자기가 친히 야곱의 영광을 회복하시리라는 약속의 말씀을 주셨다. 그 모든 것들이 특정 이방 왕국이 아니라 이스라엘의 영광이 되도록 해주신다는 것이었다. 이는 하나님께서 친히 저들의 사악한 세력을 완전히 제압하고 심판하시리라는 사실에 연관되어 있다. 이 말씀은 눈앞의 가까운 시점이 아니라 종말에 임하게 될 메시아 강림에 연관하여 전체적인 이해를 해야만 할 내용이다.

3. 막강한 군사력을 갖춘 이방 군대(나2:3,4)

선지자 나훔은 막강한 세력을 갖춘 앗수르 군대가 창과 방패를 들고 참

략자인 바벨론에 대항하여 적극적으로 방어하여 맞서 싸우게 되리라는 사실을 언급하고 있다. 전투를 수행하기 위한 저들의 전차가 재빨리 움직인다는 것이었다. 그 용사들의 손에 들린 방패는 붉고 무사들이 입은 옷도 붉은 색을 띠고 있다고 말했다. 이는 그들이 전투를 위해 맹렬하게 항오를 벌이는 날에 대한 사실적인 묘사라 할 수 있다.[4)]

그 날 병사들의 철갑이 번쩍이며 노송나무로 만들어진 창 자루가 물결처럼 요동치게 된다. 또한 그들이 탄 전차는 미친듯이 거리를 내달리게 되며 큰 대로에서 이리저리 재빠르게 달린다는 사실을 말했다. 그 모양은 마치 타오르는 횃불 같으며 그 움직임이 번개와 같을 것이라고 했다. 하지만 저들의 군사력이 아무리 강력하다 할지라도 하나님의 심판에 연관되어 있을 때는 살아남지 못한다.

4. 성의 파괴와 언약의 왕국 멸망(나2:5-7)

바벨론의 공격으로 인해 앗수르 군대의 전황(戰況)이 마음먹은 대로 진행되지 않자 앗수르 왕은 자신의 특별히 선발된 용사들(his picked troops)을 불러 모으는 일을 시도했다. 그런 상황에서 성읍을 방어하고자 새로 편성된 정예 부대를 투입했던 것이다. 그 병사들은 급히 성곽 앞에 이르러 방어를 위한 만반의 준비태세를 갖추게 되었다.

앗수르 군대가 바벨론의 공격을 막아내기 위해 총력을 기울여 방어망을 구축했으나 역부족이었다. 결국 대적자들의 공격에 의해 강들의 수문이 열리게 되었으며 왕국이 소멸되기에 이를 수밖에 없다. 이 말은 니느웨성이 완전히 함락된다는 의미를 지니고 있다.

---

4) 이에 연관된 앗수르 군대의 전차와 붉은 방패, 그리고 병사들이 입고 있던 붉은 색 군복의 유물과 벽화 그림들이 지금도 대영박물 '앗수르관'에 그대로 전시되어 있다.

그와 같은 상황으로 인해 권세를 누리며 사치스런 생활을 하던 왕후는 벌거벗은 몸으로 원수들의 손에 의해 끌려가는 신세가 되었다. 앗수르 왕은 마지막까지 보호해야 할 왕후를 지켜낼 능력을 상실했다. 그 처참한 광경을 지켜보아야 하는 모든 시녀들은 가슴을 치며 탄식하게 된다. 그들은 원수의 막강한 군사력 앞에서 마치 비둘기처럼 구슬프게 울부짖지만 그에 대항할 만한 어떤 방법도 찾을 수 없다.

이 예언을 볼 때 이제 앗수르인들에게는 모든 소망이 끊어져 버렸다. 이와 같은 일들은 앗수르의 패망에 관한 예언이지만 이스라엘 민족에 연관되어 있었다. 하나님께서는 앗수르를 패망시킴으로써 언약의 백성에 대한 자신의 신실한 약속을 지키고자 하셨다. 장차 그 백성을 통해 약속하신 자기 자손들을 구원하기 위한 메시아를 보내실 것이었기 때문이다.

5. 니느웨 성의 패망(나2:8-12)

선지자 나훔은 여기서 니느웨의 패망에 관한 구체적인 사실을 언급하고 있다. 하나님께서는 장차 그들을 반드시 심판하시게 된다. 선지자는 예로부터 니느웨가 물이 가득한 못과 같다는 점을 말했다. 이는 자연적인 지형을 묘사하는 말인 동시에 사람들이 많이 몰려드는 곳에 대한 상징적인 의미를 지니고 있다. 당시 그 도성에는 부유한 자들이 소유한 많은 양의 보물들이 넘쳐나고 있었다.

그러나 거기에 모여 있던 모든 주민들은 대적자들의 침략을 보고 황급히 도망을 치게 된다. 이는 장차 바벨론 군대가 앗수르를 공격하는 것에 직접 연관되어 있다. 그로 인해 좀 더 나은 삶을 누리기를 원하고 성공이나 부귀영화를 꿈꾸면서 몰려든 많은 사람들의 기대와 노력이 완전히 허사로 돌아가게 되는 것이다. 그들이 도망가는 것을 본 침략군들이 그 자리에 서라고 외치지만 뒤를 돌아보는 자는 아무도 없다. 그 사람들은 오로지 자기 생명을 부지하기 위해 멀리 다른 곳으로 도망쳐 피난갈 수밖에 없었다.

이렇게 하여 하나님께서 넘쳐나는 저들의 모든 부와 재물을 다른 이방인들인 바벨론 군대의 손에 넘기셨다. 따라서 침략자들에게 저들이 소유한 금과 은을 노략하도록 허락하셨으며 그곳에 모아둔 보물들과 아름답고 우아한 모든 기구들도 저들의 손에 넘어가게 되었다. 예기치 못했던 그런 의외의 환경이 닥치게 되자 니느웨에 살던 사람들은 크게 낙담하지 않을 수 없었다.

그리하여 부귀영화(富貴榮華)를 자랑하며 오만에 빠져 있던 니느웨는 공허하고 황폐한 도성으로 변해버렸다. 그동안 부유한 삶을 누리던 주민들은 일순간에 모든 능력을 상실당하게 되었다. 따라서 사람들은 모든 것을 잃어버린 채 무기력증에 빠졌다. 그로 말미암아 사람들의 무릎이 풀린 채 아픈 허리로 말미암아 고통스러워하며 맥이 풀려 얼굴빛이 창백하게 될 수밖에 없었다.

그와 같은 모든 상황을 알게 된 선지자 나훔은 당당한 자세를 취했다. 그가 자신감을 가진다는 것은 모든 언약의 백성들 역시 그와 동일한 형편에 처하게 된다는 사실을 의미하고 있다. 나훔은 북 이스라엘 왕국을 패망시킨 앗수르 제국에 대하여 과거에 자행했던 기고만장하던 때를 상기시키며 말했다.

아무런 두려움이 없던 사자의 굴이 이제 어디 있느냐고 조롱했다. 또한 젊은 사자가 먹을 만한 장소가 어디냐고 물었다. 그 전에는 수사자가 자기 새끼를 위하여 사냥한 동물들을 찢어 풍부한 먹잇감으로 예비했으며 그 암사자들은 사냥하여 잡아들인 동물의 고기를 바위 굴속에 채우고 그 찢은 먹이를 사자굴에 가득 채웠다는 것이다.

이는 당시 앗수르인들이 그동안 주변의 여러 나라들을 침략하여 스스로 부강하게 된 사실을 상징적으로 말해주고 있다. 그 막강한 세력 앞에서 감히 저항할 나라와 통치자들은 아무도 없었다. 패망한 북 이스라엘 왕국 역시 그와 같은 나라들 가운데 하나였으며 남 유다 왕국도 그와 다르지 않았다.

그러나 나훔이 예언할 당시 앗수르인들이 처한 상황은 예전 같지 않은 모습이었다. 막강한 군사력으로 인해 저들의 영화가 영원토록 지속될 것처럼 모든 나라들 위에 군림했었지만 이제 그들은 모든 것을 잃게 되었을 뿐 아니라 더욱 처참한 지경에 이르게 된다. 당시 그것을 지켜보는 모든 나라와 이방 백성들은 그에 대한 근원을 올바르게 인식하지 못하고 있었지만 그 모든 것은 하나님의 놀라운 섭리와 경륜에 따른 것이었다.

6. 니느웨성에 대한 하나님의 심판(나2:13)

여호와 하나님의 주된 관심의 대상은 주변의 이방 왕국들이 아니라 아브라함의 자손인 언약의 백성이었다. 또한 그가 저들에게 깊은 관심을 기울이는 핵심에는 장차 오실 메시아가 존재하고 계셨다. 따라서 하나님의 뜻을 외면한 채 언약의 자손들을 괴롭히거나 저들을 침략의 대상으로 삼는 자들은 어느 누구도 무사할 수 없었다.

그러므로 하나님께서는 니느웨의 이방 군대를 향해 장차 이르게 될 심판과 징계를 선언하셨다. 하나님께서 친히 저들의 대적이 되어 응징하시리라는 것이었다. 물론 니느웨 사람들은 선지자를 통해 선포되는 하나님의 말씀을 귀담아 듣지 않았다. 그 예언은 선지자 나훔을 통해 이스라엘 백성에게 전달되었으며 동시에 그와 관련된 이방인들에게 선포되는 말씀이었다. 그러나 정작 그 선포된 내용을 들어야만 할 대상자들은 그것을 강력하게 거부한 채 여전히 하나님께 저항하고 있었다.

그에 반해 성숙한 이스라엘 백성은 선지자의 입술을 통해 예언된 그 말씀을 귀담아 들으려고 했다. 즉 올바른 신앙을 가진 성도들은 사악한 이방인들로 인해 고통스런 환경 가운데 처해 있으면서도 하나님의 말씀을 귀담아 들음으로써 소망을 가지게 되었다. 그럼에도 불구하고 이스라엘 백성 가운데 배도에 빠진 자들은 그 말씀을 배척하면서 온전히 받아들이려 하지 않았다.

제3장

앗수르 제국의 패망
(나3:1-19)

1. 피와 강포가 가득한 니느웨성(나3:1-4)

하나님께서는 자신을 경외하는 마음이 전혀 없을 뿐더러 오히려 경멸하는 니느웨 사람들을 향하여 저주를 선포하셨다. 그 성안에는 진리를 버린 채 거짓들이 난무했으며 포악이 넘쳐나고 있는 상태였기 때문이다. 또한 이기적이고 강력한 권력을 가진 악한 자들은 연약한 사람들을 대상으로 한 끊임없는 탈취를 일삼았다.

물론 그들은 강압적인 방법으로 탈취했을 뿐 아니라 부당한 권력을 이용하여 합법을 가장한 채 저들의 것을 착취하기도 했다. 그럴 경우 악법을 동원하여 개인의 배를 채웠던 것이다. 따라서 범죄를 저지르는 자들은 부당한 행동을 되풀이 하면서도 자기의 추악한 범죄행위에 대한 자각이 전혀 없는 경우가 많았다.

그러므로 선지자는 그 성을 '피 성'이라 칭했다. 이는 그 성안에 억울한 사람들의 피가 가득 찼음을 말해 준다. 겉보기에 화려하고 강력한 세력이 강한 듯 했지만 그 실상은 완전히 부패했던 것이다.[5] 하나님께서는 사악한 부패로 가득한 그 성읍을 향해 저주를 선포했다.

그럼에도 불구하고 권력욕과 정복욕에 사로잡힌 기득권자들은 군사적인 공포정치를 펼치며 전쟁까지도 마다하지 않았다. 성읍 안에는 말들을 채찍질하는 소리와 병거바퀴 돌아가는 소리들이 끊임없이 들렸다. 또한 뛰는 말소리뿐 아니라 달리는 전차로부터 나는 굉음이 사람들의 귓전을 울렸다. 나아가 번쩍이는 칼과 번개 같은 병기가 공포분위기를 조장했다.

그리하여 권력에 저항하는 백성들을 제압하는 과정에서 많은 사람들이 죽음에 직면하게 되었다. 그로 인해 죽은 시체가 큰 무더기를 이루게 되는가 하면 길가에 버려진 시체들로 말미암아 발이 걸려 넘어지기도 한다. 이는 극도로 교만해진 그 성읍이 피폐한 땅으로 바뀌게 된다는 사실을 말해주고 있다.

성경은 그들이 그렇게 멸망할 수밖에 없게 된 원인이 마술과 음행 때문이라는 사실을 지적하고 있다. 마술에 능숙한 미모의 요염한 창녀처럼 끊임없이 음행을 저지르는 것이 패망의 원인이 된다는 것이었다. 그런 여인들은 겉보기에 아름다운 모습과는 달리 음란한 행위를 통해 주변의 여러 나라를 미혹하는 일을 게을리하지 않았다. 또한 그 마술이 여러 지역에 흩어져 살아가던 다양한 종족들을 미혹하는 일을 되풀이했다.

우리가 여기서 유념해야 할 바는 니느웨가 일반적으로 생각하는 단순한 마술과 음행으로 인해 하나님의 무서운 심판을 받게 된 것이 아니라는 사

---

5) 우리는 여기서 뉴욕이나 워싱턴, 런던, 파리, 프랑크푸르트, 홍콩, 싱가포르, 도쿄, 서울 등 현대의 화려한 대도시들을 머리에 떠올리게 된다. 수많은 고층 빌딩들과 더불어 세계를 움직이는 모든 세력들이 거기 몰려 있지만 그 도시들이 실상은 '피 성'(bloody city)일 수 있음을 기억해야만 한다. 그 도시들로부터 세상을 어지럽게 하는 모든 악한 사상들이 확립되고 온 세상에 전파된다. 동성애와 동성결혼, 인간성을 파괴하는 모든 세속적인 문화와 문명 등이 거기서 만들어지게 된다. 그런 것들이 전통적인 세상뿐 아니라 지상에 존재하는 교회들을 혼란스럽게 함으로써 하나님께 저항하는 자리에 앉게 되는 것이다.

실이다. 거기에는 기본적으로 종교성을 띤 신비주의적인 현상을 동반한 거짓 가르침으로써 언약의 백성을 미혹하는 것에 관련되어 있다. 그리고 음행이란 상징적인 언어로써 언약의 자손들을 미혹하여 하나님으로부터 떠나 배도의 길에 빠지게 한 사실에 밀접하게 연관되어 있다.

2. 니느웨에 대한 하나님의 궁극적인 심판(나3:5-7)

선지자 나훔은 하나님께서 니느웨에 선포하신 예언을 다시금 강조하여 말했다. 만군의 하나님 여호와께서 음란한 여인처럼 더럽혀진 그의 치마를 걷어 올려 그 얼굴에 이르게 함으로써 저의 벌거벗은 몸의 치부를 주변의 많은 나라들에게 보여주시리라고 했다는 것이다. 또한 그 부끄러운 곳을 모든 민족의 눈에 보이실 것이라고 했다. 또한 하나님은 가증스럽고 더러운 것들을 그 위에 던져 능욕할 것이며 저를 온 세상의 구경거리로 삼게 되시리라고 말했다.

그리하여 그 처참한 광경을 목격하게 되는 백성들은 전부 저로부터 멀리 도망치게 된다고 했다. 이는 니느웨가 황폐하게 되어 소망이 완전히 끊어져 버린다는 사실을 말해주고 있다. 선지자는 또한 앗수르 제국이 맞게 될 그 끔찍한 실상으로 인하여 슬프게 애곡하는 자가 없을 것이며 그 패망한 니느웨를 보고도 위로할 자를 찾아볼 수 없으리라는 사실을 언급했다.

당시 중근동 지역에 살아가던 사람들과 모든 나라들은 니느웨에 그와 같은 끔찍한 일이 발생한다는 것은 상상조차 할 수 없는 일이었다. 막강한 군사력과 엄청난 부를 축적한 니느웨는 결코 멸망하지 않을 것처럼 보였기 때문이다. 화려한 도성과 온갖 풍류가 넘쳐나는 성읍이 그런 식으로 황폐한 성읍으로 변하게 될 줄은 아무도 알지 못했던 것이다.

그러나 하나님께서는 선지자 나훔을 통해 그 일에 연관된 직접적인 예언의 말씀을 주셨다. 우리가 여기서 반드시 기억해야 할 바는 그 말씀이 내용상 니느웨를 향한 예언이었지만 실제로는 언약의 자손들이 받아들여야 할 교훈이라는 사실이다. 여호와 하나님을 믿지 않는 이방인들은 선지자가 예언한 그 말씀을 받아들이지도 믿지도 않았다.

따라서 니느웨 사람들은 그 메시지를 하나님의 말씀으로 인정하지 않았으며 그에 대해 두려워하는 마음을 가지지도 않았다. 저들에게는 그 말씀이 아무런 의미가 없었기 때문이다. 하지만 나훔을 통해 예언된 그 내용이 언약의 백성들에게는 절대적으로 중요한 의미를 지니고 있었다. 그들은 그 말씀을 그대로 믿고 받아들였으며 니느웨의 패망에 대한 예언은 저들에게 진정한 소망이 되었기 때문이다.

3. 철저하게 심판하시는 하나님(나3:8-11)

선지자 나훔은 니느웨를 향해 강력한 비판의 말을 쏟아냈다. 그 도성이 애굽의 나일 강변에 자리잡고 있는 노아몬(No-amon)6) 성읍보다 나은 점이 도대체 무엇이냐는 것이었다. 그 성은 나일 강물로 안전하게 둘러싸여 있었으며 바다가 성벽이 되고 그 물이 방어벽의 역할을 하고 있었다.

당시 구스 곧 에디오피아와 애굽은 그 세력이 막강하여 끝이 없었으며, 붓(Put)과 루빔(Lubim) 곧 리비아(Libya)가 저들을 지원하여 돕는 동맹관계를 형성하고 있었다. 하지만 그러한 성읍의 주민들조차도 다른 나라의 포로가 되어 사로잡혀가는 신세가 되었으며 그들의 어린아이는 길모퉁이에서 내동댕이쳐져 뼈가 으스러지는 처지에 놓이게 된다.

나아가 노아몬의 권세 있는 지도자들이 제비뽑아 사로잡혀가고 모든 지도급 인사들은 쇠사슬에 결박당하는 비참한 신세가 된다. 그동안 무소불위의 권력을 가지고 막강한 세력을 뽐내던 자들이 그런 처참한 지경에 처

6) 여기서 언급된 노아몬은 애굽의 테베(Thebes)와 동일한 지역으로 간주되고 있다(NIV, 한글 새번역, 공동번역, 현대인의성경, 참조).

하게 되리라는 것이었다. 하물며 그보다 훨씬 못한 니느웨는 더욱 심각한 처지가 된다는 점을 강조하고 있다.

선지자 나훔은 이처럼 저들에게 장차 직면하게 될 일에 대한 강력한 경고의 메시지를 주고 있다. 이제 곧 그와 같은 구체적인 상황이 밀려오게 되면 저들은 불안에 떨 수밖에 없으므로 마치 술에 취한 듯 비틀거리며 정신없이 자기 몸을 숨기게 되리라고 했다. 그렇게 되면 니느웨에서 막강한 권세를 부리던 오만한 자들도 자기를 침공하는 적군들로 인해 피난처를 찾아 도주하지 않을 수 없게 된다는 것이다.

4. 힘없이 무너지게 될 니느웨(3:12-15)

선지자 나훔은 또한 하나님의 계시에 따라 니느웨의 종국적인 패망을 예언하고 있다. 산악지대에 위치한 저들의 강력한 모든 산성은 무화과나무의 처음 익은 열매가 흔들기만 하면 땅에 떨어지듯이 추풍낙엽(秋風落葉)이 된다는 것이었다. 그렇게 되면 과거에 소유했던 모든 부귀영화는 물거품처럼 되어 버린다.

힘든 군사훈련을 마친 젊고 용맹한 장정들조차 마치 나약한 아낙네와 같이 되어 버릴 것이라고 했다. 그리하여 그 땅에서 견고한 모습을 보이고 있던 모든 성문들은 적군들 앞에서 아무런 저항을 하지 못한 채 그대로 열려 버리게 된다. 그리고 성문을 굳게 잠그고 있던 빗장들은 불 가운데 내던져져 타버릴 것이며 견고하게 보이던 막강한 성읍은 대적들의 손에 넘어 가게 된다.

그러므로 선지자는 저들을 향해 그런 상태에서 이제 그 침공을 막아내기 위한 모든 방안을 강구해 보라는 언급을 했다. 또한 적들에게 포위될 것을 미리 예견하고 성안 사람들에게 필요한 물을 충분히 길어두라고 했다. 나아가 적들의 공격에 대비하여 산성들을 더욱 견고히 하고 진흙을 밟아 이겨 성채를 든든히 수리하라는 말을 보탰다.

하지만 니느웨 성읍의 거민들은 오래 버티지 못한 채 결국 거기서 뜨거운 불에 휩싸일 수밖에 없게 된다. 그리고 적군의 날카로운 칼이 마치 느치[7]와 같은 곤충이 들에서 풀잎을 뜯어먹듯이 온 성읍을 쑥대밭으로 만들어 버릴 것이다. 선지자는 또한 저들에게 성을 지키기 위해 병사의 수를 메뚜기처럼 많게 모집해 보라고 했다. 설령 그렇게 한다고 할지라도 강력한 세력을 지닌 적군 앞에서 아무런 힘을 쓰지 못한 채 그대로 짓밟히게 되리라는 것이었다.

5. 모든 세력과 영화를 상실한 채 완전히 패망하는 앗수르 제국 (나3:16-19)

선지자 나훔은 앗수르 제국을 향해 저들이 과거에 얼마나 융성했는가에 대한 언급을 했다. 그 왕국에 속한 상인들의 수는 하늘의 별보다 많다고 묘사할 만큼 중다(衆多)해서 왕성한 상업이나 무역을 통해 엄청난 부를 쌓게 되었다. 하지만 그들은 마치 느치가 날개를 펴고 떼를 지어 날아가는 것처럼 어디론가 사라져 버리게 된다.

또한 백성의 통치자들은 분주하게 활동했으며 군대의 장군들은 전쟁을 준비하기에 몰두했다. 하지만 그 모든 권세자들은 추운 날 울타리 속에 깃들어 있다가 해가 뜨면 다른 곳으로 날아가 버리는 메뚜기 떼와 같이 된다. 그 모든 지도자들은 어디론가 사라져 버려 그 자취를 감추게 되는 것이다.

---

7) 느치는 딱정벌레의 한 종류이다. 몸의 길이는 6-10mm이고 평평한 직사각형처럼 생겼다. 색깔은 검은 갈색이나 붉은 갈색을 띠고 있다. 가슴은 머리보다 크고 배는 가슴과 폭이 같다. 더듬이는 곤봉 모양으로 열한 마디로 되어 있다. 하지만 나훔서에 언급된 느치가 우리가 알고 있는 그 곤충과 완전히 동일한 것이라고 할 수 없다. 아마도 그와 비슷하게 생긴 어떤 곤충일 것이다.

이처럼 니느웨 성이 가졌던 과거의 모든 부귀영화는 완전히 사라져버리게 된다. 따라서 선지자는 앗수르 제국의 통치자들을 향해 저들의 목자는 영영히 잠자고 귀족들은 깊은 잠에서 깨어나지 못하며 저들의 군대는 이산저산에 흩어졌으나 그들을 끌어 모을 자가 없다고 했다. 또한 그들이 입은 치명적인 상처는 아무도 고칠 수 없으며 그 부상의 정도가 매우 중하다는 말을 했다.

그런데 앗수르가 당하는 고통을 목격하는 많은 나라와 백성들은 그 광경을 지켜보며 슬퍼하기는커녕 오히려 즐거워 손뼉을 치며 좋아한다는 사실을 언급했다. 이는 앗수르 사람들이 그동안 항상 저들을 향해 겁박을 하며 못살게 굴었기 때문이라는 점을 강조했다. 그렇게 기고만장(氣高萬丈)하던 자들이 이제는 영원히 패망하게 되는 처지에 놓이게 되었다.

여호와 하나님께서는 주변의 많은 이방 왕국들을 괴롭히면서 특히 언약의 자손들을 미혹하여 하나님을 떠나도록 유인하고 북 이스라엘 왕국을 정복하여 민족의 정체성을 파괴하고자 혼혈로 만들어버린 자들을 반드시 심판하신다는 사실을 예언했다. 선지자의 그 말은 멸망의 위기에 처한 이스라엘 민족에게는 진정한 소망의 예언이 되었다.

물론 우리는 그 중심에 장차 하나님께서 보내실 메시아가 자리잡고 있다는 사실을 잊어서는 안 된다. 하나님께서 이방인들의 악한 세력을 심판하시는 근본 이유는 그들이 언약의 백성을 와해시킴으로써 부지중에 메시아의 도래를 방해하고 있었기 때문이다. 앗수르의 그와 같은 태도는 하나님에 대한 저항행위가 되었다. 비록 그 이방인들이 그에 관한 직접적인 아무런 인식이 없었다고 할지라도 그것은 하나님의 심판의 대상이 될 수밖에 없었던 것이다.

하박국서

〈목 차〉

서 문

본서를 계시받아 기록한 선지자 하박국의 개인적인 정보는 그리 많지 않다. 전체적인 내용을 보아 레위 지파에 속한 인물로 이해하는 학자들이 다수 있을 따름이다. 물론 선지자의 인적 사항에 대한 충분한 자료가 없다고 해서 하나님의 계시로서 그 권위가 약화되는 것은 전혀 아니다.

선지자 하박국이 예언한 시기가 성경에 명확하게 밝혀지지 않고 있음에도 불구하고 그에 대한 대략적인 추론이 가능하다. 그는 앗수르 제국의 말기에서 신 바벨론 제국 초기(대략 BC7세기 말) 곧 요시야 왕 통치시기에 예언했던 선지자로 보인다. 본문 내부에 그에 연관된 정보가 담겨 있는 것으로 이해할 수 있기 때문이다. 그리고 '하나님께서 갈대아 사람들을 불러일으킨 사건' (합1:6)에 관한 기록을 통해 그 시기를 짐작해 볼 수 있다.

성경에서 갈대아 사람이란 대개 앗수르 제국을 무너뜨린 바벨론 인들을 일컫고 있다. 바벨론의 느부갓네살은 BC612년 앗수르의 수도 니느웨를 공격하여 함락하게 되었다. 그러자 앗수르는 애굽의 바로 느고 2세와 동맹을 맺고 그 지원을 받아 니느웨를 탈환하고자 했다. 앗수르편에 선 바로 느고의 군대가 메소포타미아로 출병하여 이스라엘 민족의 땅 므깃도를 통과할 때 요시아 왕은 그들을 저지하려고 했다. 유다 왕국은 북 이스라엘 왕국을 패망시킨 앗수르 제국의 재기를 원하지 않았기 때문이다.

요시아 왕은 BC609년 '므깃도 전투' 에서 바로 느고와 맞서 싸우는 과정에서 전사하고 말았다(왕하23:29,30; 대하35:20-24). 그와 더불어 애굽 군대는 북쪽을 향하여 진군했지만 '하란 전투' 에서 바벨론에 의해 참패를 당하게 되었다. 그로 말미암아 바벨론 제국은 세력을 급속히 확장할 수 있었으며 여러 차례(BC605, 597, 587년) 이스라엘을 공격해 언약의 자손들을 포로로 잡아갔다.

유다 왕국은 신흥 바벨론이 세력을 형성해 가는 과정에서 저들의 편을 들었다. 하지만 그들은 나중 훨씬 악하고 무서운 나라가 되어 앗수르 제국보다 더욱 심하게 언약의 백성들을 괴롭혔다.[8] 결국 BC587년에는 바벨론이 예루살렘을 정복하고 그 안에 있던 성전을 파괴함으로써 다윗 왕국은 완전히 멸망당하게 되었다. 그 결과 성전 기물들은 바벨론에 빼앗기게 되고 이스라엘 자손들은 이방의 포로가 되어 오랫동안 고통스런 시간을 보낼 수밖에 없었다.

그와 같은 긴박한 역사적 흐름 가운데 존재하던 언약의 백성들에게 하박국이 하나님의 말씀을 예언받아 전달했다. 극도의 위기에 처한 백성들이 살아남을 수 있는 유일한 방법은 여호와 하나님께 온전히 의지하는 것이었다. 인간들의 다양한 노력과 투쟁이 결코 저들을 위태로운 상황으로부터 구원해 내지 못한다. 선지자 하박국은 외세의 침략을 받으며 아무런 소망이 없어 보이는 이스라엘 자손들을 향해 그점을 강조하여 예언했던 것이다.

---

8) 이와 같은 일은 역사 가운데 자주 일어났다. 예를 들어 제1차 세계대전에서 패배한 독일에 최고 엘리트로서 아돌프 히틀러(Adolf Hitler)가 등장했을 때 독일인들은 그에게 절대적인 지지를 보냈다. 당시 많은 기독교인들은 히틀러를 보내주신 하나님께 진심어린 감사기도를 드렸다. 그러나 그가 나중 얼마나 악한 정치를 하게 될지는 아무도 알지 못했다. 그는 수많은 유대인들을 학살하며 무서운 공포 정치를 했지만 사전에 그의 품성이 드러나지 않았던 것이다. 우리는 성경의 교훈을 통해 인간들의 현실적인 역사 인식과 해석이 근원적인 답변을 제시하지 못한다는 사실을 깨닫게 된다.

제1장

하나님의 심판 작정
(합1:1-17)

1. 선지자를 통한 하나님의 경고(합1:1)

하나님께서는 자신에게 속한 언약의 백성들을 사랑하신다. 그것은 창세전에 이미 이루어진 하나님의 신실한 약속에 근거하는 사랑이다. 하지만 죄에 빠진 인간들은 그에 대한 인식이 없다. 따라서 언약의 백성들 가운데도 숱하게 많은 경우 하나님을 떠나 배도의 길을 걷게 된다. 입술로는 다채로운 종교적인 언술을 늘어놓지만 실상은 세상에 살아가면서 자기 욕망을 채우기에 급급하기 때문이다.

그럼에도 불구하고 하나님께서는 항상 자기 자녀들을 기억하고 계신다. 그는 따뜻한 관심으로 저들을 위로하며 안전한 길로 인도하시기도 하지만 때로는 저들을 향해 무서운 징계의 채찍을 들고 강한 경고의 메시지를 주시기도 한다. 어떤 경우라 할지라도 그 모든 것은 성도들을 위한 하나님의 사랑을 드러내는 방편이라 할 수 있다.

그러므로 하나님의 자녀들은 그 모든 과정을 통해 자신을 냉철히 돌아보며 하나님의 뜻을 알아갈 수 있어야 한다. 그래야만 하나님께 속한 성도로서 경건한 삶을 살아갈 수 있게 될 것이기 때문이다. 만일 그 실상을 등한시하고 있다면 하나님을 멸시하는 행위가 되어 결국 두려운 파멸에 이를 수밖에 없다.

하나님께서는 앗수르 제국을 멸망시키는 바벨론이 세력을 급속히 확장해 갈 무렵 선지자 하박국을 자신의 특별한 선지자로 부르셨다. 그때는 언약의 왕국에 속한 많은 백성들이 배도에 빠져 갈피를 잡지 못하고 있었다. 엄밀한 의미에서 볼 때 하나님께서 하박국을 선지자로 부르신 것은 그 개인을 위해서가 아니라 이스라엘 민족을 위한 공적인 일이었다.

그러므로 하나님께서는 그를 통해 언약의 백성을 향해 강한 경고의 메시지를 주셨다. 물론 그 경고는 백성들이 죄악으로부터 돌이키기를 원하시는 하나님의 신실한 사랑에 기초하고 있었다. 따라서 그 말씀의 근저에는 하나님의 사랑과 위로의 말씀이 작용하고 있는 것으로 이해해야 한다.

여호와 하나님을 믿고 신뢰하며 진정으로 그를 경외하는 성도라면 그 예언의 말씀을 듣고 속히 죄악의 길에서 떠나 하나님께로 돌아서야 했다. 지혜로운 자들은 그 메시지를 통해 자신의 죄를 깨달아 회개하고 돌이켰다. 그에 반해 어리석고 미련한 자들은 하나님의 선지자가 전하는 그 예언의 말씀을 받아들이지 않고 하나님을 멸시하는 행위를 지속했다. 따라서 모든 언약의 자손들은 하나님께서 왜 선지자를 통해 그와 같은 경고의 메시지를 주시게 되었는지 겸손한 자세로 생각해 볼 수 있어야만 했던 것이다.

2. 선지자의 간절한 애원: 이스라엘 민족의 부패(합1:2-4)

선지자 하박국은 간절한 마음으로 하나님께 부르짖었다. 자기가 여호와 하나님을 향해 그토록 부르짖어도 하나님께서 자신의 기도를 듣지 않으셨다는 점을 언급하며 언제까지 의로운 자들을 그 고통중에 두실 것인지 물었다. 악한 자들은 기세등등하게 행동하며 살아가는데 반해 선한 백성들은 저들로부터 심한 박해를 당하고 있었기 때문이다. 그리하여 자기가 악한 자들의 부당한 강포를 보면서 그것을 바로 잡아주시도록 하나님 앞에서 부르짖었으나 그 간청을 들어주시지 않았다는 것이다.

선지자는 순진한 백성들을 향한 악한 자들의 죄악과 패역을 눈으로 목격하는 것이 힘들다는 사실을 하나님께 아뢰었다. 그리고 자기 앞에서 사악한 겁탈과 강포가 예사롭게 행해졌으며 부당한 변론과 분쟁이 일어나고 있는 사실을 언급했다. 그것은 온전한 언약의 자손들 가운데서 절대로 발생하지 말아야 할 일들이었다.

그럼에도 불구하고 이스라엘 민족 가운데는 그와 같은 일들이 만연해 있었다. 많은 백성들이 하나님의 율법을 멸시했으므로 그런 상태에서는 공의가 시행될 수 없었다. 이는 사악한 자들이 의로운 자들을 에워싸고 있음으로 인해 하나님의 공의가 적용되지 않고 인본적인 관행이 굽게 행해졌기 때문이다.

이는 하나님의 거룩한 뜻에 따라 율법을 좇아 살아가야 할 백성의 터전이 타락하여 욕망으로 가득 찬 부정한 사회가 되어버렸음을 말해주고 있다. 상식적인 사람이라면 악한 자들이 권세를 휘두르며 풍요로운 삶을 누리는데 반해 선한 자들이 박해받으며 힘든 삶을 살아가는 것을 가만히 지켜보고 있기 어려웠다. 따라서 선지자 하박국은 언약의 왕국에 속한 백성들의 그와 같은 타락한 양상을 보며 괴로움을 이기지 못해 하나님께 부르짖었던 것이다.

하지만 하나님께서는 그런 불의한 상황 가운데서도 선지자 하박국의 간청을 즉시 들어주지 않으셨다. 물론 하나님은 그런 상황을 못 본채 그냥 방치하시는 분이 아니다. 거기에는 인간들의 상상을 초월한 하나님의 놀라운 계획과 경륜이 들어있을 것이 틀림없다. 결국 선지자는 언약의 백성을 위해 하나님 앞에서 간구했지만 하나님께서는 외부의 이방 세력을 채찍과 도구로 삼아 배도에 빠진 그 사악한 자들을 심판하시고자 했다.

3. 여호와로부터 주어진 예언의 말씀: 하나님의 채찍으로 사용될 바벨론(합1:5-11)

선지자 하박국의 간곡한 기도를 들은 하나님께서는 그를 향해 말씀하셨다. 장차 주변의 여러 나라들을 보면 놀라 질겁할 일들이 발생하게 되리라는 것이었다. 선지자는 그 놀라운 일과 더불어 자기의 말을 듣고 있는 그 백성들이 생존해 있을 동안에 하나님께서 한 가지 큰일을 시행할 것이라는 사실을 말했다. 그것은 너무나 큰일이어서 누가 저희에게 말한다고 해도 문제가 발생하기 전에는 결코 그 사실을 믿지 않으리라고 했다.

그 내용은 장차 언약의 왕국이 막강한 세력을 가진 한 이방 나라에 의해 무자비하게 패망 당하게 될 사실에 연관되어 있었다. 즉 그것은 예루살렘과 거룩한 성전의 파괴에 관한 사실을 말해주고 있다. 하나님께서 그것을 위해 사납고 성급한 민족인 갈대아 사람 곧 바벨론 병사들을 일으키시겠다고 말씀하셨다(합1:6).

그들은 온 땅을 두루 침략하며 자기의 소유가 아닌 다른 족속의 영역을 강제로 점령하게 된다. 그 이방 왕국의 병사들은 위풍당당한 모습을 지닌 자들로서 두렵고 막강한 세력을 가지고 있다고 했다. 선지자는 그 모든 것들이 이방인들 스스로의 힘과 능력으로부터 나온 것이라는 점을 강조했다. 이는 적어도 그것이 여호와 하나님으로부터 나온 것은 아니란 점을 말해주고 있다.

바벨론 군대의 잘 사육된 말들은 사나운 표범보다 민첩했으며 저녁이 되어 날뛰는 이리보다 날렵했다. 그리고 그 말을 타고 전투에서 치열하게 싸우는 마병들은 먼 곳에서부터 빠른 속도로 달려오게 된다. 또한 그들은 먹이를 잽싸게 움켜잡으려는 독수리의 날개 짓처럼 재빠르게 적군을 향해 움직인다.

바벨론 병사들은 다른 나라의 땅들을 무자비한 군화(軍靴)로 짓밟고 강포를 행하기 위해 앞을 향해 힘차게 전진하게 된다. 그들은 전쟁에서 승리한 후 엄청나게 많은 사람들을 포로로 잡아 자기의 고국 땅으로 끌고 간다. 그들을 자신을 위한 노예로 부리고자 하는 목적 때문이었다. 그와 같이 승승장구하는 군대 앞에는 거칠 만한 대상이 아무것도 없으므로 어느 누구를 만나든 안하무인(眼下無人)격인 태도를 취하게 된다.

그 이방 군대는 한없이 오만한 자세로 주변 여러 나라의 왕들을 멸시하며 고위 관리들을 비웃는다. 뿐만 아니라 각 종족이 세운 견고한 성들을 조소하며 아무런 힘들이지 않고 쉽게 점령해 버린다. 이처럼 바벨론 군대는 어느 왕국의 칼과 창도 두려워하지 않은 채 저들을 패망시키는 막강한 병력을 가지고 있었다.

이와 같이 무소불위(無所不爲)의 세력을 확보한 자들의 특징은 자신의 힘과 능력을 자기 신으로 섬기고 있다는 점이다. 이는 그들이 참된 신은 차치하고 신적인 존재 자체를 믿고 의지하지 않는다. 그런 자들은 오로지 자신이 소유한 능력을 신뢰하고 있을 따름이다. 자기 힘을 믿는 자들은 살아계신 하나님을 의지하는 대신에 자기의 세력을 과시하며 거침없이 앞으로 전진해 나아간다. 하지만 그 모든 것들은 하나님을 멸시하고 그 앞에서 범죄행위를 저지르는 것에 지나지 않는다.

여기에는 오늘날 우리 역시 주의 깊게 받아들여야 할 중요한 교훈이 담겨 있다. 어리석은 인간들은 대수롭지 않은 자기의 능력에 모든 것을 기대어 의존하기를 좋아한다. 입술로는 하나님을 믿는다고 하면서 실상은 자기가 소유한 권력이든 금력이든 능력이든 어떤 형태의 힘을 의지하고자 하는 것이다.

하지만 그 모든 것들은 인간이 궁극적으로 기댈 만한 언덕이 되지 못한다. 아무런 보장성이 없는 그것들은 어느 누구도 예기치 못한 때 일순간에 완전히 무너져버릴 수 있기 때문이다. 이 세상에 살아가는 사람들이 영원토록 의지할 수 있는 유일한 존재는 오직 여호와 하나님 한 분밖에 없다. 진정으로 지혜로운 자들은 그에 대한 올바른 깨달음을 가지고 신앙인의 삶을 실천하는 가운데 이 세상을 살아가게 된다.

4. 하나님의 비밀스런 뜻과 바벨론의 악역에 대한 하박국의 호소(합1:12-17)

하나님으로부터 그 모든 말씀을 듣게 된 선지자는 다시금 간절히 구했다. 그는 먼저 자기는 거룩한 하나님이신 여호와께서 만세전부터 존재해 계시는 분이라는 점을 굳게 믿고 있음을 고백적으로 언급했다. 이는 창세전 하나님의 예정과 선택에 연관된 말로 이해할 수 있다. 따라서 하나님께 속한 언약의 자손들은 여호와로 말미암아 영원한 사망에 이르지 않게 되리라는 점을 말했다.

그럼에도 불구하고 하나님께서는 배도에 빠진 이스라엘을 엄중히 심판하시기 위해 이방인들을 도구로 삼고자 하셨다. 그 사실을 알게 된 선지자 하박국은 이방인들의 세력을 언약에 속한 자들의 재판관처럼 세우신 점을 이해하기 어렵다고 했다. 또한 이스라엘 백성을 징계하시기 위해 부정한 이방인들을 매서운 채찍으로 삼으시려하는 것을 이해하기 어렵다는 사실을 말했다.

선지자는 또한 주님께서는 항상 정결한 눈을 가지고 계시는 분이라는 사실을 언급했다. 그는 결코 더러운 악행을 방치하지 않으시는 분이며 패역한 자들을 그냥 두고 보지 못하신다는 점을 말했다. 그런데 하나님께서 왜 그 거짓된 이방인들의 사악한 행동들에 대해서는 방관하시는지 물었다.

그리고 그는 사악한 자들이 자기보다 선한 자들을 무자비하게 집어삼키는데도 하나님께서 침묵하시는 이유를 알지 못하겠다고 했다. 아무리 타락했다고 할지라도 언약의 자손들이 이방인들보다는 낫다고 여기고 있었던 것이다. 하지만 실상은 하나님의 진노가 원천적으로 심판아래 놓여있는 이방인들이 아니라 경건한 삶을 포기하고 배도에 빠진 언약의 자손들 위에 임하게 된다.

이는 오늘날 우리 역시 주의 깊게 생각해 보아야 할 문제이다. 이 세상에는 하나님의 자녀들의 모임이라 일컬어지는 교회가 있는가 하면 국가와 여러 단체들을 비롯한 세상의 일반적인 모임들이 많이 있다. 하나님의 두려운 징계는 타락한 세상보다 배도에 빠진 기독교에 우선 강력하게 임하게 된다. 세상은 원래부터 저주받은 영역이지만 지상교회는 그리스도의 신부로서 정결해야 할 영역이기 때문이다. 따라서 교회의 타락과 배도행위가 하나님을 진노케 하는 원인이 되는 것이다.

또한 선지자는 하나님께서 사람을 바다의 고기같이 여기시고 통솔하는 우두머리가 없는 미물 같게 하셨다고 했다(합1:14). 그들은 제 속의 욕망에 따라 마음대로 살아가는 자들이었다. 이는 악한 바벨론 사람들이 낚시로 언약의 자손들을 낚으며 그물과 투망으로 선한 많은 사람들을 사로잡아 모으면서 실상은 하나님께 강하게 저항하는 행동을 하면서 스스로 기뻐하고 즐거워하게 되는 의미와 연관되어 있다.

그런 이방인들은 자기의 그물에 제사하며 투망 앞에 분향하기를 좋아한다. 이는 그들이 그것들을 도구로 삼아 소득이 풍부하게 되고 엄청나게 많은 재물을 얻을 수 있었기 때문이다. 그들은 그것을 통해 풍요로운 인생을 누리게 된 것으로 여기게 된다. 어리석은 이방인들이 욕망을 추구하기 위해 스스로 만들어 사용한 도구에 제사를 지내고 분향한 것은 바로 그런 이

유 때문이었다.[9)]

하지만 그 이방인들은 거기서 만족하지 않고 더 큰 욕심을 낸다. 무서운 병기와 날카로운 칼을 빼들고 주변의 많은 민족을 향해 무자비한 공격을 펼치면서 사람들을 쳐 죽이는 악행을 지속하게 되는 것이다. 선지자는 그와 같은 사실에 연관하여 전능하신 공의의 하나님께서 왜 그런 사악한 행동을 일삼는 자들을 즉시 심판하시지 않고 그냥 두시는지 이해하기 어렵다고 말했던 것이다.

---

9) 이에 대해서는 오늘날 우리도 주의 깊게 반성해 보아야 한다. 하나님을 믿고 섬긴다고 하는 자들조차 온갖 다양한 도구들을 동원하기를 좋아한다. 금전이나 종교적 교권 혹은 인간들의 온갖 재주를 동원하여 그것들을 도구화 하여 하나님을 섬기는 것은 올바른 신앙 자세라 할 수 없다. 어리석은 인간들은 그런 것들을 통해 하나님을 섬기면서 그로 인해 더 큰 것을 얻어내고자 한다. 하지만 그것은 개인의 욕망을 추구하는 종교적인 자기 합리화에 지나지 않는다.

제2장

하나님의 응답: 저주와 심판
(합2:1-20)

1. '묵시의 말씀' 과 '의인의 구원' (합2:1-4)

선지자 하박국은 자신의 심경을 여호와 하나님 앞에 그대로 털어놓은 후 이제 하나님으로부터 그에 관한 응답을 듣고자 했다. 그것을 위해 외부 침입자를 감시하고자 성벽 위에 세워진 높은 망대 위로 올라가겠노라고 했다. 이는 언약의 백성들을 위한 그의 절박한 마음을 잘 보여주고 있다. 선지자는 거기서 자신의 질문에 대한 하나님의 말씀을 기다리고자 했던 것이다.

그와 더불어 하나님께서 자신을 책망하실 경우 그것을 달게 받겠다는 말을 했다. 그에 대한 진솔한 고백을 하며 하나님의 말씀에 온전히 순종하겠다는 다짐을 했던 것이다. 선지자의 그 진술을 들으신 후 하나님께서 그에 응답하셨다. 가장 먼저 그에게 요구된 사항은 하나님으로부터 계시된 말씀에 관한 문제였다.

"너는 이 묵시를 기록하여 판에 명백히 새기되 달려가면서도 읽을 수 있

게 하라" (합2:2)

하박국 선지자에게 주어진 이 명령은 매우 중요한 의미를 담고 있다. 넓은 관점에서 볼 때 하나님께서 명하신 이 말씀은 하박국서의 내용과 그 선지자에게만 한정적으로 해당되는 것이 아니라 모든 성경과 더불어 언약의 자손 전체에게 공히 연관되어 요구되는 것으로 이해해야 하기 때문이다. 물론 하나님의 말씀을 맡은 구약시대 선지자들과 신약시대 사도들뿐 아니라 보편교회 시대에 하나님의 말씀을 선포하며 가르치는 교회의 교사들에게 더욱 선명하게 이 명령이 받아들여져야 한다.

'하나님의 묵시를 기록하여 판에 명백히 새기라' 는 명령은 그 묵시의 말씀의 확정된 성격을 드러내 보여주고 있다. 즉 판에 새겨진 그 말씀은 절대적인 것으로 어느 누구도 마음대로 변개하지 못한다. 그럼에도 불구하고 어리석은 자들은 그 판에 새겨 기록된 말씀을 임의로 바꾸려는 시도를 하기도 한다. 하지만 그와 같은 태도는 하나님께 저항하는 사악한 배도 행위에 지나지 않는다.

그리고 '달려가는 중에도 하나님께서 계시하신 묵시의 글을 읽을 수 있게 하라' 는 명령은 당시의 모든 백성들은 물론 오늘날 우리도 잘 새겨들어야 한다. 여기서 판에 기록된 말씀을 읽어야 하는 주체는 선지자가 아니라 주변에 있는 모든 언약의 자손들이다. 따라서 선지자뿐 아니라 모든 언약의 백성들은 이를 위한 만반의 준비를 갖추어야 한다. 여기서 우리는 매우 신중한 자세로 이 교훈을 받아들이지 않으면 안 된다.

그에 온전히 순종하기 위해서는 몇 가지 중요한 조건이 요구된다. 첫째, 성도들은 선지자가 판에 새긴 묵시의 말씀이 절대 진리라는 사실을 깨달아야 한다. 둘째, 그 말씀에 관심을 가진 자라면 누구나 읽을 수 있도록 개방되어야 한다. 셋째, 언약의 자손들이 선지자가 판에 새긴 그 말씀을 항상 주의 깊게 바라보아야 한다. 넷째, 빨리 움직이는 가운데서도 그 말씀을 읽을 수 있을 만한 민첩함과 집중력을 소유해야 한다.

오늘날 우리 역시 이에 대한 준비를 갖추어 아무리 긴박하게 돌아가는 위급한 상황에 처한다고 할지라도 하나님의 말씀이 기록된 그 판을 주의 깊게 읽지 않으면 안 된다. 즉 성도들은 자신의 눈을 항상 '그 판' 에 고정시키고 있어야 한다. 이는 하나님의 말씀에 순종하고자 하는 모든 백성에게 그대로 적용되어야 할 소중한 교훈이다. 언약의 자녀들이 어떤 위태로운 상황 가운데서도 선지자들과 사도들이 기록하여 새긴 그 판을 읽어야 하는 까닭은 그것이 신앙인의 유일한 삶의 표준이 되기 때문이다.

선지자 하박국은 또한 그 묵시가 장차 반드시 이루어지게 된다는 사실을 언급했다. 눈앞에 벌어지는 여러 형편들을 볼 때는 그 의미가 당장 뚜렷하게 드러나지 않고 있는 듯이 보이지만 정한 때가 이르게 되면 반드시 이루어지게 된다. 따라서 장차 하나님께서 주도하시는 종말의 때가 닥치게 될 것이며 그 묵시의 말씀이 결코 헛되지 않다는 사실이 입증되리라는 것이었다. 그 말씀을 겸손하게 받아들이는 성도들이라면 비록 더디게 여겨질지라도 반드시 응하게 될 그 예언이 성취될 때를 기다리라고 했다.

이는 사실 앞으로 도래하게 될 메시아 언약의 완성에 밀접하게 연관되는 것으로 이해해야 한다. 즉 역사 가운데 일반적으로 발생하게 되는 역사적 사건들에 한정적으로 적용되지 않는다. 그에 대한 온전한 지식은 하나님의 자녀들만 알 수 있는 특별한 비밀이다. 따라서 인간의 판단에 모든 것을 의존함으로써 마음이 교만하게 된 자들은 어떤 경우에도 하나님의 온전한 뜻을 알아갈 수 없다.

그러므로 선지자는 인간들이 자기의 능력과 결단에 의해 생명을 구하지 못한다는 사실을 언급하고 있다(합2:4). '의인들' 에게 허락되는 영원한 생명은 인간들의 종교적인 행위가 아니라 오직 하나님으로 말미암아 선물로 주어진 '믿음' 에 달려 있다는 것이다. 구약성경에 기록된 이 말씀은 나중 예수 그리스도가 오셔서 이루시게 될 구원 사역과 밀접하게 연관되는 의미로 드러나고 있다.

> "의인은 그의 믿음으로 말미암아 살리라"(합2:4); "복음에는 하나님의 의가 나타나서 믿음으로 믿음에 이르게 하나니 기록된바 오직 의인은 믿음으로 말미암아 살리라 함과 같으니라"(롬1:17); "또 하나님 앞에서 아무나 율법으로 말미암아 의롭게 되지 못할 것이 분명하니 이는 의인이 믿음으로 살리라 하였음이니라"(갈3:11); "오직 나의 의인은 믿음으로 말미암아 살리라 또한 뒤로 물러가면 내 마음이 저를 기뻐하지 아니하리라 하셨느니라"(히10:38)

선지자 하박국은 오직 믿음으로 말미암아 의인들이 구원을 받게 된다는 사실을 하나님으로부터 계시받아 전했다. 이 말씀은 구약시대와 일반적인 경우를 두고 한시적으로 주어진 것이 아니었다. 이것이 영원한 진리라는 사실은 신약시대의 사도들을 향해 역사적으로 증거되었다. 따라서 사도 바울은 하박국 선지자의 계시를 인용하며 여러 차례 그에 대한 강조를 하고 있다.

우리가 여기서 반드시 기억해야 할 바는, 이 '믿음' 이 인간의 자발적인 마음으로 믿고자 작정하는 정신적 결단에 달려 있는 것이 아니라는 사실이다. 참된 믿음은 하나님께서 예수 그리스도를 통해 일방적인 선물로 주시게 된다. 이는 죄에 빠진 인간들의 마음에서는 결코 그 믿음이 발생할 수 없다는 사실을 말해주고 있다. 단지 하나님께서 주시는 온전한 선물인 믿음을 통해 믿는 마음과 믿음의 결단이 생겨나게 될 따름인 것이다.

2. 하나님을 멸시하는 악한 자들(합2:5-11)

하나님으로 말미암은 '믿음' 을 소유하지 않아 참된 믿음이 없는 자들은 선지자들과 사도들이 계시로 전하는 말씀을 멸시한다. 그대신 자신의 종교적인 욕망에 따라 살아가기를 좋아한다. 그들은 세상의 쾌락을 추구하면서 자신의 정신을 혼미케 하는 술을 즐긴다. 나아가 거짓되고 교만한 마음으로 사망의 무덤처럼 만족할 줄 모르는 채 이기적인 욕심을 가득 채워가기에 급급하다.

그것은 비단 개인이나 집단뿐 아니라 하나님을 알지 못한 채 세력을 펼치는 세상의 모든 나라들 역시 마찬가지다. 그 통치자들은 주변의 여러 나라와 종족들을 무력으로 정복하여 자기의 권세 아래 두기를 원한다. 그리고 외국의 많은 백성들을 포로로 잡아와 자기 목적을 달성하기 위해 노예로 부리고자 한다. 그것을 통해 모든 것을 취하며 만족을 누리고자 하는 것이다.

하지만 남의 소유를 탐내는 것은 십계명이 금하는 중요한 율법이기도 하다. 사악한 자들은 남의 것들을 자기 손아귀에 넣고자 많은 노력을 기울이는 가운데 아무런 의미 없는 것을 헛되이 추구하게 되는 것이다. 따라서 후일 많은 사람들이 저들을 향해 조롱하는 노래를 부르게 된다.

또한 사람들은 저들의 어리석은 행동을 풍자하며 입술에 오르내리는 속담으로 저들을 비난하기도 한다. 그들이 남을 속여 저들의 소유물들을 끌어 모아 풍요와 만족을 추구하지만 저들의 악행은 결코 오래가지 못한다. 실상은 그 모든 것들이 하나님의 심판과 저주를 몰고 오는 원인에 지나지 않는다는 것이다.

그들이 전쟁을 통해 많은 사람들을 볼모로 잡아오게 되지만 나중 그 행위가 도리어 무거운 부담이 될 따름이다. 후일 다른 군대가 쳐들어와 저들을 위태로운 지경으로 몰아갈 때 포로로 잡혀와 고통을 당했던 그 외국인들은 자신을 압제한 자들을 향하여 공격해 온 그 상대방의 편에 설 수밖에 없다. 이는 많은 포로들을 잡아오는 것이 내부에서 적을 양성하며 키우는 것과 다르지 않은 부정적인 역할을 하게 된다는 사실을 말해주고 있다.

이에 대해서는 오늘날 우리 역시 중요한 교훈으로 삼아야 한다. 어리석은 자들은 교회 내부에 세속적인 것들을 가지고 들어와 종교적 활성화를 꾀하지만 그것은 위험천만한 일이다. 신앙이 어린 교인들에게는 그것이 화려하고 좋게 보일 수 있다. 하지만 결국 그것이 교회를 허무는 위태로운 역할을 하게 될 것이기 때문이다.

하박국서에 기록된 대로 많은 포로들을 잡아오게 되면 당장은 강하게 보일지 모르나 나중 적군에 의해 침략을 당할 때 쉽게 패배할 수밖에 없게 된다. 이제까지 여러 나라들을 무자비하게 공격하여 노략질해 왔으므로 남은 다른 나라와 민족들이 점차 세력을 키워 결국 저를 역습하여 압제하게 될 것이기 때문이다(합2:7).[10] 그 모든 것은 악행을 저지른 자들이 스스로 그렇게 만든 자업자득(自業自得)이라 할 수 있다. 다른 나라 백성의 많은 피를 흘리고 저들의 땅과 성읍과 그 안에 살아가던 모든 주민들에게 행한 강포가 저들을 향해 부메랑이 되어 되돌아오게 되는 것이다.

그와 같은 긴박한 상황이 들이닥치게 되면 재빠른 자들은 그 위기를 피하여 높은 곳으로 올라가려고 한다. 하지만 자기와 자기 집을 위하여 연약한 자들을 압제하며 부당한 이익을 취해온 자들은 저주의 자리를 피할 수 없다. 저들이 욕망을 채우기 위해 온갖 악한 일들을 다 저지르며 일시적으로 성공한 듯이 보일지라도 실상은 피할 수 없는 무서운 심판과 저주아래 놓이게 되는 것이다.

이처럼 강력한 세력을 확보한 이방의 권세자가 많은 민족을 패망시킨다고 해도 그것은 결국 자기 집에 욕을 불러들이는 역할을 하게 된다. 나아가 하나님을 멸시한 그와 같은 행동은 자기 영혼으로 하여금 죄를 범하게 함으로써 저주에 빠뜨리게 한다. 선지자는 이로 말미암아 말을 할 수 없는

---

10) 본문의 기록을 바벨론 제국에 관한 기록으로 이해한다면, 나중 그들을 공격하여 패망에 이르게 하는 자들은 페르시아 제국이다. 당시에는 그들이 별로 힘이 없는 것처럼 보였을지라도 나중 강력한 세력을 가지고 바벨론을 패망에 빠뜨리게 되는 것이다.

것들조차 그에 대하여 크게 소리 지른다는 사실을 말했다. 집 주위에 둘러 쳐진 담벼락의 돌들이 원수를 갚아 달라고 울부짖으며 집 안에서는 들보가 그에 맞장구치게 된다는 것이었다. 이는 하나님의 율법을 멸시한 채 이기적인 욕망을 추구하는 악한 자들의 횡포가 얼마나 컸던가 하는 점을 여실히 드러내 보여주고 있다.

3. 악한 자들의 모략과 하나님의 심판(합2:12-17)

하나님을 알지 못하는 악한 자들과 배도에 빠진 자들은 자기의 목적을 달성하기 위해 수단과 방법을 가리지 않는다. 그들은 남 보기에 번듯한 세속적 성과를 거두는 일에 모든 관심을 기울이고 그것을 보면서 즐거워하며 만족스러워 한다. 그런 자들은 영원한 삶에 무관심한 극단적인 현실주의자들로서 잠시 살다가 죽게 될 인간의 실제 모습을 제대로 인식하지 못하고 있다.

하나님을 멸시하는 자들은 자신을 위한 성읍과 성곽을 건설하면서 정당한 방법을 취하지 않는다. 그와 같은 자들은 저들의 악행으로 인해 하나님의 무서운 분노를 불러일으키게 된다. 그들은 연약한 사람들의 피와 땀으로 성읍을 건설하거나 불의로 성곽을 건축하면서도 아무런 양심의 거리낌이 없다. 그런 사람들은 겉보기에 아무리 그럴듯하게 여겨질지라도 실상은 하나님 앞에서 저주받은 존재에 지나지 않는다.

하나님께서는 자신을 멸시하는 사악한 기득권자들이 약자의 소유물을 약탈하고 심한 압제를 통해 건축한 것들을 그냥 두시지 않는다. 그 모든 것들은 결국 무서운 심판을 받아 불타버리게 된다. 하나님 앞에서는 그와 같은 결과물들이 지극히 역겨운 것에 지나지 않기 때문이다. 이기적인 목적으로 세워놓은 저들의 모든 공적들이 한순간에 수포로 돌아가게 되는 것은 여호와 하나님으로 말미암은 심판과 저주에 근거한다.

우리가 여기서 기억해야 할 놀라운 사실은 그 두려운 심판으로 인해 하나님의 영광이 세계만방에 드러나게 된다는 점이다. 때가 이르면 여호와 하나님을 믿는 모든 언약의 자녀들이 그 영광을 인정하고 받아들임으로써 마치 물이 넓은 바다를 뒤덮는 것처럼 놀라운 영광이 온 세상에 가득 차게 된다. 전지전능하신 하나님의 참된 공의가 인간들에게 미침으로써 그와 같은 일이 발생하게 되는 것이다.

그러나 하나님과 무관한 사악한 자들은 결코 자신의 못된 행동을 뉘우치거나 포기하지 않는다. 그런 자들은 교묘한 방법으로 사람들을 속이고 기만하는 가운데 저들을 파멸로 몰아가기 위해 애쓴다. 그들은 자기 욕망에 못 이겨 이웃에게 술을 만취하도록 마시게 하면서 저의 벌거벗은 몸을 드러내 보이려고 한다. 그 사람들은 자기의 목적을 달성하기 위해 이웃의 패망을 도모하는 것을 예사로 여긴다. 하지만 악한 자들은 공의의 하나님으로부터 임하는 무서운 심판과 저주를 피할 수 없다.

그와 같은 못된 행동을 되풀이하면서 자신의 헛된 영광을 누리고자 하는 자들은 결국 능욕과 수치를 당하게 된다. 이전에 자신이 남에게 행했던 대로 이제 자기가 그 저주의 술잔을 받아 마시고 할례받지 않는 자신의 벌거벗은 몸을 만천하에 드러내 보일 수밖에 없다. 여호와 하나님의 오른손에 들려 있는 심판의 술잔이 저에게 주어지게 되기 때문이다. 그는 이기적인 목적을 위해 남을 속이고 부당한 영광을 누린 만큼 이제 자기가 그 모든 치욕과 창피를 당하게 된다는 것이었다.

이 모든 내용들은 우선적으로 바벨론의 통치자에 관한 예언과 밀접하게 연결되어 있다. 그가 레바논의 숲을 자르며 강포를 행하고 짐승을 잔인하게 죽였듯이 그 살육이 저에게 곧 임하게 된다는 것이다. 그와 같은 일은 많은 사람들을 학살하면서 그들의 땅과 성읍을 파멸시킨 결과로 말미암아 일어나게 된다. 그가 타인에게 행했던 모든 악한 일들이 이제 자신에게 그대로 되돌아간다. 이는 이기적인 욕망을 추구하면서 얻게 된 일시적이며 표면적인 승리가 도리어 영원한 패망으로 귀결된다는 사실을 보여주고 있다.

이에 대해서는 오늘날 우리 역시 마찬가지다. 어리석은 종교인들은 개인의 목적을 추구하면서 주변의 이웃을 이용하고자 한다. 그러면서도 그것이 마치 하나님에 대한 충성인 양 떠벌리며 자랑하기를 좋아한다. 모든 성도들은 그와 같은 분위기에 대하여 여간 깊은 주의를 기울이지 않으면 안 된다. 그 가운데 특히 교회의 교사로 일컬어지는 목사들은 자신을 되돌아보는 가운데 더욱 정신을 바짝 차려야 한다. 자칫 잘못하면 개인의 목회적 성공을 도모하기 위한 이기적인 욕망으로 하나님의 자녀인 성도들을 이용하고자 하는 무서운 범죄에 빠질 우려가 있기 때문이다.

4. 우상에 의존하는 어리석은 자들에 대한 경고(합2:18-20)

어리석은 불신자들과 배도에 빠진 자들은 자기를 위해 우상을 새겨 만들기를 좋아한다. 눈에 보이지 않는 하나님을 믿는 것보다 자기 취향에 맞는 가시적인 형태의 신을 만들어 섬기기를 즐겨하기 때문이다. 하지만 그것은 아무런 유익이 되지 않을 뿐더러 오히려 하나님을 모독하는 사악한 행위가 된다.

그렇지만 이방신 사상을 가진 자들은 인간들이 만든 우상이 마치 무엇인가 응답할 것처럼 생각하며 살아간다. 하지만 그것은 공허한 벙어리 거짓 스승에 지나지 않는다. 인격을 가진 인간들이 말하지 못하는 돌덩어리나 쇳덩어리 혹은 나뭇조각으로 된 우상을 의지하는 것은 아무런 유익이 없는 것이다.

그럼에도 불구하고 우상숭배자들은 나무나 돌이나 금속으로 만든 형상을 흔들어 깨워 일어나게 하려는 듯 헛된 애를 쓴다. 하지만 그것들은 인간을 위해 어떤 교훈도 베풀 만한 능력을 소유하고 있지 않다. 그 우상 덩

어리에 값비싼 금과 은으로 덧입힌다고 할지라도 그 속에 생기가 존재할 리 없다.

오직 살아계신 참된 신인 여호와 하나님은 거룩한 성전에 계시면서 온 세상을 꿰뚫어 보신다. 거룩한 하나님은 아무데나 계시는 분이 아니라 그에 조화되는 거룩한 영역에 존재해 계시는 분이다. 그가 무소부재(無所不在)하다고 하는 말은 그의 몸이 모든 곳에 분산해 존재한다는 의미가 아니라 이 세상에 그의 눈길을 피할 자가 아무도 없다는 뜻을 지니고 있다. 따라서 선지자는 그에 대한 분명한 선포를 하고 있다.

> "오직 여호와는 그 성전에 계시니 온 천하는 그 앞에서 잠잠할지니라"(합 2:20)

인간들 가운데 어느 누구도 하나님의 예리한 눈길을 피할 자는 없다. 따라서 타락한 이 세상에 살아가는 모든 인간들은 전지전능하며 무소부재하신 여호와 하나님 앞에서 항상 잠잠해야 한다. 살아계신 하나님의 뜻에 불순종하며 저항하는 것은 그로부터 무서운 진노를 불러일으키는 악한 행위에 지나지 않기 때문이다.

그러므로 온전한 신앙을 소유한 언약의 자손들은 항상 하나님께서 계시는 그 성소를 바라보며 살아가게 된다. 그럼에도 불구하고 어리석은 인간들은 자신의 취향에 맞는 우상을 만들어 두기를 좋아한다. 그들은 그 거짓 신을 가까이 두고 섬기기 위해 온갖 노력을 다 기울이게 되는 것이다.

우리가 여기서 기억해야 할 점은 우상을 만드는 정교한 기술자와 그 우상 덩어리 자체를 통해 사탄이 역사할 수 있다는 사실이다. 사탄의 졸개들인 거짓 신령들이 그것들을 통해 어리석은 자들을 미혹하며 더러운 귀신의 관할 아래 놓이게 하는 것이다. 하나님의 자녀들은 영적인 싸움에 연관된 이 문제에 대하여 보다 깊은 이해를 하지 않으면 안 된다.

그리고 또 하나 그보다 더욱 중요한 점은, 사람이나 동물들의 형상을 지니지 않는 무형의 우상에 관한 문제이다. 그것은 인간들의 정신세계를 통해 다양한 형태로 드러나게 된다. 무형 혹은 정신적인 우상의 존재는 결코 무시할 수 없을 정도로 심각하다. 언약의 백성이라 할지라도 하나님보다 더 의지하며 사랑하는 무형의 대상이 있다면 그것은 하나님을 분노케 하는 우상이 되는 것이다. 신앙이 성숙한 성도라면 천상에 계시는 여호와 하나님 앞에서 이 세상의 어떤 것이라 할지라도 궁극적인 의존의 대상으로 삼지 말아야 한다는 사실을 깨닫는 것이 매우 중요하다.

제3장

선지자 하박국의 기도와 노래

(합3:1-19)

1. 간구와 노래(합3:1)

하박국 3장의 맨 앞부분에는, 본문에 기록된 간구와 노래가 '시기오놋'(shigionoth)11)에 맞춘 선지자 '하박국의 기도'라는 사실이 명시되어 있다. 하나님의 계시에 따른 선지자의 이 기도는 개인이 한 것이지만 이스라엘 민족을 위한 노래였다. 이 기도의 맨 마지막에는 또한 이 노래가 '지휘 감독하는 사람을 위하여' 선지자 자신의 수금에 맞춘 것이라는 사실을 언급하고 있다(합3:19).

여기서 '지휘 감독하는 사람을 위한 노래'라는 점을 특별히 언급한 것은 이 노래가 성전에서 노래하는 자들을 위한 것이란 점을 드러내 보여준

11) 시기오놋(shigionoth)이란 용어의 의미는 정확하게 알 수 없다. 이 용어는 아마도 성전 예배에서 본문을 찬송으로 노래 부를 때 요구되는 음악의 리듬이나 박자를 일컫는 것으로 보인다. 만일 그렇다면 함께 부르게 될 이 노래는 개인이 대열에서 이탈한 채 자의대로 아무렇게 불러서는 안 된다는 사실을 말해준다. 즉 노래하는 모든 자들이 한 마음으로 통일성 있게 불러야 하는 것이다.

다. 이와 동시에 온 언약의 백성들이 함께 기억하고 불러야 할 노래라는 의미를 내포하고 있다. 또한 이 말씀이 오늘날 우리를 위한 기도와 노래이기도 하다는 사실을 말해 준다.

우리가 여기서 기억해야 할 바는 이 노래가 전체적으로 보아 하나님의 권능과 메시아의 필요성에 밀접하게 연관되어 있다는 사실이다. 이 노래는 당시 주변의 여러 상황에 연관하여 불러야 할 내용인 동시에 하나님의 궁극적인 은혜를 소망하고 있기 때문이다. 이는 하나님의 구원과 심판에 연관된 종말론적 의미를 지닌 노래인 것이다.

2. 내용

(1) 권능과 영광의 하나님(합3:2-4)

선지자 하박국은 '기도' 의 앞부분에서 여호와 하나님께서 행하신 모든 일들을 듣고 매우 놀랐다는 사실을 먼저 언급했다. 이는 하나님의 섭리와 경륜은 인간들의 일반적인 사고와는 전혀 다르다는 점을 말해주고 있다. 따라서 하나님의 백성으로서 그의 뜻을 올바르게 이해하는 것은 매우 소중한 일이다. 그런 가운데 선지자는 본문 중에서 매우 중요한 고백적 간구를 하고 있다.

> '여호와여 주는 주의 일을 이 수년 내에 부흥하게 하옵소서 이 수년 내에 나타내시옵소서 진노 중에라도 긍휼을 잊지 마옵소서' (합3:2)

성경 본문에는 '주의 일' 을 수년 내에 부흥하게 하고 수년 안에 그 일을 드러내 알게 해 주시도록 간구하고 있다("revive 'your work' in the midst of the years, In the midst of the years make it known"). 그렇다면 여기 언급된 '주의 일'

은 과연 무엇을 가리키고 있는가? 그리고 수년 내에 부흥하게 하고 나타내 주시도록 간구한 내용의 구체적인 내용은 과연 무엇인가?

분명한 사실은, 이 말씀이 단순히 정치적인 의미나 적대국의 압제로부터 벗어나는 것을 두고 하는 한정적인 말이 아닌 것으로 보인다는 점이다. 지금 이스라엘 민족의 패망을 눈앞에 둔 상황에서 그에 대한 뚜렷한 해결 과정 없이 수년 내에 부흥을 기대하기는 어렵기 때문이다.12) 선지자 하박국은 당시 배도에 빠진 언약의 자손들이 하나님의 무서운 진노 아래 놓여 있다는 사실을 잘 깨닫고 있었다. 따라서 진노 중에라도 하나님께서 저들을 위하여 긍휼 베푸시는 일을 잊지 말아달라는 간구를 했던 것이다.

우리는 선지자가 '수년 내' 에 행해지기를 소망하는 이 말씀을 메시아 강림과 그의 사역에 연관지어 이해할 필요가 있다.13) 앞에서도 이미 언급된 것처럼 의인은 믿음으로 살게 되며 참된 구원은 오직 하나님의 은혜로 말미암아 허락된다. 성경에 기록된 '믿음' 은 일반적인 의미를 넘어 메시아 사역에 직접 연관되어 사용되는 용어이다.

따라서 선지자 하박국은 하나님께서 멀리 데만(Teman)에서부터 오시며 거룩한 자가 바란(Paran) 산으로부터 오신다는 사실을 기록하고 있다. 바란

---

12) 남 유다 왕국은 선지자 하박국이 예언하던 시기 어간부터 수십 년간 바벨론 제국에 의해 심하게 시달리다가 결국은 BC587년 완전히 패망하게 된다. 그것은 하나님의 예언과 경고에 따른 심판이다. 따라서 하나님이 그런 상태에서 이스라엘 민족을 수년 내에 부흥케 해주신다는 것은 전체적으로 조화되지 않는다.

13) 이 말씀이 장차 오시게 될 메시아와 그의 사역과 연관된 말씀이라면 '수년 내에' 라는 기간을 어떻게 이해해야 할 것인가 하는 문제가 발생한다. 즉 선지자 하박국 시대부터 예수님의 초림까지는 수백 년의 기간이 걸리는데, '수년 내' 라고 하는 것은 지나치지 않느냐는 것이다. 우리는 이땅에 초림하여 부활 승천하신 예수 그리스도께서 '내가 속히(quickly) 오리라' (계3:11; 22:7,12,20 등)고 약속하신 말씀을 기억한다. 하지만 수천 년이 지난 지금까지 그는 재림하시지 않았다. 따라서 '수년 내' 라든지 '속히' 라는 말은 실제적인 기간이라기보다 의미상의 '구체성' 을 일컫는 것으로 이해하는 것이 자연스럽다.

은 시내 광야에 위치하고 있었으며 데만은 에돔 족속의 견고한 요새가 있는 동쪽 지역에 자리잡고 있었다. 그런데 선지자는 거룩한 하나님께서 성전이 있는 예루살렘이 아니라 전혀 예기치 못한 곳으로부터 오신다는 사실을 언급하고 있다.

더군다나 그는 예루살렘에서 동떨어진 전혀 다른 지역인 두 곳에서 오신다고 했다. 이는 사실 그 자체로서 매우 혼란스런 언급일 수 있다. 하지만 이 말씀을 통해 장차 메시아의 오심에 연관하여 복수의 장소적 의미를 드러내 보이고 있는 것으로 보인다. 즉 예수님께서 이땅에 오실 때 베들레헴에서 출생하지만 동시에 예루살렘과 나사렛에서 오신 분으로 이해할 수 있기 때문이다.

이처럼 선지자 하박국이 지극히 거룩한 존재인 하나님께서 예루살렘 성전이 아니라 다른 곳들로부터 오신다고 언급한 데는 그만한 의미가 있는 것으로 보인다. '하나님 곧 거룩한 자' 가 모든 사람들이 기대하는 곳이 아닌 외부에서 들어오시게 된다고 말한 것은 결코 평범하지 않다. 그럼에도 불구하고 이와 같은 계시가 주어진 것은 인간의 몸을 입은 하나님의 아들 예수 그리스도께서 천상의 나라로부터 이땅에 강림하시는 것과 이땅의 여러 지역이 그의 출신지로 묘사될 수 있는 것과 연관지어 이해하는 것이 자연스럽다.

이는 또한 당시 거룩한 성전을 우상화함으로써 이방 신당처럼 만들어버린 배도자들에 대한 경고와 심판의 의미를 동반하고 있다. 배도에 빠진 자들은 하나님의 율법에 따라 성전을 통해 하나님을 섬긴 것이 아니라 자기의 취향에 따라 종교적 의례를 행하기를 좋아했다. 그것은 하나님을 올바르게 경배하는 것이 아니라 도리어 그를 욕되게 하는 것에 지나지 않았다.

그러나 하나님께서 이땅에 메시아를 보내시게 되면 모든 것이 변하게 된다. 예수 그리스도께서 강림하심으로 인해 하나님의 영광이 온 하늘을 뒤덮는 일이 발생한다. 그리고 그를 향한 인간들과 우주만물로부터 행해지는 찬송이 온 세계에 가득하게 된다. 또한 그의 광명이 햇빛같이 밝게 비취며 그 광선이 인간의 몸을 입으신 거룩한 하나님의 손에서 나오게 된다. 하나님의 놀라운 권능이 그 가운데 감추어져 있었던 것이다.

(2) 하나님의 진노와 심판(합3:5-15)

여호와 하나님께서는 자기를 멸시하며 자기에게 강력한 태도로 저항하는 불신자들과 배도자들을 엄히 심판하신다. 무서운 전염병이 그 앞에서 일어날 것이며 그의 발밑에서 뜨거운 불덩이가 나오게 된다. 그가 일어나시면 땅이 진동하며 그가 주시하여 바라보시면 지상의 여러 나라들이 크게 떨 것이며 높고 낮은 모든 산들이 무너져 내린다. 하나님께서는 원래부터 그와 같은 놀라운 능력을 소유하고 계신 분이었다.

선지자 하박국은 미디안 사람들이 거주하는 '구산의 장막' 이 환난을 당하고 '미디안 땅의 휘장' 이 크게 흔들리는 것을 보았노라고 했다. 그는 또한 주님께서 날랜 말을 타고 구원의 병거를 몰고 가시는 것을 보면서 강들과 바다를 향하여 분하게 여기시는 것이냐고 물어보았다. 주님께서는 자기의 활을 꺼내신 후 원수들을 향해 정확하게 쏘아 쓰러뜨리셨다. 그러자 모든 산들이 흔들리며 홍수가 나고 바다가 소리지르며 손을 높이 쳐들었다.

그와 더불어 공중으로 날아가는 하나님의 날카로운 화살의 빛과 번득이는 창의 광채로 인해 해와 달이 기능을 상실한 채 그 처소에 멈추어 서버렸다. 또한 주님께서 진노하여 땅을 주름잡으시며 분을 내어 여러 나라들을 짓밟으셨다. 이는 메시아 사역과 연관된 것으로서 멸망의 구렁텅이로부터 자신의 백성을 구원하시고자 하는 하나님의 놀라운 뜻에 의한 것이었다.

그리고 성경 본문은 하나님께서 자기 백성과 주님으로부터 임한 '기름부음 받은 자' (the anointed one, 합3:13)를 구원하시기 위해 악한 자들의 집 머리를 치시며 그 기초를 바닥까지 드러내시게 된 사실을 언급했다. 사악한 인간들은 하나님께서 보내신 메시아조차 능멸하게 된다. 이는 하나님께서 행하시는 종말론적 구원 사역에 직접 관련된 예언이다. 여기서 장차 오실 메시아의 사역에 연관된 계시의 말씀이 주어졌던 것이다.

그와 같은 놀라운 일이 발생하게 되면 사악한 자들이 도리어 극성을 부리며 회리바람처럼 무서운 기세로 선지자를 따르는 무리를 흩어버리려고 온갖 노력을 다 기울인다.[14] 그리고 연약하고 가난한 자들을 가만히 집어삼키기 위해 부정을 저지른다. 배도자들이 부당한 방법을 동원하여 기승을 부리지만 언약의 백성들에게는 그 위태로운 상황을 막아낼 만한 아무런 방도가 없다.

오직 여호와 하나님께서 그 원수의 머리를 창으로 찔러 심판함으로써 모든 문제가 해결된다. 그가 말을 타고 호령하며 바다를 밟고 지나가시면 큰 물결이 일어날 수밖에 없다. 이는 장차 임하게 될 메시아의 구원과 심판 사역에 밀접하게 연관되는 의미를 지닌 것으로 이해할 수 있다.

(3) 선지자의 고백과 삶의 자세(합3:16-19)

하박국 선지자는 하나님으로 말미암은 그 모든 소리를 들으면서 자신의 창자가 뒤틀리고 입술이 떨렸던 경험에 대하여 언급했다. 그는 또한 그런 위급한 상황 가운데서도 사악한 무리가 언약의 자손들을 치러 올라오는 '환난 날' 을 기다리고 있다는 사실을 말했다. 그가 간절히 기다렸던 것은 환난 자체가 아니라 악한 자들에 대한 하나님의 엄중한 심판이었다. 선지

14) 예수님 당시 사악한 종교인들이었던 제사장들과 서기관들, 그리고 바리새인들과 사두개인들은 하나님의 아들 예수 그리스도를 모질게 박해했을 뿐 아니라 그를 따르는 무리를 흩어버리기 위해 온갖 노력을 다 기울였다. 오늘날 우리 시대에도 사탄과 그를 추종하는 세력은 하나님의 자녀들을 공격하며 교회를 해체하기 위해 안간힘을 쓰고 있다.

자는 그로 인해 자기의 뼈가 속에서부터 썩어 들어가며 몸이 심하게 떨려 후들거린다는 사실을 고백적으로 노래했다(합3:16).

그런데 선지자는 이스라엘 백성이 원수들로부터 침략을 당하는 그 날을 간곡히 기다린다는 말과 더불어 그때가 되면 원수들이 그 가운데서 무서운 재난을 당하는 것을 목격하게 될 것이라는 언급을 했다. 이 말은 매우 중요한 구속사적인 의미를 지니고 있다. 그것은 하나님의 악한 자들에 대한 궁극적인 심판과 하나님의 자녀들을 위한 메시아의 구원 사역에 연관되어 있기 때문이다.

선지자는 또한 타락한 이 세상에 아무런 소망을 두지 않는다는 사실을 고백했다. 비록 무화과나무가 무성하지 못하고 포도나무에 열매가 없으며 감람나무에 소출이 없어 밭에 먹을 것이 전혀 없다고 해도 그로 인해 낙망하지 않으리라는 것이었다. 그리고 우리에 양이 없으며 외양간에 소가 없을지라도 실의에 빠지지 않을 것이라고 했다.

그대신 선지자 하박국은 어떤 위태로운 상황이 닥친다고 할지라도 여호와 하나님으로 말미암아 즐거워하며 자신을 구원하신 하나님으로 인해 기뻐하리라는 말을 했다. 주 여호와 하나님께서 자신을 위한 힘의 원천이 되시며 자기의 발을 마치 사슴과 같이 재빠르게 함으로써 자기로 하여금 원래 있어야 할 자리인 '높은 곳' 으로 다니게 해주시리라고 했다. 이는 예수 그리스도로 말미암아 구원을 받게 되는 언약의 백성이 '천상의 나라'(Heaven)로 올라가는 의미와 연관된 것으로 이해할 수 있다.

3. 공적인 노래(합3:19)

선지자 하박국은 계시 받은 예언의 마지막 부분에서 이 노래가 '지휘 감독하는 사람을 위하여' 선지자의 수금에 맞추어 부르는 노래라는 사실을 밝혔다. 기도 형태로 기록된 이 노래는 선지자 개인이 입술로 부르는 노래이기도 했지만 모든 언약의 백성을 위한 것이었다. 이 노래의 맨 마지막 부분에 언급된, "여호와로 말미암아 즐거워하며 나의 구원의 하나님으로 말미암아 기뻐하리로다"(합3:18)라고 한 가사는 모든 언약의 자손들이 마땅히 소유해야 할 메시아에 대한 궁극적인 소망을 보여주고 있다.

그러므로 이 노래의 내용을 선지자 하박국이 단순히 역사적 바벨론 제국으로부터 일시적으로 구출받고 싶어하는 말로 이해하기는 어렵다. 그것은 나중에 강림하시게 될 메시아와 관련되어 있는 것으로 보아야 한다. 즉 그 구원은 하나님의 완벽하고 거룩한 제물로 바쳐지게 될 하나님의 어린 양으로 인해 완성되는 성격을 지니고 있다.

하박국을 통해 예언된 이 노래는 고통에 빠진 이스라엘 백성들에게 허락된 소망의 노래가 되었을 것이 틀림없다. 또한 그 노래를 부르는 자들은 앞부분에 기록된 하박국의 예언의 말씀을 기억했을 것이다. 그리하여 성숙한 신앙을 소유한 자들은 위태로운 상황 가운데서도 천상에 계시는 하나님과 장차 이땅에 오시게 될 메시아를 간절히 소망하는 가운데 어렵고 힘든 세상을 살아갈 수 있게 되는 것이다.

스바냐서

〈목 차〉

서 문

동일한 교단에 속한 지교회들 사이의 강단 교류는 매우 중요하다. 거기에는 개체 교회가 한 사람의 담임 목회자로부터 지속적인 설교와 더불어 가르침을 받음으로써 특정 개인에 지나치게 의존하는 현상을 방지하기 위한 선한 의도가 담겨있다. 또한 교단 산하 다른 지교회 목사들의 공 예배 인도를 통해 '하나의 교회' 임을 확인하며, 동시에 균형잡힌 설교에 참여할 수 있게 된다.

그러므로 필자가 속한 한국개혁장로회(KRPC)에서는 강단 교류를 매우 소중하게 여긴다. 각 지교회를 담임하고 있는 목사들이 어느 정도 주기적으로 약속된 주일날 서로 다른 지교회를 방문하여 공 예배를 비롯한 성경공부를 인도하게 된다. 그것은 선택적인 사항이 아니라 필수적인 사역이라 할 수 있다.

우리 교단에서는 형제인 이웃 교회와 강단을 교류할 때 단순히 설교만 하지 않는다. 즉 설교를 포함한 전체 예배를 인도하게 되는 것이다. 그리고 공 예배 후에 이어지는 시간에도 성경공부를 인도하거나 특강을 하게 된다. 그렇게 함으로써 동일한 신앙을 고백하는 교단에 속한 교회의 정체성을 확인하게 되며 이웃 교회를 담임하는 목사와 지교회 성도들 사이에 실제적인 교제가 이루어진다.

스바냐서를 강해한 이 글은 2018년 5월 20일, 실로암교회와 성서계명교회 사이에 이루어진 강단과 강의 교류를 위해 준비된 원고이다. 우리 시대 한국교회는 전반적으로 배도에 빠져 있다고 해도 과언이 아니다. 기독교는 종교 혼합주의에 빠져 있으며 세상의 잘못된 풍조와 사상이 교인들의 신앙적 사고를 크게 잠식하고 있기 때문이다.

하나님의 말씀과 성령에 의해 허락된 성도들의 지혜는 자기가 처한 시대에 대한 올바른 분별력을 가지도록 한다. 그래야만 악한 세태와 시대 교회의 형편을 올바르게 직시하고 해석할 수 있게 된다. 어리석은 인간들은 타락한 세상에서의 삶에 심취하거나 일시적인 것을 추구하기에 급급하지만 하나님의 자녀들은 영원한 천상의 나라를 바라보며 참된 소망을 가지게 되는 것이다.

BC587년 발생하는 예루살렘과 성전파괴를 앞둔 시대 스바냐 선지자가 예언하던 유다 왕국과 오늘날 타락한 기독교 시대 사이에는 공통점이 많다. 따라서 21세기 초엽에 살아가는 우리이지만 구약시대 선지자가 전한 예언의 말씀을 귀담아 듣고 소중한 교훈을 받아 그에 온전히 순종해야만 한다. 그것이 참된 교회의 회복을 위한 소중한 방편이 된다는 사실을 결코 잊어서는 안 된다.

제1장

패망을 앞둔 유다 왕국을 향한 예언
(습1:1-18)

1. 스바냐의 시대(습1:1)

선지자 스바냐는 요시야 왕(BC641-609)때 하나님의 말씀을 예언한 인물이다. 당시는 막강했던 앗수르 제국이 신흥 바벨론 왕국에 의한 패망을 눈앞에 두고 있던 시기였다. 결국 신바벨론은 BC612년 앗수르의 수도 니느웨를 점령했으며 앗수르는 패망하게 되었다.

하나님의 계시를 받은 스바냐는 왕족의 후손이었다. 그는 사악한 배도자들과 패역한 지도자들, 그리고 하나님의 자녀들을 유린한 이방인들을 강하게 책망했다. 그가 전한 예언은 직설적이고도 단호한 면모를 보였다. 따라서 배도자들에게는 그가 눈엣가시처럼 비쳐졌을 것이 틀림없다.

스바냐가 예언한 때보다 앞선 시대였던 므낫세 왕(BC687-643)과 아몬 왕(BC643-641)의 통치시기에 이미 패악한 종교 혼합주의가 유다 왕국 전역에 만연해 있었다. 선지자 스바냐는, 그 악한 상황을 방치하거나 종교적인 목적을 두고 악을 장려한 지도자들을 강하게 책망했다. 그 상황과 하나님의 예언이 요시야 왕의 개혁운동이 일어나게 하는데 큰 기틀을 마련했다.

따라서 스바냐서의 기록 연대는 요시야 왕의 개혁운동이 적극적으로 일어나기 전 어느 시기였을 것으로 보인다. 선지자는 배도에 빠진 지도자들을 책망하며 하나님께서 원하시는 원래의 모습으로 돌아서기를 촉구했다. 참된 신앙이 회복되어야만 언약의 백성들이 하나님을 온전히 섬기며 올바른 신앙생활을 할 수 있을 것이었기 때문이다.

2. 종교 혼합주의자들에 대한 경고(습1:2-6)

스바냐 선지자가 예언할 당시는 북 이스라엘 왕국이 앗수르에 의해 패망(BC722년)한 지 오랜 된 때였다. 아직 그 명맥을 잇고 있는 남 유다 왕국과 예루살렘 성에는 이방인들의 다양한 행태와 사상이 스며들어 있었다. 이방인들로부터 전해진 잘못된 종교적 습성들이 넘쳐났다. 백성들 가운데는 풍요를 기원하는 바알신 사상이 기승을 부리고 있었으며 하늘의 일월성신(日月星辰) 곧 해와 달과 별들을 경배하며 섬기기도 했다.

유다에 속한 배도에 빠진 자들은 여호와 하나님께 맹세하는 동시에 이방신인 말감 곧 밀곰을 섬기며 그 앞에서 맹세하기를 좋아했다. 그들은 이스라엘의 하나님을 완전히 버린 것이 아니라 더러운 이방신 사상들을 가져와 참된 언약 신앙에 혼합시켰다. 그런 자들은 입술로는 여호와의 이름을 외쳐 불렀지만 실제로는 율법을 떠나 이방신을 섬기듯이 하나님을 섬겼던 것이다. 유다와 예루살렘에는 그와 같은 거짓 종교인들이 넘쳐나고 있었다.

그러므로 여호와 하나님께서는 저들에게 크게 진노하여 그 모든 것들을 진멸해버릴 것을 말씀하셨다. 나아가 사악한 자들과 배도에 빠진 사람들뿐 아니라 저들의 땅에 살고 있는 짐승과 공중의 새와 바다의 물고기까지 멸절시키리라고 하셨다. 바알신으로 인해 발생한 더러운 종교적 찌꺼기와 이방 신을 비롯한 우상을 섬기는 제사장들을 일컫는 그마림들(Chemarims)을 완전히 멸절시켜버리겠다고 하셨던 것이다.

또한 여호와 하나님께 맹세하면서 동시에 이방 신인 말감 곧 밀곰을 가리켜 맹세하는 자들은 무서운 심판의 대상이 되리라고 하셨다. 여호와를 배반하고 그를 전심으로 따르기를 거부하는 백성과 그를 간절히 찾지도 구하지도 않는 자들은 영원한 멸망에 빠질 수밖에 없다. 하나님께서 그들에게 진노하여 무서운 재앙을 내리실 것이었기 때문이다.

3. '여호와의 날' 예루살렘에 임할 구원과 재앙(습1:7-13)

사악한 배도자들은 더러운 죄악을 저지르면서도 끊임없이 자기변명을 늘어놓았다. 그들은 배도의 자리에 앉아 있으면서도 여전히 열성을 다하여 여호와 하나님을 섬기고 있다며 착각에 빠진 주장을 펼쳤다. 그런 종교인들에게는 자신의 배도 행위가 하나님께 얼마나 큰 능욕이 되는가에 대한 기본적인 깨달음조차 없었던 것이다.

그러므로 선지자 스바냐는 저들을 향해 여호와 앞에서 잠잠하라고 요구했다. 그렇게 해야 할 이유는 '여호와의 날' 이 가까이 다가오고 있었기 때문이다. 그 날은 '여호와의 희생의 날' (the day of the LORD's sacrifice, 습1:8)이다. 이 말씀은 장차 임하게 될 메시아의 날에 연관된 의미를 지니고 있다. 여호와 하나님께서는 그 날을 위하여 '특별한 희생제물' 을 준비하고 계셨던 것이다.

이는 장차 있게 될 예수 그리스도의 십자가 사역과 직접 연관된 예언으로 이해하는 것이 자연스럽다. 완벽한 하나님의 어린 양이신 그의 희생을 통해 죄에 빠진 자기 백성들을 영원히 구원하시게 되는 것이다. 그는 자기의 품 안으로 초청할 자들을 따로 구별하시게 되는데 그것은 창세전부터 이미 정해져 있는 바였다. 이는 예수 그리스도 안에서 구원을 베푸실 하나님의 창세전 선택에 연관된 사실이다.

따라서 그 날은 타락한 인간들에 대한 하나님의 두려운 심판의 날이 된다. 그렇게 되면 그동안 보여 왔던 세상의 모든 상황들이 일시에 뒤바뀌는 현상이 발생한다. 그 사건으로 인해 언약의 왕국에서 부당한 권력과 부귀영화를 누리던 자들이 그 자리에서 쫓겨난다. 그들은 이방인들이 입는 참람하고 더러운 옷을 입은 채 하나님의 무서운 징벌을 받게 되는 것이다.

그 날이 이르면 하나님께서 성경에 기록된 율법과 규례를 어기고 강포한 행동과 속임수를 일삼음으로써 언약의 백성들을 압제하며 더럽히던 자들을 징벌하신다. 그렇게 되면 외관상 평온해 보이던 성문 앞 곧 '물고기문' (the fish gate)과 '둘째 문' (the second gate) 등 성내 이곳저곳에서 곡성과 부르짖는 소리가 나며 작은 산들이 무너지는 소리가 난다고 했다. 이는 사악한 배도자들이 지난날 연약한 백성들에게 행한 그대로 하나님으로부터 징계를 당하게 된다는 사실을 말해주고 있다.

또한 선지자 스바냐는 '막데스' (Maktesh) 주민들을 향해 애곡하라고 외쳤다. 여기서 막데스 주민이란 특별한 지명에 연관된다기보다 양식을 사고팔며 곡물을 빻는 방앗간이 있는 시장통(the market district)에서 살아가는 자들을 일컫는 것으로 보인다.15) 그들이 크게 애곡할 수밖에 없었던 까닭은 그들이 교역해오던 가나안 땅의 백성들이 다 패망하고 멀리서 은을 운송해오던 자들이 끊어져 버렸기 때문이다.

선지자는, 그때가 되면 하나님께서 등불을 밝힌 채 예루살렘의 한쪽 구석에 숨어 피해있는 자들을 다 찾아내시리라고 예언하신 말씀을 전했다. 그들은 하나님께서 자기들에게 복도 내리지 않고 화도 내리지 않는 분이라고 주장하며 미지근한 신앙으로 편리한 대로 살아오던 자들이었다. 즉 인생은 원하는 바를 추구하며 그에 따라 살아가면 그것으로 족하다고 판

---

15) 한글성경 공동번역, 현대인의 성경, 영어성경 NIV 등 참조.

단하고 있었던 것이다. 하지만 하나님께서는 이제 그 문제가 드러나 심판의 대상이 될 때 그들이 아무리 깊숙이 숨어있다고 할지라도 찾아내어 벌을 내리시게 된다.

그런 자들이 부당한 방법으로 끌어 모은 모든 재물은 다른 이방인들에 의해 노략당할 것이며 그들이 살고 있던 화려한 집들은 파괴되어 무너져 버린다. 그들은 다시 재기하기 위해 몸부림을 칠지라도 결국은 헛된 수고만 할 따름이다. 즉 그들이 다시 집을 건축하려고 하지만 거기 살 수 없으며 포도를 심고 포도원을 가꾸지만 거기서 나는 포도주를 마실 수 없다. 그들은 하나님의 무서운 심판을 견디지 못하는 것이다.

4. 임박한 분노의 날에 대한 예언(습1:14-18)

선지자 스바냐는 '여호와의 날' 이 임박하여 눈앞에 바짝 다가와 있다는 사실을 선포했다. 그 날은 '여호와의 큰 날' (습1:14)이자 '여호와의 분노의 날' (습1:18)로서 매우 급속히 다가오고 있다고 했다. 여호와 하나님의 선포의 소리가 드높이 울려 퍼지는 그 날이 이르지 못하도록 막아낼 자는 아무도 없다.

그러므로 용맹을 자랑하며 활보하던 군인들이 심약하여져 거기서 애곡할 수밖에 없다. 그 날은 분노의 날로서 환난과 고통의 날이 되며 황무와 파괴가 실행되는 날이 된다. 또한 그 날은 빛이 사라져 깜깜하여지고 어두워짐으로써 구름이 뒤덮인 흑암에 휩싸인다. 그 날이 이르면 나팔소리가 크게 울려 퍼져 경고의 메시지가 전해지게 된다. 또한 불순종하는 자들로 인해 견고한 성읍이 허물어지고 높이 솟은 망대가 무너져 내린다.

여호와 하나님께서는 '그 날' 자신의 말씀에 순종하기를 거부하는 자들에게 견디기 어려운 고난을 주시게 된다. 그리하여 사람들은 앞을 보지 못하는 소경처럼 되어 빛이 전혀 없는 상태에서 행할 수밖에 없다. 그렇게 된 근본적인 까닭은 사람들이 여호와 하나님의 뜻을 거스려 범죄했기 때문이다. 그 결과 사악한 배도자들의 몸은 피를 흘린 채 무가치한 티끌과 분토와 같이 되어 버린다.

그런데 이방 종교사상에 익숙한 인간들은 여호와 하나님께 범죄하면서도 그 사실을 전혀 인식하지 못한다. 그와 같은 어리석은 자들은 그동안 행한 모든 결과가 오히려 자기를 지켜 줄 것처럼 착각하게 된다. 하지만 저들의 집안에 가득 채워진 금과 은을 비롯한 재물은 '여호와의 진노의 날' 저들을 구해내지 못한다. 온 땅이 여호와 하나님으로부터 임하는 질투의 불에 의해 삼켜버림을 당하게 될 것이기 때문이다. 이는 하나님께서 그 땅의 모든 거민들을 완전히 패망시키시게 될 것에 연관된 예언의 말씀이다.

선지자가 전한 '여호와의 분노의 날'은 눈앞에 임박한 BC587년 예루살렘과 성전파괴에 밀접하게 연관되어 있다. 그리고 장차 임하게 될 예수 그리스도의 강림과 십자가 사건에 연관되어 있으며, 최종적인 하나님의 심판과 연관되어 있다. 즉 이 예언은 역사 가운데 시차를 두고 발생하게 될 원근통시적(遠近通時的)인 중첩적 개념의 말씀인 것이다.

하나님의 말씀을 들을 수 있는 귀가 있는 자들은 이 예언의 말씀을 신중하게 받아들인다. 하지만 그렇지 않은 자들은 이를 거부하거나 아예 무관심하여 아무런 신경을 쓰지 않는다. 이와 같은 현상은 오래 전 선지자 스바냐가 예언할 당시에도 그랬지만 오늘날 우리 시대에도 동일한 형태로 나타나고 있다.

제2장

배도에 빠진 유다와 이방인들에 대한 심판 예언

(습2:1-15)

1. 회개를 권고(습2:1-3)

죄에 빠진 어리석은 자들은 자신이 저지르는 행동에 대한 수치를 모른다. 나아가 진리를 버린 배도자들은 하나님을 욕되게 하면서도 그에 대한 부끄러움을 전혀 깨닫지 못하고 있다. 인간들의 종교적인 자기 경험이 실상을 오해하도록 하기 때문이다.

선지자는 수치를 모르는 백성들을 한자리에 불러 모으기 위해 외쳤다. 하나님의 엄중한 명령이 내려지기 전, 광음이 겨같이 날아가기 전, 여호와 하나님의 무서운 진노가 저들에게 임하기 전, 그 분노의 날이 저들에게 이르기 전에 그렇게 하기 위해 애썼다.

한편 여호와의 규례를 지키고자 힘쓰는 자들을 향해 외쳤다. 하나님 앞과 세상에서 겸손한 자세로 살아가는 모든 사람들에게 오직 여호와를 찾으며 공의와 겸손을 구하라고 요구했다. 그것이 하나님을 경외하는 자들의 참된 신앙 자세이기 때문이다. 그렇게 하면 여호와 하나님의 분노의 날이 이를 때 그로부터 숨김을 받을지 모른다는 것이었다.

우리가 여기서 알 수 있는 사실은 인간들의 외형으로 인해 하나님의 인정을 받게 되는 것이 아니란 점이다. 즉 언약을 소유한 종교 집단이라 할지라도 전반적으로 타락해 있다면 저들의 판단과 행동이 하나님의 뜻에서 벗어나 있을 수 있다. 인간들에게 중요한 것은 스스로 만들어낸 종교적인 겸손이 아니라 하나님으로 말미암아 제시된 공의와 겸손이다.

이에 대해서는 오늘날 우리도 매우 주의 깊게 생각해 보아야 한다. 올바른 신앙을 배경으로 하지 않은 채 종교적인 행위를 일삼는 자들이라면 저들의 형식적인 겸손은 도리어 자기를 감추는 위선에 지나지 않을 수 있기 때문이다. 따라서 중요한 것은 계시된 말씀에 따라 하나님을 진정으로 경외함으로써 드러나는 참된 겸손이다.

선지자 스바냐는 또한 언약의 영역 주변에 있으면서 하나님의 자녀들을 괴롭히며 미혹하는 이방 족속들에 대한 심판을 예언하고 있다. 그 대표적인 종족들은 블레셋, 모압과 암몬 그리고 구스 곧 에디오피아인들이었다. 그들은 강력한 세력으로 언약의 백성들을 압제하며 저들로 하여금 하나님께 불순종케 함으로써 악한 범죄를 저질렀기 때문이다. 따라서 그들에게는 하나님의 무서운 진노를 피할 길이 없었다.

따라서 우리는 여기서 당시 언약의 백성 주변에서 세력을 펼치던 세 부류의 독특한 종족들의 특색을 엿보게 된다. 블레셋, 모압과 암몬, 그리고 구스인들은 언약의 자손들의 신앙적인 삶을 적극적으로 방해했다. 물론 당시 이스라엘 백성 가까이서 그들을 괴롭히며 배도의 길에 빠지게 한 나라와 종족이 그들만 존재했던 것이 아니다. 하지만 성경은 그 종족들을 대표적으로 언급하며 하나님의 강력한 심판을 예고하고 있다.

블레셋 족속은 순전한 이방 종족으로 이스라엘과 가까이 인접해 있어서 늘 신경을 쓸 수밖에 없었다. 또한 모압과 암몬은 아브라함의 조카 롯의 딸들로부터 출생한 족속으로 유다 백성들과 일정부분 혈통적으로 근접한 자들이었다. 그리고 구스 곧 에디오피아는 유다 왕국으로부터 지역적으로 멀리 떨어져 있는 이방인들이 다스리는 나라였지만 악한 영향을 끼쳤다. 우리는 이를 통해 당시 세상의 모든 족속이 다양한 형태의 타락한 가치관으로써 언약의 자녀들을 압제하거나 미혹한 사실을 알게 된다.

2. 블레셋에 대한 심판(습2:4-7)

선지자 스바냐는 블레셋에 대한 하나님의 뜻을 전했다. 이는 블레셋에 관련된 예언이지만 실상은 언약의 자손들을 향한 메시지였다. 하나님께서 블레셋에 대한 예언을 할지라도 그 이방인들은 하나님의 말씀에 아무런 관심을 가지지 않았을 것이기 때문이다. 오직 참된 언약의 자손들만 그에 관심을 기울이게 되었을 따름이다.

하나님께서는 블레셋 지역의 가사와 아스글론과 아스돗 등 중요한 도성들이 황폐하게 되고 환한 대낮에 쫓겨나게 된다는 사실을 말씀하셨다. 그들은 스스로 안전하다고 여기고 있었지만 결국 그로부터 뿌리 채 뽑혀버리게 된다는 것이었다. 이는 저들이 소유한 모든 세력이 완전히 파괴된다는 사실을 말해주고 있다.

그와 더불어 지중해에 붙은 해변에 거주하던 그렛 족속이 저주를 받게 되리라는 사실을 언급했다. 그렇게 하여 하나님께서 블레셋 사람들이 차지하고 있던 곳인 가나안 땅을 쳐서 저들을 전멸시켜 거민이 없도록 만들어버리신다는 것이었다. 결국 그동안 강력한 세력을 자랑하던 오만한 자들의 모든 것이 허사로 돌아갈 수밖에 없게 된다.

그대신 저들의 해변은 사람들이 거주하지 않는 들판이 되어 목자의 움막과 양 떼의 우리가 남아있게 되리라는 점을 언급했다. 그 지경은 장차 유다 족속의 남은 자들에게 돌아가게 된다. 그들이 거기서 양 떼를 먹이면서 저녁이 되면 아스글론의 집으로 돌아가 거하게 된다. 그것은 하나님 여호와께서 저들을 권면하여 그 사로잡힘으로부터 온전히 회복시켜 주실 것이었기 때문이다. 이는 당시 이스라엘 자손들이 블레셋 사람들의 압제에 시달리고 있었다는 사실을 말해주고 있다.

3. 모압과 암몬 심판(습2:8-11)

스바냐가 예언하던 당시 언약의 자손들은 모압 백성의 비방과 암몬 자손이 조롱하는 말을 들어야만 하는 힘없는 형편에 놓여 있었다. 부정한 이방인들이 하나님의 백성을 훼방하고 저들의 경계를 침범하기를 지속하자 언약의 언저리에 맴돌며 살아가던 자들 역시 교만에 빠져 하나님의 자녀들을 모욕하게 되었던 것이다.

그러므로 만군의 하나님 여호와께서 저들을 향해 말씀하셨다. 거룩한 하나님께서 자신의 삶을 두고 맹세하시면서 장차 모압은 소돔같이 멸망할 것이며 암몬 자손은 고모라처럼 무서운 심판을 받게 되리라는 것이었다. 그들이 살고 있던 풍요로운 지역에는 찔레가 나며 소금구덩이가 되어 영원히 황무하게 될 것이 예언되었던 것이다.

이는 저들이 압제하며 억누르고 있던 이스라엘 백성들이 도리어 저들을 침략하게 되리라는 사실을 말해주고 있다. 그것은 이스라엘의 군사력이 아니라 전적인 하나님의 권능에 의해 이루어지게 된다. 그로 인해 하나님의 남은 자들이 그 땅을 기업으로 얻게 된다는 것이다. 모압과 암몬 자손이 그와 같은 패배를 당하게 되는 까닭은 그들이 여호와 하나님 앞에서 교만에 빠져 스스로 기고만장(氣高萬丈)하여 하나님의 백성을 훼방했기 때문이다.

그런 심판의 과정을 겪게 되면 그들이 여호와 하나님을 두려워하게 된다. 그가 타락한 세상의 모든 신적인 존재들을 멸망시키실 것이 예고되고 있기 때문이다. 그렇게 되어 이방 지역의 모든 해변 사람들이 각각 자기

처소에서 여호와 하나님을 경배하게 된다.

이 말 가운데는 복음의 개방성에 관한 약속이 포함되어 있는 것으로 볼 수 있다. 또한 이방인들에 의해 사로잡혀 간 언약의 백성들 중에 그들이 거하는 지역에서 여호와 하나님을 섬기는 자들이 있게 된다는 사실에 대한 언급일 수 있다. 어떤 경우라 할지라도 이는 하나님을 믿고 섬기는 백성이 온 세상에 퍼져 존재하게 된다는 사실을 말해 준다.

4. 구스 심판(습2:12-15)

여호와 하나님께서는 장차 구스 사람들을 자신의 칼로 직접 심판하시리라는 경고를 하셨다. 또한 그는 북방을 향하여 손을 펴서 앗수르를 멸망시켜 니느웨를 사막과 같이 메마른 황무한 땅으로 만들어버리시리라고 말씀하셨다. 그리하여 각종 들짐승들과 당아와 고슴도치가 폐허된 집 안과 기둥 꼭대기에 깃들게 되며 부서진 창에서 울부짖기를 계속한다.

그곳에는 거주하는 사람들이 사라져 집 문턱은 적막하게 되며 백향목으로 지은 아름다운 집이 형편없는 피폐한 모습으로 변하게 된다. 과거에는 주민들이 오만하여 그 성읍을 기쁜 성이라 자랑하기도 했다. 당시 그곳은 백성들이 아무런 염려 없이 욕망을 추구하며 살아갈 수 있었기 때문이다.

당시 그 지역 사람들은 마음에 이기심이 가득하여 오직 자기의 욕망만 존재했을 뿐 다른 사람들의 삶에 대해서는 아무런 관심이 없었다. 그런 자들이 큰소리치며 살던 성읍이 이제는 완전히 황무하게 되어 각종 들짐승들이 버글거리는 폐허의 땅이 되어버렸다. 그러다보니 지나가며 그 광경을 지켜보는 모든 사람들은 혀를 차며 그들을 조롱하며 손가락질을 하게 된다. 그 모든 일들은 하나님의 무서운 심판에 의해 발생하게 된 것이다.

오래전 언약의 백성을 미혹하는 다양한 족속들이 있었듯이 오늘날에도 여전히 그런 자들이 존재한다. 그들은 언약을 소유한 기독교 내부로 침투해 들어와 신앙이 어린 성도들로 하여금 하나님으로부터 멀어지게 하는 나쁜 행동을 한다. 그 악한 자들은 진리를 알지 못한 채 종교로 채색된 활동들을 전개함으로써 배도 행위를 지속하게 되는 것이다.

또한 블레셋 족속처럼 이스라엘과 인접해 있으면서 세상의 악한 습성을 주입하는 자들이 많이 있다. 지상에 존재하는 교회와 성도들은 세상의 악한 풍조들에 휩싸여 있다고 해도 과언이 아니다. 그것들은 성도들의 삶 주변에 널려 있으며 손을 뻗치면 직접 맞닿는 위치에 놓여있다. 따라서 성숙한 성도들은 절대로 그에 대한 경계의 끈을 놓치지 말아야 한다.

뿐만 아니라 아브라함과 연관된 혈통을 내세우는 모압과 암몬 족속처럼 교회와 성도들을 어지럽히는 다양한 이단들이 존재한다. 현대 기독교인들은 이단자들의 거짓 가르침에 그대로 노출되어 있다. 그들은 성도들을 미혹하려 하지만 어린 교인들은 그에 대한 분별력이 부족하다. 그것을 위해 교회와 성숙한 성도들은 최선의 노력을 기울이지 않으면 안 된다.

그리고 지역적으로 멀리 떨어져 있으나 하나님의 자녀들 가운데 세속적인 풍조와 사상을 퍼뜨리는 악한 자들이 있다. 먼 외지에서 밀려들어온 하나님을 거부하는 세속적인 문화나 문명이 교회와 성도들에게 악한 영향을 미쳐 끊임없이 위협하게 된다. 그것들은 동성애 및 동성결혼과 같은 사악한 모습으로 나타나기도 하고 과학으로 위장된 유신진화론처럼 성경의 근본적인 교훈을 거부하는 모습을 보이기도 한다.

오늘날 지상교회는 그 모든 것들에 대한 경계를 게을리하지 말아야 한다. 스바냐서에서 보여주고 있듯이 언약의 백성을 미혹하는 그런 모든 악한 자들은 하나님의 사랑의 대상인 언약의 자손들을 미혹한 행위로 인해 결국 무서운 심판을 받게 된다. 예수 그리스도의 순결한 신부인 교회를 미혹하거나 타락하게 함으로써 하나님을 진노케 한 자들은 결코 무사할 수 없기 때문이다.

제3장

언약의 백성들에 대한 약속과 소망
(습3:1-20)

1. 언약의 백성들을 향한 하나님의 심판 예언(습3:1-7)

선지자 스바냐는 하나님의 거룩한 도성이어야 할 예루살렘을 향해 강한 책망을 하고 있다. 그곳이 패역하여 더럽고 포악한 곳으로 변해버렸다는 것이다. 따라서 선지자는 배도에 빠져 극도로 사악해진 성읍을 향해 저주를 선포하고 있다.

예루살렘의 지도자들은 하나님께서 보내신 선지자들이 전하는 교훈을 받아들이려 하지 않았다. 나아가 여호와 하나님을 의지하려 하지 않고 하나님 앞으로 겸손한 자세로 나아가기를 거부했다. 백성의 지도자 행세를 하는 자들은 마치 사자처럼 으르렁거리면서 힘없는 백성들 위에 군림하기를 좋아했다. 그리고 재판관들은 그 이튿날까지 먹이를 남겨두지 않는 사나운 늑대처럼 연약한 백성을 집어삼키는 행위를 지속했다.

또한 여호와 하나님의 이름을 핑계대며 욕망을 채우기에 급급한 거짓 선지자들은 경솔하고 간사한 태도로 어리석은 백성들을 속이기 위해 온갖 노력을 기울였다. 나아가 타락한 제사장들은 하나님의 거룩한 성소를 더럽히며 율법을 어기는 행위를 예사로 여겼다. 하지만 그 가운데 거하시는 여호와 하나님은 의로운 분이시기 때문에 악한 자들의 어떤 불의도 용납하시지 않는 분이다.

따라서 하나님께서는 날마다 아침마다 지속적으로 자신의 공의를 드러내셨다. 그럼에도 불구하고 불의에 빠진 거짓 지도자들은 그 수치를 전혀 깨닫지 못하고 있었다. 그들은 여호와 하나님을 떠나 타락한 종교 사회적인 분위기에 휩쓸려 자기의 더러운 욕망을 추구하기에 급급했을 따름이다. 그러나 하나님께 저항하며 자기 욕심을 채우는 자들은 어느 누구도 영원히 살아남을 수 없었다.

그와 같은 형편에서 하나님께서는 세상에 흩어져 존재하는 여러 나라들을 엄중하게 심판하시게 된다. 그로 말미암아 성곽의 망대들이 허물어지고 모든 성읍이 황폐하게 되며 결국 성안에 살아가던 사람들이 사라져 텅 빈 거리에는 지나다니는 자들이 없어지게 된다. 결국 그 성읍은 사람들이 살 수 없는 흉측한 영역이 되어 버리는 것이다.

그러므로 선지자 스바냐는 언약의 백성들을 향해 하나님의 뜻을 전달했다. 오직 하나님을 경외하고 그의 교훈을 온전히 받아들여 순종해야 한다는 것이었다. 그래야만 하나님께서 저들에게 무서운 형벌을 내리기로 작정한 상태이지만 돌이켜 저들의 거처가 끊어지지 않게 해 주시리라고 했다. 하지만 그들은 하나님의 말씀을 듣기를 거부하면서 사악한 행동을 중단하지 않았다. 오히려 배도에 빠진 그들의 악행은 더욱 심해져 갔다.

따라서 하나님께서는 불순종하는 백성들 사이에서 살아가는 자들을 향해 징벌이 행해질 그 날이 이르기까지 자신을 기다리라는 말씀을 하셨다. 자기의 최종적인 뜻을 구체적으로 정한 다음 모든 무서운 진노를 저들에게 쏟아 부으리라는 것이었다. 그 일을 위해 많은 나라들을 소집하여 저들 위해 심판의 형벌을 내리면 온 땅이 하나님의 질투의 불로 인해 소멸되리라는 것이었다.

이 예언은 BC587년 유다 왕국이 패망하고 예루살렘 성전이 파괴되는 것에 직접 연관되는 것으로 보인다. 하나님께는 이방 왕국인 바벨론을 채찍으로 삼아 배도에 빠진 언약의 백성들을 심판하시게 된다. 그것을 통해 하나님의 백성들은 일시적으로 이방의 노예로 사로잡혀 가는 신세가 된다. 하지만 때가 이르면 여호와 하나님을 더욱 분명히 알고 자신을 돌아볼 수 있는 소중한 은혜를 누리게 된다.

2. 미래에 임할 복에 관한 약속(습3:8-13)

여호와 하나님은 근본적으로 언약과 약속에 신실한 사랑의 하나님이시다. 이는 물론 타락한 상태에 놓인 모든 인간들에게 해당되는 말이 아니라 창세전에 선택한 자기 자녀들에 한정된 언급이다. 그 놀라운 일은 오직 구원에 참여하게 되는 이스라엘 민족과 열방에 흩어진 자기 백성들에게 해당된다.

하나님께서는 열방을 향해 크게 진노하시지만 그 가운데 살아가는 자기 자녀들에 대해서는 결단코 사랑과 관심을 거두지 않으신다는 말씀을 하셨다. 그는 열방에 흩어진 언약의 자손들의 입술을 깨끗케 하신다. 그들로 하여금 여호와의 이름을 부르며 한 마음으로 자기를 섬기도록 해 주신다는 것이었다.

선지자는 하나님을 알고 그에게 간구하는 백성들 곧 하나님에 의해 온 세계에 흩어지게 된 자들 가운데 멀리 구스 곧 에디오피아 하수 건너편에서부터라도 예물을 가지고 와서 여호와 하나님께 바치도록 요구했다. 당시 거리와 교통을 생각할 때 그 일은 결코 간단한 일이 아니었다. 에디오피아에서부터 거룩한 예물을 가지고 예루살렘으로 가서 하나님의 성전에 바친다는 것은 엄청난 요구가 아닐 수 없었다. 하지만 하나님께서는 언약 가운데 존재하는 백성에게 그와 같은 요구를 하셨다.

그에 온전히 순종하는 날, 하나님께서 자기에게 범죄한 자들의 모든 악행을 용서해 주시리라고 말씀하셨다. 그리하여 백성들은 모든 수치를 면하게 되는데 이는 하나님께서 저들 가운데서 교만에 빠져 자랑을 일삼는 자들을 제거함으로써 이루어지게 된다. 또한 그와 더불어 하나님의 자녀들은 거룩한 예루살렘 성전에서 교만을 벗어난 겸손한 자세로 하나님을 섬길 수 있게 된다. 그들이 일시적으로 하나님의 징벌을 받게 된 것은 악한 자들의 배도행위로 인한 것으로서 장차 회복의 은혜를 맛보게 된다.

하나님께서는 또한 곤고하고 가난한 백성들을 그 가운데 남겨두시리라는 사실을 말씀하셨다. 그들은 하나님 앞에서 겸손할 수밖에 없는 자들로서 여호와의 이름에 의지함으로써 보호를 받게 된다. 그리하여 이스라엘의 남은 자들은 더러운 악행에 빠지지 않으며 입술에 발린 거짓을 늘어놓지 않는다. 그리고 궤휼한 혀를 놀려 함부로 무책임한 말을 하지 않는다. 그러므로 그 사람들이 하나님의 은혜 가운데 음식을 배불리 먹으며 방안에서 안전하게 쉴 때 그들을 놀라게 할 자가 아무도 없다.

이에 대해서는 오늘날 우리도 잘 기억하고 있어야만 한다. 많은 사람들이 타락한 이 세상에서 성공한 부자가 되어 살아가기를 원하지만 가난한 삶을 살아가는 것이 오히려 참된 복이 될 수 있다는 사실을 깨닫는 것은 매우 중요하다. 물론 이 말은 부유한 것이 잘못되었다거나 가난한 것 자체가 미덕이 된다는 의미가 아니다.

세상에서의 외형적인 삶 자체는 그다지 중요하지 않다. 중요한 점은 많은 재물을 가졌거나 혹은 그렇지 못하거나 하나님 앞에서 자신의 부족한 모습을 진정으로 깨닫고 하나님께 온전히 의존하는 삶을 살아가고자 하는 신앙 자세이다. 그럴 때 하나님께서 자기 이름을 의지하는 저들을 지켜 보호해주실 것이기 때문이다.

3. 언약의 백성들을 향한 소망 선포(습3:14-20)

선지자 스바냐는 언약의 자손들을 향해 하나님 앞에서 기쁘게 노래하라는 선포를 했다. 시온의 딸과 이스라엘 백성에게 기쁜 마음으로 노래 부르도록 요청하며 예루살렘으로 하여금 전심으로 즐거워하라고 했던 것이다. 이는 그들을 위한 하나님의 뜻이 분명히 드러나고 있었기 때문이다.

여호와 하나님께서는 그들에게 내리실 형벌을 제하시고 그들의 원수를 멀리 쫓아내시리라고 하셨다. 그렇게 하여 언약의 자손들을 통치하시는 왕이신 여호와 하나님이 항상 저들 가운데 계시리라는 약속을 하셨다. 따라서 이제 다시는 그 백성이 무서운 화를 당하게 될 것에 대한 두려움을 가지지 않아도 된다는 것이었다.

그 날이 이르면 예루살렘을 향해 두려워하지 말라고 외칠 것이며 시온을 향해 팔을 늘어뜨린 채 위축되지 말고 기운을 차리라고 할 것이다. 이는 여호와 하나님께서 자기 백성들 가운데서 완벽한 구원을 베푸실 것이었기 때문이다. 성경은 그 하나님은 언약의 자손을 기쁘게 반기실 것이며 잠잠히 사랑하시리라 말하고 있다.

> "너의 하나님 여호와가 너의 가운데 계시니 그는 구원을 베푸실 전능자시라 그가 너로 인하여 기쁨을 이기지 못하여 하시며 너를 잠잠히 사랑하시며 너로 인하여 즐거이 부르며 기뻐하시리라 하리라" (습3:17)

이처럼 여호와 하나님은 자기 자녀들로 말미암아 진정으로 기뻐하고 즐거워하시는 분이다. 이 말은 신랑이 신부를 사랑하며 기뻐하는 모습을 보여주고 있다. 이는 또한 장차 신랑으로 오실 예수 그리스도께서 신부인 자신의 몸 된 교회를 기뻐하며 사랑하는 것과 연관된 예언으로 이해할 수 있다.

그리고 선지자 스바냐는 하나님께서 절기와 대회로 인해 근심하는 백성을 불러 모으리라고 하신 말씀을 전했다. 이는 당시 배도에 빠진 종교 지도자들이 절기와 대회를 앞세워 백성들을 부당하게 괴롭힌 사실을 말해주고 있다. 선지자는 또한 그 배도자들이 언약에 속한 순전한 백성들에게 치욕을 가한 행동으로 인해 그것이 자신에게 무거운 짐이 된다는 사실에 관하여 언급했다.

따라서 그 때가 이르면 하나님께서는 자기 자녀들을 괴롭힌 자들을 다 엄벌하시게 된다. 그대신 몸이 불편한 자들을 구원하며 부당하게 쫓겨난 자들을 불러 모으실 것이며 세상으로부터 수욕을 당하며 흩어져 살아가는 백성으로 하여금 칭찬과 명성을 얻게 하리라고 말씀하셨다. 그렇게 하여 자기 백성을 약속의 자리로 이끌어 모으시게 된다는 것이었다.

이처럼 하나님께서 이방 종족의 포로가 되어 사로잡혀 간 자들을 본토로 데려오시리라는 말씀을 하셨다. 그렇게 되면 언약의 자손들이 천하 만민 중에서 칭찬과 더불어 명성을 얻게 된다는 것이었다. 하나님은 악한 자들의 배도행위와 이방신을 섬기는 불신자들의 악행에도 불구하고 결코 자기 자녀들을 버리시지 않는 분이라는 사실이 여기서 드러나고 있다.

이 말씀은 바벨론에 의해 패망한 유다 왕국과 파괴된 예루살렘 성전의 회복에 연관된 것으로 보인다. 그들은 70년 동안 바벨론의 포로로 잡혀가 고통스런 이방 노예생활을 해야만 했다. 하지만 하나님께서는 나중 페르시아 제국을 채찍으로 삼아 바벨론을 심판하시고 언약의 백성들을 본토로 귀환하게 하신다. 그들이 예루살렘 성곽과 성전을 다시 건립함으로써 하나님과의 관계를 회복하게 되는 것이다.

이는 또한 장차 이르게 될 예수 그리스도를 통한 구원의 완성에 연관된 것으로 이해되어야 한다. 성전 재건은 장차 오실 메시아 강림을 준비하는 언약적인 성격을 지니고 있다. 하나님의 아들이신 그가 이땅에 오시게 되면 궁극적인 구원과 심판이 이루어져 여호와 하나님의 이름과 그의 자손들의 명성이 온 땅에 선포될 것이기 때문이다.

학개서

〈목 차〉

서 문

선지자 학개가 예언하던 시대는 이스라엘 민족이 바벨론의 포로로 잡혀 갔다가 페르시아 제국의 정책적 도움을 받아 본토로 귀환한 지 얼마 되지 않은 때였다. 당시 백성들은 큰 소망을 가지고 약속의 땅 가나안으로 돌아 왔지만 현실은 그렇게 녹녹하지 않았다. 세월이 흘러가면서 여러 가지 문제들이 야기되었기 때문이다.

페르시아의 다리오 왕이 즉위한 BC522년부터 2년이 지난 520년 6월 1일, 7월 21일, 그리고 9월 24일에 두 번, 모두 네 차례에 걸쳐 하나님의 말씀이 선지자 학개를 통해 임하게 되었다. 예언되어 기록된 분량으로 보아서는 각기 많은 차이가 나지만 그 내용은 점진적인 성격을 지니고 있다. 즉 하나님의 메시지가 미래 역사를 향해 점차 구체화되어 갔던 것이다.

선지자 학개는 스가랴와 동시대에 하나님의 말씀을 예언한 인물이다(스 5:1; 6:14). 당시 가장 중요한 위치에 있던 지도자는 총독 스룹바벨과 대제사장 여호수아였다. 스룹바벨은 다윗 왕의 혈통을 이은 인물로서 메시아의 언약적인 조상이었으며, 여호수아는 대제사장으로서 중요한 직무를 감당하고 있었다. 그들은 모두 장차 오실 메시아를 예표하는 성격의 의미를 지니고 있었다.

하나님께서는 선지자 학개를 통해 예언을 하도록 요구하시면서 그 말씀을 스룹바벨과 여호수아와 그 남은 자들에게 전달하도록 명하셨다. 그 예언의 중심에는 파괴된 예루살렘 성전을 재건하는 일이 놓여 있었다. 하지만 성전 재건 사역은 쉽게 진행되지 못했다. 그 이유는 백성들의 안일한 태도와 오래 전부터 그곳에 살고 있던 자들의 훼방 때문이었다. 그들의 방해는 단순한 감정적 행위를 넘어 조직적으로 이루어졌다(스4:1-6, 참조). 이는 부지중에 메시아 강림을 거부하는 저들의 태도와 밀접하게 연관되어 있었다.

그러나 하나님께서는 선지자 학개의 예언을 통해 성전 공사가 착공되도록 하셨다. 역사적인 우여곡절을 겪은 끝에 나중 그 성전은 BC516년 완공되어 제사장들은 그곳에서 거룩한 제물을 바치며 하나님을 경배할 수 있었다. 언약의 자손들은 그 가운데서 장차 오실 메시아를 기다리는 중에 천상의 나라를 소망하게 되었던 것이다.

우리는 여기서 바벨론 제국에 의한 예루살렘 성전 파괴와 언약 백성들의 포로생활, 그리고 페르시아 제국 시대 초기 고레스 왕의 칙령에 의한 귀환과 성전 재건을 통한 언약의 회복을 보게 된다. 그것은 전적인 하나님의 은혜로 말미암아 진행된 일이며 이로 말미암아 세상의 포로가 된 교회가 개혁을 통한 회복을 염두에 두도록 했다. 이는 물론 장차 오실 메시아와 그의 사역에 밀접하게 연관되어 있다.

학개서 강해를 위한 이 글은 전주 옛길교회 사경회(2017년 4월 2-3일)를 위해 준비되었다. 부족한 사람을 하나님의 말씀을 나누는 귀한 자리에 초대해 준 교회와 황철민 목사님에게 진심으로 감사드린다. 종교개혁 500주년을 보내며 한국교회에 성경의 교훈이 되살아나기를 바라는 마음 간절하다.

제1장

학개에게 임한 첫 번째 여호와의 말씀
(학1:1-15)

1. 하나님의 사랑과 은혜(학1:1,2)

(1) 학개가 예언하던 시대의 배경

선지자 학개가 예언한 시기는 페르시아가 바벨론 제국을 패망시키고, 이스라엘 민족이 포로생활을 하던 지역으로부터 귀환한 후 비교적 초기에 해당된다. 페르시아 제국의 고레스 왕이 이스라엘 민족의 본토 귀환을 허용하는 칙령이 내려진 BC538년 이후부터 다리오 왕이 즉위한 해인 BC522년까지의 시대는 하나님의 은혜에 따른 긍정적인 시기였음에도 불구하고 혼돈의 때였다.

스룹바벨의 인도로 많은 백성이 가나안 본토를 향한 첫 번째 귀환 대열에 참여했지만 아직도 포로 지역에 남아있는 자들이 많이 있었다. 그들 가운데는 나중 에스라와 느헤미야 시대에 본토로 되돌아올 자들도 많이 있었지만 그렇지 않고 그 땅에 끝까지 남게 된 자들도 상당수 있었다. 귀환한 자들이나 그 이방 지역에 끝까지 남은 백성들은 공히 나중 언약의 역사 가운데 소중한 역할을 감당하게 된다.16)

본토로 귀환한 이스라엘 백성들의 주된 관심은 파괴된 예루살렘 성전을 다시 건립하는 것이었다. 그들은 또한 훼파된 성벽을 재건함으로써 과거의 국력을 회복하고자 했다. 그리고 성 안과 밖에 이스라엘 자손들이 거주하는 집들을 짓고 도시를 건설하여 옛날의 영광을 회복하는 것이 저들에게 주어진 중요한 사명이었다.

맨 처음 가나안 땅 본토로 귀환했을 때 기고만장해 마음이 들떠 있던 백성들은 점차 사기를 잃어가고 있었다. 본토 귀환 후 20년이 가까워질 때까지 여러 형편으로 말미암아 성전을 재건하는 공사에 착수하지 못했기 때문이다. 귀환 당시 지도자로서 중요한 역할을 감당하던 사람들은 하나씩 생애를 마감했을 것이며, 다시금 본토에서 출생한 자들이 점차 많아지게 되었다. 포로에서 돌아와 그런 환경 가운데 살아가던 백성들은 성전 건축에 아무런 진전이 없자 실의에 빠지지 않을 수 없었던 것이다.

(2) 스룹바벨과 여호수아의 구속사적 위치

하나님께서는 가나안 땅 본토에 귀환하여 다시금 삶의 터전을 닦아가면서 여러 가지 어려움에 빠진 언약의 백성들을 기억하셨다. 다리오 왕이 즉위한 후 2년이 되었을 때인 BC520년 하나님의 말씀이 저들에게 임했다. 유대력으로 그 해 유월 초하루에 하나님께서 선지자 학개를 불러 유다 총독의 지위에 있던 스룹바벨과 여호사닥의 아들 대제사장 여호수아에게 말씀을 전하도록 하셨던 것이다.

---

16) 나중 예수 그리스도께서 베들레헴에 탄생하셨을 때 그 왕을 맞으러 온 동방 박사들은 페르시아에 남은 백성들의 자손들이었다.

하나님께서는 우선 이스라엘 백성들이 아직 여호와의 성전을 재건할 시기가 아니라는 핑계를 대며 성전공사 착수를 미루고 있는데 대하여 강하게 책망하셨다. 그것이 그당시 이스라엘 백성의 전반적인 분위기였기 때문이다. 전체 문맥을 통해서 볼 때 스룹바벨과 여호수아는 의도적으로 성전 공사를 미루려고 했던 인물이 아니었던 것으로 여겨진다.

우리가 여기서 먼저 생각해 보아야 할 점은 하나님께서 선지자 학개를 통해 지목하신 스룹바벨과 여호수아에 관해서이다. 스룹바벨은 이스라엘 민족의 첫 번째 귀환을 주도한 지도자(느12:1)로서 당시 총독의 직무를 맡고 있었지만 보다 중요한 점은 그가 아브라함과 다윗의 혈통을 이은 인물로서 메시아의 언약적 조상의 위치에 있는 인물이었다는 사실이다. 마태복음에는 그에 관한 사실이 기록되어 있다.

> "바벨론으로 이거한 후에 여고냐는 스알디엘을 낳고 스알디엘은 스룹바벨을 낳고 스룹바벨은 아비훗을 낳고 아비훗은 엘리아김을 낳고 엘리아김은 아소르를 낳고" (마1:12,13)

하나님께서 선지자 학개를 불러 특별히 스룹바벨에게 예언의 말씀을 전하도록 하신 것은 이에 밀접하게 연관되어 있다. 이는 예루살렘 성전 건축은 개인의 판단에 따라 아무나 주도할 수 있는 일이 아니었음을 말해 준다. 즉 훌륭한 건축가들이나 단순히 성실한 사람이 그 일을 맡아 시행할 수는 없었다.

중요한 점은 메시아 혈통에 연관되어 있는 인물이 그 일을 감당하는 중심에 서 있어야 한다는 사실이다. 우리는 여기서 스룹바벨이 BC587년 예루살렘 성전파괴와 더불어 패망한 유다 왕국을 바벨론 포로기를 지나 연결시키는 중요한 인물이라는 사실을 기억할 필요가 있다. 즉 그는 패망한 왕국에서 더 이상 왕이 아니었지만 그 왕족의 혈통은 여전이 이스라엘 민족의 중심에 위치하고 있었던 것이다.

그리고 여호사닥의 아들 여호수아는 이스라엘 민족의 첫 번째 귀환을 인도한 가장 중요한 지도자들 가운데 한 사람으로서 당시 대제사장 직임을 맡고 있었다(느12:1). 우리는 성전이 없는 상태에서 대제사장의 자리를 굳건히 지키고 있던 여호수아의 위치를 기억해야 한다. 예루살렘 성전이 완전히 파괴되고 아무 것도 없는 상태에서 바벨론 포로로 잡혀갔던 시대에도 여전히 제사장들은 존재했었다(느12장, 참조).

그들은 단순히 형식상의 이름만 가지고 있었던 것이 아니다. 이는 당시 제사장들에게 장차 오실 중재자를 예표하는 의미와 더불어 필요한 사역이 맡겨졌다는 사실을 말해주고 있다.[17] 우리는 예루살렘 성전이 파괴되고 없는 상태에서도 여전히 제사장이 존재하고 있었다는 점을 결코 잊어서는 안 된다.

이처럼 스알디엘의 아들 스룹바벨과 여호사닥의 아들 여호수아는 언약의 백성들 가운데 매우 중요한 구속사적 위치를 차지하고 있던 인물이었다. 하나님께서는 바로 그들에게 성전 재건을 위한 매우 중요한 사명을 맡기셨다. 그들은 실의에 빠져 있거나 또다시 개인적인 삶의 만족을 추구하려는 백성들을 다그쳐 거룩한 성전을 재건하는 일을 착수하도록 독려하며 그 사명을 감당해야만 했던 것이다.

(3) 하나님의 성전

예루살렘 성전은 단순히 상징적인 의미에 그치는 것이 아니라 매우 실

17) 이스라엘 민족 가운데 예루살렘 성전이 파괴되고 없을 때도 여전히 제사장들이 존재했다는 것은 매우 중요한 의미를 지니고 있다. 그 제사장들은 성전이 없는 상태에서 더 이상 제사를 지낼 수 없었다. 하지만 그들은 백성들 가운데 정결하고 부정한 문제에 대한 판결이나 하나님으로부터 주어진 말씀에 대한 정확한 판단을 하는 계시적 사역을 감당했다.

제적인 중요한 의미를 지니고 있었다. 그 성전은 반드시 아브라함이 이삭을 제물로 바쳤던 모리아산 바로 그 자리에 세워져야만 했다. 예루살렘에 건립된 그 성전은 하나님의 언약을 담고 있으므로 천상의 나라와 직접 연결되어 있었다.

그러므로 바벨론 포로 시절에도 이스라엘 백성은 이방 지역에 하나님의 성전을 세울 수 없었다. 설령 그렇게 할 만한 형편과 여력이 되었다고 할지라도 그 지역에 성전을 세우지 말아야 했다. 만일 그렇게 했다면 '성전'이라 일컬어지는 그 신전은 우상을 섬기기 위한 전당에 지나지 않았을 것이 분명하다.[18)]

그러므로 이스라엘 자손들은 이방 지역에 회당(synagogue)들을 건립하여 그곳에서 계시된 말씀과 언약을 기억하며 예루살렘을 향해 여호와 하나님께 경배했다. 다니엘이 바벨론 땅에 살아가고 있으면서도 예루살렘을 향해 하루에 세 번씩 정기적으로 기도했던 것은 그점을 잘 보여주고 있다(단 6:10, 참조). 이는 예루살렘이 지닌 언약에 연관된 장소적 의미의 중요성을 말해주고 있다.

이스라엘 백성이 바벨론 포로에서 본토로 귀환할 때 부여된 가장 중요한 사명은 파괴된 성전을 재건하는 일이었다. 하나님께서는 이스라엘 백성으로 하여금 편안하고 안락한 삶을 살게 할 목적으로 가나안 땅으로 인도하시지 않았다. 하지만 백성들은 자신의 안일한 삶을 추구하거나 외부에서 발생한 다양한 문제들로 말미암아 하나님의 성전을 건축하는 일을 미루기를 계속했다. 그러므로 하나님께서는 선지자 학개를 불러 그에 관한 예언의 말씀을 주셨던 것이다.

---

18) 이에 대해서는 과거 남북 이스라엘 왕국이 분열되었을 때 배도에 빠진 북 왕국의 여로보암이 단과 벧엘에 가짜 성전을 건립함으로써 그점을 보여준 바 있다.

2. 하나님의 예언과 개인의 삶에 집착하는 백성들

(1) 하나님의 성전과 이기적인 욕망(학1:3-6)

이스라엘 민족이 오랜 바벨론 포로 생활에서 귀환하여 기대감과 더불어 상당한 혼란을 겪고 있던 시기 페르시아의 다리오 왕이 즉위한 이년 유월 초하루에 하나님의 말씀이 학개에게 임했다. 이는 학개가 스스로 원해서 된 일도 아니며 하나님께 간구한 결과로서 그렇게 된 것도 아니었다. 그것은 전적으로 하나님께서 홀로 작정하시고 행한 일이었다.

하나님께서 선지자를 통해 가장 먼저 언급하신 것은 예루살렘 성전에 관한 내용이었다. 당시 백성들은 하나님의 성전이 황무한 상태에 있는 것을 두 눈으로 똑똑히 목격하면서도 아무런 대책을 강구하지 않고 있었다. 하나님께서는 예루살렘에 귀환한 후 이십 년이 지났음에도 불구하고 성전 재건을 위한 아무런 준비 없이 지내는 백성들을 강하게 책망하셨던 것이다.

가나안 땅으로 귀환한 이스라엘 백성의 마음은 시간이 지남에 따라 점차 다른 곳으로 향했다. 그들은 하나님의 성전 건축을 통한 메시아 강림에 대한 소망보다는 자신의 안락한 삶을 위한 가옥을 마련하고 정비하는 일에 더 많은 관심을 기울였다. 따라서 하나님의 성전 재건에 대하여 무관심하거나 소홀히 여기는 자들이 자기가 살고 있는 집을 아름다운 목재로 장식하며 꾸미기를 좋아했다.

그러므로 하나님께서는 저들을 향한 책망의 말씀을 쏟아내셨다. 그들이 취하고 있는 사악한 소행을 잘 살펴보라는 것이었다. 포로 생활에 지친 자들을 원래의 본토로 인도하신 하나님의 목적은 하나님과 언약의 자손들 사이의 관계를 회복하시기 위해서였다. 거기에는 메시아 언약을 진척시키는 의미가 포함되어 있었다.

그것을 위해서는 파괴된 하나님의 성전을 재건하는 일이 저들의 삶의 중심에 놓여있어야 했다. 그래야만 제사장들이 하나님께 제물을 바치는 온전한 제사를 회복할 수 있게 된다. 그것을 통해 하나님과 그의 백성 사이에 원만한 관계가 이루어지고 장차 메시아가 오실 것에 대한 언약이 지속적으로 확인되는 것이다.

그럼에도 불구하고 가나안 땅 본토로 귀환한 백성들은 그 중요한 의미를 마음에 두지 않았다. 따라서 그들은 하나님의 일반적인 은총을 입지 못했다. 많은 씨앗을 뿌리고 열심히 일해도 수확이 적었으며 음식을 먹고 마신다고 해도 배부르지 못하고 갈증을 해소할 수 없었던 것이다.

또한 옷을 입어도 자기의 몸을 따뜻하게 유지하기 어려웠다. 그 백성은 힘들게 노동하여 삯을 받아도 구멍이 뚫린 주머니에 돈을 넣는 것처럼 되었다. 그 모든 것은 하나님의 뜻을 저버린 자들이 스스로 행한 불신앙적인 태도에 의한 결과였다. 하나님께서 저들을 평안하게 살도록 허락하지 않으셨기 때문이다.

타락한 인간들은 자기의 삶을 위해 모든 일을 행하지만 거기에는 근본적인 보장성이 없다. 어리석은 자들은 그에 대한 깨달음을 소유하지 못한다. 하나님의 말씀을 중심에 두고 메시아를 보내시고자 하는 그의 뜻에 온전히 순종할 때 하나님께서 저들에게 평안한 심령을 허락하시게 되는 것이다.

(2) 성전건축 명령(학1:7,8)

하나님께서는 선지자 학개를 통해 스룹바벨과 여호수아에게 성전 재건을 명령하셨다. 산으로 올라가 나무를 베어다가 성전을 건축하라는 것이었다. 그것은 백성들의 자발적인 판단과 결정이 아니라 하나님의 강력한 요구에 근거했다. 우리는 여기서 인간들 스스로는 하나님의 성전을 건축할 수 있는 선의의 마음조차 가지기 어렵다는 사실을 엿보게 된다.

하나님께서 저들에게 성전 건축을 요구하신 것은 하나님의 은혜에 해당한다. 즉 그것은 선택하신 자기 백성을 위한 하나님의 놀라운 사랑에 기초하고 있다. 만일 하나님의 사랑이 없었다면 그 백성들이 멸망을 향해 나아가도록 그냥 내버려두었을 것이기 때문이다.

우리가 여기서 기억해야 할 바는 예루살렘 성전이 하나님의 존재를 가시적으로 증명하는 역할을 하고 있다는 사실이다. 그것은 결코 단순한 상징적인 의미를 지니는 것이 아니라 하나님께서 거하시는 실체적인 상황을 보여주고 있다. 거룩한 성전과 그 안에 거하시는 하나님은 절대로 분리될 수 없는 성격을 지닌 까닭이다.

성경은 성전을 '하나님의 집' 이라 묘사하고 있으며 '하나님의 발등상' 이라 표현하기도 한다. 이는 그가 항상 그곳에 거하고 계신다는 사실을 말해준다. 그러므로 이스라엘 백성이 예루살렘을 정복하고 성전을 세우기 전 다윗 왕은 그 성전이 하나님의 발등상이라는 사실에 관한 언급을 했다. 역대기와 시편에는 그에 연관된 기록이 나타나고 있다.

> "이에 다윗 왕이 일어서서 가로되 나의 형제들, 나의 백성들아 내 말을 들으라 나는 여호와의 언약궤 곧 우리 하나님의 발등상을 봉안할 전 건축할 마음이 있어서 건축할 재료를 준비하였으나 오직 하나님이 내게 이르시되 너는 군인이라 피를 흘렸으니 내 이름을 위하여 전을 건축하지 못하리라 하셨느니라 ... 내게 이르시기를 네 아들 솔로몬 그가 내 전을 건축하고 내 여러 뜰을 만들리니 이는 내가 저를 택하여 내 아들을 삼고 나는 그 아비가 될 것임이라"(대상28:2-6); "너희는 여호와 우리 하나님을 높여 그 발등상 앞에서 경배할찌어다 그는 거룩하시도다"(시99:5)

예루살렘 성전이 하나님의 발등상이라는 사실과 시편에 기록된 그에 관한 노래는 언약의 백성을 떠나지 않았다. 이스라엘 백성은 항상 그 의미를 마음에 새긴 채 하나님이 계시는 성전을 향해 경배의 노래를 불렀다. 언약의 자손들은 이에 연관된 사실을 잠시도 잊어버려서는 안 되었던 것이다.

우리가 여기서 반드시 기억해야 할 바는 예루살렘 성전이 장차 오실 메시아에 직접 연관되어 있다는 사실이다. 학개서 본문 중에 하나님께서 성전 건축으로 인하여 기뻐하며 영광을 받으시게 된다고 말씀하신 것은 그에 밀접하게 관련되어 있다(학1:8). 그 성전이 완공되어야만 제사장들이 규례에 따라 하나님 앞에서 거룩한 제물을 바치게 되며 그것을 통해 메시아를 기다리며 소망하는 신앙이 굳건히 될 수 있을 것이었기 때문이다.

(3) 하나님의 심판(학1:9-11)

선지자 학개가 예언할 당시 가나안 땅 본토로 귀환한 이스라엘 백성은 그에 대한 모든 의미를 멀리하고 있었다. 백성들 가운데 성전 재건과 메시아에 대한 간절한 소망을 가진 자가 많지 않았다. 그것은 하나님의 징계를 부르는 것이자 심판을 자초하는 태도였다. 그로 말미암아 그들은 농사를 지으면서 풍부한 수확을 기대했지만 거둔 양은 적었으며 그 수확한 곡식을 집으로 가져갔으나 하나님께서 그 모든 것들을 보존치 못하도록 하셨다.

언약의 백성으로서 하나님이 왜 그렇게 하셨는지 곰곰이 생각해 보는 것이 매우 중요하다. 그 근본적인 이유는 어리석은 자들이 하나님의 성전은 황폐한 상태에 있는데도 자기 집만 단장하는 일에 급급했기 때문이다. 그들은 영원한 천상의 나라가 아니라 이땅에 소망을 두고 살아갔다. 즉 하나님이 아니라 인간 중심의 삶에 얽매여 있었던 것이 하나님의 진노를 불러 일으켰던 것이다.

백성들의 그와 같은 사악한 태도로 인해 하나님께서는 하늘로부터 이슬이 내리지 않도록 하셨다. 그렇게 되자 농작물이 생산을 멈추게 되었다. 또한 그가 산과 평지에 심각한 가뭄이 들도록 하셨다. 그리하여 밭은 밀과 포도주와 올리브 기름을 비롯하여 그밖의 어떤 소출도 내지 못하게 되었다.

뿐만 아니라 사람과 짐승들은 날마다 먹고 살아갈 식량이 부족하여 굶주림에 빠지지 않을 수 없었다. 그 백성이 손으로 부지런히 농사일을 하며 수고한 모든 것들이 허사가 되어버렸기 때문이다. 결국 하나님의 뜻을 멸시한 채 자기 욕망을 채우기에 급급한 백성들은 모든 것을 상실하는 위기에 처하게 되었던 것이다.

3. 스룹바벨과 여호수아를 비롯한 남은 백성의 반응

(1) 학개의 예언을 받아들이는 지도자들과 남은 백성(학1:12,13)

배도에 빠진 자들은 선지자가 선포한 하나님의 말씀을 수용하지 않고 거부했다. 그것은 메시아에 대한 소망을 버리는 것과 같았다. 그러나 스룹바벨과 대제사장 여호수아를 비롯한 하나님을 경외하는 모든 백성이 학개를 통해 주어진 하나님의 말씀을 귀담아 듣고 마음속에 받아들였다. 이는 그들이 학개가 하나님의 보냄을 받아 예언한 사실을 깨달아 알고 있었기 때문이다.

그때 선지자 학개는 하나님의 명령에 따라 백성들에게 하나님께서 저들과 항상 함께 계시리라고 약속하신 말씀을 전했다. "내가 너희와 함께 하노라"(학1:13). 여기서 하나님께서 성전을 건축하는 자들과 함께 하시리라고 말씀하신 것은 저들에게 외부로부터 상당한 위협이 도사리고 있다는 사실을 말해주고 있다(스4:1-6, 참조). 즉 그들이 메시아 강림을 방해하는 세력을 극복하고 그 어려운 역경을 넘어 성전을 재건하는 일은 결코 쉽지 않다는 것이었다.

하나님을 진정으로 경외하는 자들이라면 여호와 하나님 이외에 다른 어떤 것이라도 두려워할 필요가 없다. 하나님께서는 언약의 자손들에게 메시아를 보내주시고자 모든 일을 시행하시므로 그가 원하시는 일이라면 항상 그에 온전히 순종할 준비를 갖추고 있어야만 한다. 선지자 학개는 그 점을 강조하며 하나님의 요청에 따라 성전을 짓는 사역에 즉시 착수하도록 격려했던 것이다.

(2) 성전 건축 시작(학1:14,15)

여호와 하나님께서는 유다 총독 스룹바벨과 대제사장 여호수아의 마음을 강하게 움직였으며 하나님을 경외하는 모든 백성들을 감동시키셨다. 그리하여 백성들이 선지자 학개의 예언을 듣고 메시아에 대한 소망과 더불어 하나님의 성전을 다시 건축하고자 하는 마음을 가지게 되었다. 즉 저들 앞에 어떤 힘든 장애물이 가로막혀 있다고 할지라도 그것을 극복하고자 하는 자세를 회복했던 것이다.

그로 말미암아 본토로 귀환한 이스라엘 백성들은 성전 재건을 착수하게 되었다. 그때는 다리오 왕 즉위 2년 6월 24일이었다. 선지자 학개가 총독 스룹바벨과 대제사장 여호수아를 비롯한 모든 백성들에게 하나님의 말씀을 전달한 후 24일째 되는 날에 공사가 시작되었다. 그 시기는 상당히 빨리 진척된 것으로 볼 수 있지만 그 기간 동안 많은 대화와 논의가 있었으리란 사실을 짐작할 수 있다.

하나님을 진정으로 경외하는 백성들은 학개가 전한 예언의 말씀에 온전히 순종해야 한다는 점을 분명히 깨닫고 있었을 것이 틀림없다. 그러나 이기심에 가득 찬 사람들 가운데는 여러 가지 핑계를 댔을 것으로 보인다. 오래전부터 그곳에 살면서 성전 건축을 적극적으로 반대하는 자들의 세력이 잠잠해질 때까지 기다리자며 백성들을 설득하는 자들도 없지 않았을 것이다. 그 모든 역경에도 불구하고 백성들은 하나님의 명령에 따라 성전 공사를 착수할 수 있었던 것은 하나님의 은혜라 말하지 않을 수 없다. 이는 메시아 강림에 밀접하게 연관된 사역이기 때문이다.

제2장

학개에게 임한 두 번째 여호와의 말씀
(학2:1-9)

1. 성전의 영광(학2:1-3)

첫 번째 하나님의 계시가 있은 후 그리 오랜 세월이 지나지 않아 선지자 학개에게 여호와의 말씀이 두 번째 임하게 되었다. 그 날은 다리오 왕 즉위 2년 7월 21일로서 성전 건축 공사가 시작된 지 약 한 달이 지났을 때였다. 하나님께서는 또다시 학개를 통해 총독 스룹바벨과 대제사장 여호수아를 비롯한 하나님을 경외하는 남은 백성에게 메시지를 전하고자 하셨던 것이다.

하나님께서는 백성들을 향해 저들 가운데 옛날에 있었던 예루살렘 성전의 영광을 본 자가 있지 않느냐는 말씀을 하셨다. 즉 그들이 옛날의 화려한 성전을 알고 있음을 언급하며 다그쳤던 것이다. BC587년에 솔로몬이 건축한 예루살렘 성전이 파괴되었으니 BC520년까지 약 67년 가까이 된다. 따라서 당시 나이가 77세 정도 되는 노인들 가운데 예루살렘에 살았던 사람이 있다면 열 살 정도의 어린 나이에 그 성전을 직접 보았을 것이다.

혹은 87세 정도 되는 사람이라면 이십 세 때 화려한 솔로몬 성전을 목격한 적이 있었다.

하나님께서는 솔로몬의 성전을 직접 목격한 사람이라면 그 웅장한 성전과 지금 저들이 재건하고 있는 성전을 비교해 보면 그 차이를 알 수 있을 것이라고 말씀하셨다. 옛날 파괴된 화려한 성전과 비교해 볼 때 당시 건축되고 있는 성전이 얼마나 초라하고 보잘것없느냐는 것이었다. 이는 솔로몬이 지은 성전을 직접 본 자라면 어느 누가 보아도 쉽게 알 수 있다는 사실을 강조하고 있다.

그러므로 첫 번째 성전을 본 제사장을 비롯한 노인들은 파괴된 성전의 재건 과정을 보며 대성통곡했다. 거기에는 성전 건축에 대한 감격과 더불어 소홀함으로 인한 자책의 의미가 동시에 표현되고 있다. 하지만 옛 성전을 본적이 없는 많은 백성들은 기뻐하며 함성을 질렀다. 물론 거기에는 메시아에 대한 소망이 들어 있어야만 했다. 이처럼 두 번째 성전을 건립하면서 복잡한 감정을 가진 백성들이 뒤섞여 있었던 것이다(스3:12).

학개서 본문 가운데는 당시 파괴된 예루살렘 성전을 재건하는 과정에서 보인 백성들의 소홀한 태도에 대한 하나님의 책망이 들어 있다. 성전을 건축하기 위해 최선의 노력을 기울이는 사람들이 있었는가 하면 다수의 일반 백성들은 그렇지 않았다. 즉 그런 자들에게는 성전을 위한 간절하고 절박한 마음이 없었던 것이다. 이는 저들에게 메시아에 대한 진정한 소망이 없었다는 점을 말해주고 있다.

따라서 이는 파괴된 성전을 다시금 건축하기 시작한 사람들의 신실치 못한 자세에 대하여 지적하고 있는 것으로 보인다. 그들은 그동안 주변의 환경을 핑계대며 개별적인 안락한 삶을 추구하기에 급급해 하나님의 성전을 건축하는 공사를 미루어왔다. 더군다나 성전 공사에 가담하는 자들조차도 그 중요성을 깨닫지 못하고 메시아에 대한 간절한 기대와 소망을 가지지 않았다. 따라서 자신의 모든 것을 바쳐 하나님의 무너진 성전을 재건하려는 마음이 절대로 부족했다.

그런 자들은 메시아에 대한 참된 소망이 결여된 채 형식적으로 그에 참여하고 있었으므로 심각한 문제가 있었다. 나아가 우리가 기억해야 할 바는 당시 예루살렘 주변에는 성전 건축에 적극적으로 반대하는 자들이 상당수 있었다는 사실이다. 본토로 돌아온 이스라엘 민족은 그들이 바벨론으로 잡혀 간 사이 그곳에 들어온 이방인들과 함께 살아가야만 했다.

그 이방인들로서는 유대인들의 성전 재건을 적극적으로 반대할 수밖에 없는 형편이었다. 오랜 포로생활에서 귀환한 유대인들이 파괴된 성전을 재건한다는 것은 저들의 세력 확장과도 연관되어 있었기 때문이다. 이와 같은 여러 정황이 성전을 건축하기 어렵게 만들었던 것이다.

2. '하나님만 바라보고 아무것도 두려워하지 말라' (학2:4,5)

성전 재건이 순조롭게 진행되지 않은 형편에서 이스라엘 민족 지도자들은 실의에 빠지거나 위축될 수밖에 없었다. 하지만 하나님께서는 도리어 저들을 격려하며 힘을 북돋우어 주시고자 했다. 그리하여 스룹바벨과 여호수아에게 굳센 마음을 먹으라는 당부의 말씀을 하셨다.

또한 모든 백성들에게 흔들리지 말고 힘을 내어 성실하게 일하라고 요구하셨다. 어떤 어려운 국면에 처한다고 할지라도 하나님께서 항상 저들과 함께 계시리라는 것이었다. 하나님께는 이를 통해 자기는 항상 언약의 백성들과 함께 계신다는 사실을 보여주셨던 것이다.

여호와 하나님께서는 또한 이스라엘 백성이 애굽에서 나올 때 저들과 맺은 언약의 내용이 당시에도 여전히 유효하다는 말씀을 하셨다. 그리고 하나님의 성령이 항상 저들 가운데 머물러 계신다는 사실을 강조하셨다. 이는 하나님이 저들의 주님이 되어 항상 언약의 자손들을 지켜 주시리라는 사실에 연관되어 있다.

그러므로 하나님께 속한 자들은 주변의 위협적인 환경으로 인해 두려워할 필요가 전혀 없다는 것이었다. 이 말씀을 보건데 성전 공사를 시작한 초기부터 저들이 상당한 난국에 부딪쳤다는 사실을 알 수 있다. 즉 언약의 백성들이 안정된 상태로 최선을 다해 공사에 임할 만한 형편이 되지 못했던 것이다.

당시 성전 공사를 시행하는 백성들을 위협하거나 방해하는 원수들이 많이 있었으며, 그들은 모든 계략을 세워 성전 공사가 순탄하게 진행되지 못하도록 방해했다. 그리고 최선을 다하여 공사에 임하는 자들에게 심한 압력을 행사하는 사람들이 많이 있었다. 그런 형편 가운데서 백성들이 불안한 마음을 떨치지 못하고 있을 때 하나님께서 오히려 저들을 격려하며 힘을 북돋우어 주셨던 것이다.

3. 메시아 예언(학2:6-9)

하나님께서는 또한 저들에게 장차 일어나게 될 모든 일들에 관한 예언의 말씀을 주셨다. 장차 때가 이르면 그가 하늘과 땅과 바다와 육지를 크게 진동시키시리라는 것이었다. 이는 하나님의 섭리적인 사역에 의한 것으로서 우주 만물이 하나님의 통치 아래 존재한다는 사실에 연관되어 있다.

나아가 이 세상의 모든 나라들을 진동시키신다는 사실을 언급하셨다. 그러면 세상 만국이 귀중한 보물을 가지고 언약의 왕국을 찾아오게 되고, 하나님께서 자신의 영광을 저들이 건축하는 성전에 충만케 하시리라고 말씀하셨다. 세상의 은과 금을 포함한 모든 보배가 하나님의 소유라는 것이었다. 장차 그와 같은 날이 반드시 이르게 될 터이니 어떤 어려움이 닥친다고 할지라도 그에 위축되지 말고 하나님을 의지하라는 요구를 하셨던 것이다.

그리고 당시 건축되고 있던 두 번째 성전을 통해 허락될 영광이 옛날 성전이 가졌던 것보다 훨씬 더 클 것이라는 사실을 말씀하셨다. 이는 그 성전을 통해 메시아 사역이 실현될 것이라는 점과 연관되어 있다. 그것은 하나님의 예언이기 때문에 장차 반드시 이루어지게 된다.

선지자 학개가 예언하던 당시는 성전 건축을 방해하는 세력이 존재했으며 하나님의 자녀들은 크게 위축된 상태에 놓여 있었지만 장차 하나님께서 성전 가운데 평강을 주신다는 예언이 주어졌다. 그 말씀은 때가 이르면 이땅에 메시아가 오실 것에 관련된 예언이다. 즉 그것은 돌로 지어진 성전 건축물 자체를 두고 하시는 말씀이 아니었던 것이다.

선지자가 전한 말씀은 새로 건축되는 그 성전을 통해 하나님께서 보내시는 메시아가 이땅에 오실 것이므로 그것이 큰 영광이 된다는 의미를 지니고 있다. 그로 말미암아 하나님의 자녀들에게 영원한 평화가 허락되는 것이다. 당시 선지자의 예언을 듣게 된 성숙한 백성들은 그에 대한 올바른 깨달음을 소유하고 있었던 것이 분명하다.

제3장

학개에게 임한 세 번째 여호와의 말씀
(학2:10-19)

1. 정하고 부정한 것에 대한 율법의 근본 규정 확인(학2:10-14)

여호와 하나님의 말씀이 다리오 왕 2년 9월 24일에 또다시 선지자 학개에게 임했다. 그 예언의 말씀은 그에게 세 번째 임하는 것이었다. 이는 성전 건축공사를 시작한 지 석 달이 되는 날 주어졌다. 아마도 그 당시에는 성전을 건축하는 일에 어느 정도 진척이 있었을 것으로 보인다.

하나님께서는 학개를 향해 제사장들에게 율법에 관한 몇 가지 질문을 해보라는 요구를 하셨다. 이는 구약 율법의 절대성을 말해주는 것이기도 하다. 제사장은 하나님의 율법을 가장 잘 알고 있어야 할 뿐 아니라 제물을 선택하고 제사를 지낼 때 그 내용을 구체적으로 적용해야 하는 직분자였다. 따라서 그는 율법의 교훈을 정확하게 알고 있지 않으면 안 되었다.

학개가 제사장들에게 물어보아야 했던 그 질문의 내용은, 하나님 앞에 제물로 바쳐진 고기를 옷자락에 쌌는데 그 옷자락이 빵이나 익힌 음식이나 포도주나 올리브 기름이나 그밖에 어떤 음식에 닿게 되면 그 음식이 거룩하게 되느냐는 것이었다. 학개가 그에 대한 질문을 했을 때 제사장들은 그렇지 않다는 답변을 했다. 즉 사람들이 먹는 어떤 음식물이 거룩한 제물에 닿는다고 할지라도 그것이 거룩하게 되지 않는다는 것이었다.

그러자 학개는 또다시 질문하기를, 만일 죽은 사람의 시체를 만져 부정하게 된 사람이 앞서 언급된 음식물들 가운데 하나를 만지면 그것이 부정하게 되는지 물어보았다. 그것은 앞의 내용과 정반대의 성격을 지니고 있었다. 제사장들은 그럴 경우에는 부정하게 된다고 답변했다. 즉 거룩한 것이 다른 음식에 닿는다고 해도 그것을 거룩하게 만들지 못하지만, 부정하게 된 사람이 다른 음식을 만지면 부정하게 된다는 것이었다.

하나님의 요구에 따라 제사장에게 그 질문을 한 후 답변을 들은 학개는 여호와께서 말씀하시고자 하는 그 의미를 알아차렸다. 하나님 앞에서는 모든 인간이 부정하듯이 이스라엘 백성과 저들의 나라 역시 마찬가지다. 따라서 그 사람들이 행하는 모든 일뿐 아니라 그들이 하나님께 드리는 제물도 다 부정하다. 즉 제사장들이 하나님께 바치는 제물들이 의미상 정결할 수 있을지라도 그것 자체가 거룩하지는 않다는 것이다.

그러므로 하나님의 자녀들은 죄와 연관된 이 문제에 대한 분명한 이해를 하고 있어야만 한다. 이 말은 무엇이든지 오직 하나님으로 말미암아 거룩하게 될 수 있다는 사실을 말해주고 있다. 따라서 모든 것이 죄 아래 있어서 부정하다는 것을 깨달은 자들이 하나님의 은혜를 간절히 기다리게 된다. 이는 하나님의 성전을 건축하는 일도 하나님의 은혜에 해당되는 것일 뿐 인간들에게 아무런 공로가 되지 못한다는 사실을 말해주고 있다.

선지자는 여기서 그에 연관된 중요한 메시지를 주고 있다. 이스라엘 백성이 건축하게 될 거룩한 성전은 하나님으로 인해 거룩하게 된다. 하지만 그것 자체로서 거룩한 것이 아니다. 또한 그 성전은 결코 부정한 것들의 영향을 받지 않는다. 성전 내부에 존재하는 제단과 기물들은 도리어 부정한 것을 정결하게 하는 기능을 하게 된다. 이는 하나님의 아들 그리스도께서 부정한 자를 정결케 하시는 것과 연관지어 생각할 수 있다.

예수님께서는 결단코 세상의 더러운 것들로 말미암아 부정하게 되는 분이 아니다. 복음서에는 그에 관한 사건이 기록되어 있다. 오랫동안 혈루증을 앓던 한 여인이 예수님의 몸에 손을 댔을 때 예수님이 부정하게 된 것이 아니라 도리어 그 여인이 정결하게 되었던 것이다(마9:20-22; 막5:25-29; 눅8:43-48). 하나님께서는 거룩한 성전을 건축하고 그곳에서 제사함으로써 부정한 백성이 정결케 될 수 있다는 사실을 말씀하셨던 것이다.

2. 불순종의 시대에 대한 추억(학2:15-17)

여호와 하나님은 한없이 자비를 베푸시는 사랑의 하나님이신 동시에 불의에 대해서는 무섭게 진노하시는 분이다. 따라서 하나님의 말씀에 순종하는 언약의 백성들에게는 한없는 은혜를 베푸시지만 그에 거역하는 자들에 대해서는 엄히 심판하신다. 장차 때가 이르면 배도에 빠진 인간적인 욕망을 추구하는 자들은 하나님을 두려워하지 않을 수 없다.

이스라엘 자손은 역사 가운데서 그와 같은 경험을 수없이 많이 했다. 과거 앗수르 제국에 의해 북 이스라엘 왕국이 패망한 것은 하나님의 율법을 떠났기 때문이었다. 또한 그보다 나중 바벨론 제국에 의해 예루살렘 성전이 파괴되고 많은 백성이 이방의 포로로 잡혀간 것은 배도자들의 악행 때문이었다. 언약의 자손들은 항상 그에 대한 기억을 하고 있어야만 했다.

성숙한 성도들이 계시된 말씀을 통해 하나님의 뜻을 헤아리는 것은 매우 중요하다. 따라서 선지자 학개는 백성들에게 아직 예루살렘 성전 재건을 시작하기 전 즉 그 기초가 놓이기 전부터 최근까지 발생한 일들이 어떻게 되어 가는지 관심을 가지고 돌이켜 보라는 말을 했다. 과거의 형편이 얼마나 어렵고 열악했느냐는 것이었다. 그런 가운데서도 하나님께서는 자기 백성들을 인도해 오셨다는 것이다.

과거에는 스무 석이나 되는 곡식더미가 나던 밭에서 열석 밖에 나지 않았으며 오십 통의 포도주를 만들던 포도주 틀에서는 스무 통밖에 얻지 못했다. 그것은 엄청난 흉년을 겪게 되었다는 사실을 상기시키고 있었다. 열심히 일하며 동일한 노동을 했음에도 불구하고 그 소출은 형편없이 줄어들었던 것이다.

인간들은 자신의 노력에 따라 자기 인생이 결정될 것처럼 여긴다. 그런 자들에게는 하나님의 주권에 대한 이해가 없다. 그리하여 당시 어리석은 자들은 심한 고통을 겪으면서도 그 원인을 파악하지 못하고 있었다.

그들은 농사에 연관된 모든 일을 단순한 자연현상으로 몰아갔을 따름이다. 하나님께서는 그들을 향해 저들이 왜 그와 같은 고통을 겪게 되었는지에 대한 말씀을 하고 계신다. 그것은 하나님의 심판에 의한 징계라는 것이었다.

하지만 우리는 근본적인 측면에서 볼 때 그 모든 것들이 하나님의 사랑에 의한 징계였음을 기억해야 한다. 그럼에도 불구하고 당시의 백성들은 견디기 어려운 고통을 맛보아야 했다. 하나님께서는 곡물을 생산하는 밭에 자연 현상을 통한 무서운 재앙을 내리셨다. 또한 그는 폭풍과 깜부기 재앙과 우박을 보내 농작물을 치심으로써 자신의 뜻을 드러내 보이셨다.

이스라엘 백성들은 하나님의 심판이 임하게 되었을 때 엄청난 어려움을 당할 수밖에 없었다. 그러나 하나님께서는 그것을 통해 저들이 불신과 죄악을 회개하고 돌이키기를 원하셨다. 이땅에서의 고통으로 인해 여호와 하나님을 의지하게 되기를 바랐던 것이다. 그럼에도 불구하고 죄에 빠진 이스라엘 자손들은 하나님의 뜻을 멸시하고 돌이키지 않은 채 제 길을 걸어가기를 좋아했다. 그와 같은 악한 태도는 하나님의 더욱 강한 징계를 유도하게 될 따름이었다.

3. 새로운 자세와 '하나님의 복' (학2:18,19)

하나님께서는 언약의 백성들에게 이제라도 과거를 정확하게 되살펴 보라는 말씀을 하셨다. 하나님의 계시를 받던 날인 9월 24일부터 그 이전 시기를 전체적으로 추억해보도록 요구하셨던 것이다. 즉 그때까지 있어왔던 과거의 모든 일들을 하나씩 떠올리고, 성전의 기초 공사가 완성된 날 이후를 눈여겨보라는 것이었다.

여호와 하나님께서는 그전에 저들의 곡간에 다음 해 농사를 위한 종자마저도 없었던 때를 들추어 말씀하셨다. 즉 백성들이 불순종하던 때에는 포도나무, 무화과나무, 석류나무, 감람나무 열매가 제대로 맺히지 못한 사실을 상기시키셨다. 그들은 과거 저들이 처했던 열악한 상황을 분명히 기억하고 있어야 한다는 것이었다.

밑바닥까지 이르는 최악의 고통을 맛본 그 백성들에게 하나님께서 소망의 메시지를 주셨다. 하나님의 말씀에 순종한 그날부터는 저들에게 진정한 복이 임하게 되리라는 약속을 하셨기 때문이다. 언약의 자손이 성전 건축에 성실히 임하게 되면 하나님께서 저들의 모든 상황을 바꿔 복을 내려주시겠다는 말씀을 하셨던 것이다.

우리가 여기서 기억해야 할 바는 예루살렘 성전 건축을 위한 기초 완성이 그에 대한 매우 중요한 기점이 된다는 사실이다. 이는 성전의 기초가 놓이는 것이 하나님의 은혜를 위한 중심적인 배경이 되고 있음을 말해준다. 즉 그것은 하나님의 말씀에 대한 구체적인 순종행위가 시작되어 나타났음을 의미하고 있다. 하나님께서 그때부터 언약의 자손들에게 복을 주시리라고 약속하신 사실을 통해 그것을 알 수 있다. 그 복은 단순한 물질적인 풍요로움의 차원을 넘어 장차 오시게 될 메시아에 대한 소망에 밀접하게 연관된 것으로 이해해야 한다.

제4장

학개에게 임한 네 번째 여호와의 말씀

(학2:20-23)

1. 메시아를 통한 하나님의 심판(학2:20-22)

앞에서 하나님의 말씀을 계시받은 선지자 학개는 9월 24일 같은 날 또 다시 계시를 받게 되었다. 하나님께서는 그에게 특별히 스룹바벨에게 전달할 말씀을 주셨다. 장차 하나님께서 하늘과 땅을 진동시키실 것이며 열국 왕들의 보좌를 뒤엎으시리라는 것이었다.

그렇게 되면 세상에 존재하는 모든 민족의 세력이 패망을 당하게 되고 저들의 병거와 그것을 탄 병사들은 땅에 엎드러지게 된다. 그리고 말과 그 탄자들이 자기들끼리 싸우다가 칼에 맞아 한꺼번에 쓰러지는 일이 발생한다. 원수들의 군대가 분별력을 상실하여 자중지란이 일어나게 되는 것이다.

이는 하나님의 자녀들은 타락한 인간들이 벌이는 특별한 싸움을 하지 않고 궁극적인 승리를 거두게 된다는 사실을 말해준다. 하나님께서 자기 백성들을 대신해 싸워주실 것이기 때문이다. 이것은 곧 하나님의 백성들에게 허락되는 모든 승리는 저들의 군사력에 달려 있지 않다는 사실을 말해주고 있다. 즉 모든 것은 오직 전쟁에 능하고 세상을 심판하시는 여호와 하나님께 달려 있는 것이다.

여호와 하나님께서는 이 예언의 말씀을 주시면서 오직 자신만을 의지하라는 요구를 하셨다. 하나님을 의지하지 않은 채 세력을 확장하는 행위는 자만심에 빠지도록 할 것이며 결국 패망을 몰고 오게 될 따름이다. 그러나 하나님의 자녀들은 그렇지 않다. 선지자는 하나님을 의지하고 그의 말씀에 온전히 순종하는 자들이 진정한 승리를 거두게 되리라는 사실을 강조하고 있다.

2. 스룹바벨을 '인'으로 삼으시려는 여호와 하나님(학2:23)

여호와 하나님께서는 선지자 학개를 통해 예언하시면서 맨 마지막에 스룹바벨에 관한 계시로 마지막을 장식하셨다. 그 언약의 날이 이르게 되면 하나님께서 저를 특별히 취하시고 인장 곧 옥새로 삼으시리라는 것이었다. 이는 그가 최종적인 권위와 문제 해결의 근거가 됨을 말해주고 있다.

하나님께서는 여기서 스룹바벨을 특별히 선택하셨다는 사실을 언급하고 계신다. 그를 모든 자들 위에 높이 세우시리라는 것이다. 그런데 왜 하나님은 선지자 학개나 제사장 여호수아가 아니라 스룹바벨을 특별히 선택하셨다고 말씀하셨을까? 이는 그동안 예언되어 온 메시아 언약에 밀접하게 연관된 것으로 이해해야 한다.

학개서 맨 마지막 부분에서 보여주는 것은 스룹바벨이 메시야를 예표하고 있다는 사실이다. 또한 재건되는 성전과 그의 혈통을 통해 이땅에 메시아가 오시리라는 사실을 어느 정도 드러내 보여준다. 마태복음 1장에는 그가 예수 그리스도의 직접적인 언약의 조상이 된다는 사실이 기록되어 있다(마1:12,13).

따라서 학개의 결론은 예루살렘 성전 재건과 더불어 장차 오실 메시아에 직접 연관되어 있는 것으로 보아야 한다. BC516년 성전이 완공되자 이스라엘 백성이 귀환한 본질적인 의미가 완성되었다. 비로소 제사장들이 율법의 규례에 따라 거룩한 성전에 희생제물을 바치는 가운데 장차 오실 메시아를 소망하게 되었기 때문이다.

3. '예루살렘 성전'과 '오실 메시아'

선지자 학개에게 임한 세 번째와 네 번째 주어진 여호와의 말씀은 동일한 날에 시차를 두고 계시되었다. 거기에는 재건된 예루살렘 성전이 그 중심에 놓여 있다. 이는 이땅에 메시아가 오시기까지 언약의 백성 가운데 반드시 성전이 존재해야 한다는 점과 구약시대의 성도들은 그것을 통해 메시아가 통치하는 하나님 나라를 기대해야 함을 말해주고 있다.

하지만 페르시아 시대 유대인들의 귀환과 더불어 재건된 두 번째 예루살렘 성전은 그후 많은 수난을 겪게 된다. 사악한 헬라인들이 예루살렘을 지배하던 시대에는 성전이 심한 모독을 당했다. 특히 셀류코스(Seleukos) 왕국의 안티오코스(Antiochos) 4세는 자신을 신으로 주장하며 제우스신의 현현이란 의미의 에피파네스(Theos Epiphanes)란 별칭을 가졌다.

그 왕은 바벨론의 포로에서 귀환한 유대인들이 페르시아 시대에 재건한 예루살렘 성전을 심하게 모독하며 더럽혔다. 그는 하나님의 율법이 금하는 더러운 돼지 피를 의도적으로 성전에 뿌리기도 했다. 거룩한 성전을 모독하는 그런 행위는 유대인들에게는 결코 용납될 수 없는 일이었다.

그리하여 유대인들은 그에 저항하여 마카비 전쟁을 일으킴으로써 헬라인들의 세력에 강하게 저항하기에 이르렀다. 그로 말미암아 하스몬(Hasmon) 왕조가 탄생하게 되었다. 마카비 전쟁에서 승리를 거둔 유대인들은 헬라인들을 물리치고 성전을 정화할 수 있었다. 그것을 기념하는 절기가 수전절(修殿節, the feast of the dedication) 곧 하누카(Hanukkah)로서 이스라엘 민족에게 율법적인 의미를 가졌다.

그러므로 신약 성경에는 예수님께서 수전절날 예루살렘을 방문하신 사실이 기록되어 있다(요10:22,23). 언약의 자손들은 페르시아 시대 초기에 재건된 성전이 헬라인들에 의해 모독을 당했지만 하나님께서 다시 정화시킨 사실을 기억하고 있었다. 그 성전 건물이 훼손되어 갈 때 로마제국을 등에 업은 헤롯 대왕은 BC19년 그 성전을 증축하기에 이른다. 그것은 부지중에 메시아 사역을 준비하는 의미를 지니고 있었다.

예수님 당시 사악한 유대주의자들이 하나님의 성전을 장악하게 되지만 성전의 본질적인 의미는 여전히 유효했다. 예수님께서는 그 성전을 자신과 동일시했으며 유대인들이 성전을 파괴하면 자기가 사흘 만에 다시 일으켜 세우리라는 말씀을 하셨다. 그 의미는 십자가 사역을 통해 성취되었다.

예수님께서는 또한 그 성전이 돌 위에 돌 하나도 남지 않을 만큼 철저히 파괴되리라는 사실을 예언하셨다. 나중 로마제국의 티투스(Titus) 장군이 AD70년 예루살렘 성전을 완전히 파괴함으로써 그 말씀이 이루어졌다. 그 모든 과정들을 통해 아브라함과 다윗-솔로몬 언약이 완성되어 보편교회 시대를 열게 된 것이다.

스가랴서

〈목 차〉

서 문

BC587년 바벨론 제국에 의해 유다 왕국이 패망한 것은 이스라엘 백성들에게 엄청난 충격이었다. 나아가 예루살렘 성전이 완전히 파괴된 사건은 상상조차 하기 어려운 일이었다. 전지전능하신 하나님의 거룩한 성전이 부정한 이방인들의 세력에 의해 파괴된다는 것은 결코 있을 수 없는 일이었기 때문이다.

그 사건으로 말미암아 바벨론 땅에 포로로 잡혀간 언약의 백성들은 비참하기 그지없었다. 육체적인 고통도 힘들었겠지만 약속의 땅을 빼앗기고 하나님의 성전이 완전히 파괴된 것으로 인해 겪어야 할 처참한 심경은 이루 말로 형언하기 어려웠다. 낯선 이방 지역에서 살아가야 할 그들에게는 이제 아무런 소망이 없었다.

그러나 그런 형편 가운데서도 하나님께서는 저들에게 소망의 메시지를 주셨다. 앞으로 70년의 기간이 지나면 하나님께서 다시금 저들을 가나안 본토로 인도하시겠다는 약속을 하셨기 때문이다(렘25:11,12, 참조). 이방 지역에서 노예생활을 하며 힘겹게 살아가던 이스라엘 자손은 그 말씀을 유일한 소망으로 삼아야만 했다.

약속한 기간이 가까워질 때 주변 세계의 국제정세는 크게 바뀌게 되었다. 신흥 페르시아 왕국이 막강한 바벨론 제국을 패망시키고 새로운 강대국으로 등장했다. 패권을 장악한 페르시아의 고레스 왕은 강압정책을 펼친 바벨론과는 다른 차별화를 시도했다. 그 가운데 가장 중요한 정책은 왕의 칙령을 통해 포로로 잡혀온 자들로 하여금 본토로 돌아가도록 허락하는 것이었다.

BC538년에 반포된 그 칙령으로 말미암아 이스라엘 자손은 가나안 땅으로 귀환할 수 있었다. 그들은 폐허가 된 성읍과 성곽과 성전을 재건하여 원래의 상태를 회복하고자 했다. 하지만 이스라엘 자손이 본토로 돌아왔을 때 그들 앞에 펼쳐진 상황은 만만치 않았다. 거기에는 이미 다른 종족들이 들어와 살고 있어서 귀환한 유대인들이 소유권을 주장했을 때 다툼이 일어나지 않을 수 없었다. 거기다가 이스라엘 민족 내부에서도 여러 가지 심각한 문제들이 발생했다.

그럼에도 불구하고 그들의 심중에는 예루살렘 성전을 재건해야 한다는 의지가 자리잡고 있었다. 그 성전을 통해 여호와 하나님께 제사를 드리며 장차 오실 메시아를 기다려야만 했다. 이처럼 그들에게는 성전 재건에 대한 분명한 개념이 있었지만 오랜 기간 노예생활을 해온 상태에서 하나로 통합된 사고와 행동 양식을 가지는 것이 쉽지 않았다.

이와 같은 의외의 상황은 본토로 돌아온 언약의 백성들로 하여금 또다시 깊은 절망감을 안겨줄 수밖에 없었다. 약속의 땅 본토로 돌아오면 모든 것이 순탄하게 이루어질 것이라 기대했던 사실들이 수포로 돌아갈 것처럼 여겨졌기 때문이다. 그런 중에 하나님께서 선지자 스가랴를 불러 예언의 말씀을 주셨다.

하나님께서는 스가랴에게 예언하시면서 먼저 여덟 개의 다양한 환상들을 보여주셨다. 그리고 장차 이땅에 오실 메시아에 관한 예언의 말씀을 주셨다. 그를 통해 전해지는 진리의 말씀은 이스라엘 민족을 진리 안에서 하나로 엮는 중요한 역할을 하게 되었다. 그 예언의 말씀 가운데는 스룹바벨과 대제사장 여호수아를 특별한 사역자로 세워 예루살렘 성읍과 성곽, 그리고 성전을 재건하는 일을 진척시키고자 하는 하나님의 뜻이 담겨 있었다.

하나님께서 이스라엘 자손을 바벨론의 포로에서 가나안 본토로 불러오신 궁극적인 이유는 저들로 하여금 평안한 삶을 살아가게 하는 것이 일차적인 목적이 아니었다. 오히려 또 다른 고통 가운데서 장차 오실 메시아를 위한 준비를 하도록 하셨다. 하나님께서는 그 모든 과정을 통해 이땅에 메시아를 보내고자 하셨던 것이다.

오늘날 우리는 스가랴서를 통해 구속사 가운데 역사하신 하나님의 놀라운 뜻을 깨달아야 한다. 거기에는 신실하신 하나님으로부터 허락된 놀라운 사랑이 담겨 있다. 스가랴서는 단순히 과거의 역사를 우리에게 보여주는 것에 끝나는 것이 아니라 신약시대 교회 가운데 역사하시는 하나님의 뜻을 그대로 보여주고 있다.

이 글은 C국 XN신학교 교수회 수련회(2018.12.10-14)를 위해 준비된 강의안이다. 부족한 점이 많지만 선지자 스가랴를 통해 계시된 하나님의 말씀에 대한 이해가 더욱 선명해지기 바란다. 사악한 자들의 세속적인 논리에 의해 성경이 크게 도전 받는 시대에 이런 귀한 기회를 허락해 주신 학교 당국과 여러 교수님들께 깊은 감사의 말씀을 전한다.

제1장

본토로 귀환한 백성들을 향한 권면과 환상
(슥1:1-21)

1. 스가랴에게 임한 하나님의 말씀(슥1:1)

BC605년 유다 왕국의 백성들 가운데 유력한 인사들이 바벨론의 느부갓네살에 의해 포로로 잡혀갔다. 그리고 BC597년에 또 다시 동일한 일이 발생했다. 첫 번째 잡혀간 사람들 가운데는 다니엘이 끼어있었으며 두 번째 포로들 중에는 에스겔이 포함되어 있었다. 결국 BC587년 예루살렘과 거룩한 성전이 파괴됨으로써 유다 왕국은 완전히 패망하게 되었다.

그때 유다의 마지막 왕 시드기야는 두 눈이 뽑힌 채 쇠사슬에 묶여 바벨론으로 끌려가 그곳에서 처참한 죽음을 맞았다. 그와 더불어 많은 백성들이 약속의 땅을 떠나 이방의 포로로 잡혀가는 비운의 상태에 놓이게 되었다. 언약의 백성이라 자부심을 가지고 있던 자들이 부정한 이방인들의 노예가 되어 엄청난 고난을 당할 수밖에 없었던 것이다.

그렇게 되어 수십 년의 세월이 흐른 후 하나님께서는 페르시아 왕국을 도구로 삼아 언약의 백성을 짓밟은 바벨론 제국을 심판하시고자 했다. 그리하여 패권을 장악한 신흥 페르시아 왕국은 바벨론을 점령하게 되었다. 그때 왕위에 오른 고레스 왕은 BC538년 이방의 노예가 되어 살아가던 백성들에게 본토 귀한을 허용하는 조서를 내렸다. 물론 그들 가운데는 이스라엘 민족도 포함되어 있었다. 당시 이스라엘 백성의 입장에서는 철천지원수(徹天之怨讐)인 바벨론을 궤멸시킨 페르시아가 엄청 고마웠을 것이 틀림없다.

거기다가 바벨론 제국의 강압정책을 버리고 유화정책을 펼치기 시작한 고레스 왕이 고된 노예 생활을 하던 자들에게 본토 귀환을 허용했을 때 여간 기쁘지 않았을 것이다. 하나님께서는 이스라엘 자손을 예루살렘으로 불러오시기 위한 방편으로 페르시아 제국의 정책까지 내밀하게 간섭하시게 되었다. 그런 상황에서 이스라엘 백성들이 페르시아 제국에 고마운 마음을 가졌던 것은 지극히 당연했다.

잃어버린 땅 가나안 본토로 귀환한 이스라엘 백성은 폐허된 예루살렘 성읍과 성곽과 파괴된 성전을 재건하기 위해 모든 노력을 기울였다. 하지만 그 주변에 들어와 살던 사마리아 사람들의 적극적인 방해로 인해 그 공사를 지속할 수 없었다. 장차 이땅에 오시게 될 메시아와 연관된 예루살렘 성전 재건은 반드시 이루어져야 할 공사였지만 사탄의 지배를 받는 자들은 결코 그것을 반기지 않았다.

이스라엘 자손들에게는 저들의 삶의 터전이 되는 성읍 건축보다 하나님의 성전 재건이 더욱 절박했다. 하지만 그 공사는 순조롭게 지속될 수 없었다. 성전 재건을 위한 공사가 중단되고 난 후 십 수 년이 지난 BC522년에는 고레스 왕의 뒤를 이어 다리오가 새로운 왕으로 즉위하게 되었다.

최고 권력자인 왕이 바뀌면 상당한 정치적 변화가 일어나는 것이 보통이다. 따라서 페르시아 사람들뿐 아니라 유대인들도 그에 대하여 매우 민감한 반응을 보이지 않을 수 없었다. 고대에는 앞선 왕이 사망하게 되면 그가 세운 모든 정책이 다음 왕에게 그대로 계승되는 것이 아니라 때로 그것이 폐기되기도 하고 전혀 다른 새로운 정책이 세워지기도 했다.

이는 바벨론 제국 시대의 포로들에 대한 고레스 왕의 칙령이, 다리오 왕에 의해 수정이나 변화가 일어날지 모른다는 우려가 존재했음을 의미하고 있다. 하지만 여호와 하나님께서 본토로 귀환한 이스라엘 백성과 함께 계셨으므로 그와 같은 정책 변화는 발생하지 않았다. 그리하여 하나님께서는 다리오 왕 즉위 이년 팔월에 선지자 스가랴를 불러 그에게 언약의 자손들에게 전할 예언의 말씀을 주셨다. 그 가운데는 중단된 성전 재건공사를 다시금 착수하도록 독려하는 내용이 포함되어 있었다.

2. 백성들을 향한 하나님의 요구와 과거 심판 언급(슥1:2-6)

하나님께서는 선지자 스가랴를 통해 자기가 과거 배도에 빠진 저들의 조상에게 심히 진노한 사실을 상기시키셨다. 여기서 언급된 조상이란 일차적으로 과거 바벨론에 의해 예루살렘이 패망되기 직전 시대에 살았던 자들을 칭하는 것으로 보인다. 이 말씀을 하심으로써 스가랴가 예언하던 당시 백성들에게도 경각심을 주고자 했던 것이다.[19]

그러므로 여호와 하나님께서는 스가랴에게 이스라엘 자손들을 향해 자신의 뜻을 전달하도록 명하셨다. 만군의 왕이신 여호와께서 저들로 하여금 자기에게 돌아오도록 선포하라는 것이었다. 그들이 하나님의 말씀에

---

19) 하나님께서는 이를 통해 언약의 백성이라 할지라도 배도에 빠지게 되면 가차없이 심판하시는 엄한 자신의 모습을 보여주셨다. 또다시 하나님의 율법을 거역하거나 멸시하면 결코 가만 두지 않으리라는 것이었다.

온전히 순종하면 하나님께서도 저들에게 돌아가시리라는 약속을 하셨던 것이다.

그러면서 과거 배도에 빠져 하나님을 버린 저들의 조상을 본받지 말라는 경고를 하셨다. 옛날 여러 선지자들이 백성들에게 여호와 하나님의 뜻을 전달했으나 그들은 귀를 막고 그 메시지를 듣지 않았다는 것이다. 그 선지자들이란 유다 왕국이 패망하기 전 바벨론이 언약의 백성들을 능멸할 때 예언했던 예레미야나 에스겔 같은 선지자들을 일컫는 것으로 보인다.

하나님께서는 모세가 기록한 율법을 멸시하고 참된 신앙을 버린 자들을 향해 악한 길과 악한 행실에서 돌이키라는 요구를 하셨다. 그러나 그들은 선지자들이 전하는 예언의 말씀을 귀담아 듣고자 하지 않았다. 그것은 단순히 선지자들의 예언을 거부한 것에 머물지 않고 여호와 하나님께 저항하는 것과 마찬가지였다.

스가랴 선지자는 이스라엘 자손들에게 그와 같은 하나님의 말씀을 전하며 이제 저들의 조상과 그 선지자들이 어디 있느냐고 탄식하며 반문했다. 모든 인간들은 이 세상에서 영원히 살아갈 수 있는 존재가 되지 못한다는 것이었다. 그와 같은 상황에서 하나님께서는 여러 선지자들을 보내 경고의 말씀을 전하면서 그것을 완강하게 거부한 자들에게 법령에 따라 무서운 징계를 내리신 사실을 언급하셨다.

그 무서운 심판이 임한 후에야 비로소 그들은 하나님께서 작정하신 형벌을 받게 된 그 실상을 깨달을 수 있었다. 선지자들은 오래전부터 하나님의 명령과 요구에 온전히 순종하지 않으면 저들이 저지른 행위에 따라 심판을 받게 되리라는 사실을 예언해 왔었다. 하지만 그들은 그 경고의 말씀을 받아들이는 대신 강력하게 거부했다. 뒤늦게 그것을 깨닫고 후회했을 때는 이미 모든 것이 늦어버린 상태였다. 하나님의 심판으로 말미암아 견디기 어려운 고통에 빠진 다음에야 선지자들이 전한 그 말씀들을 기억하게 되었던 것이다.

| 첫 번째 환상 |

3. 말과 말 탄 자들(슥1:7-17)

(1) 스가랴에게 임한 첫 번째 환상 : 화석류나무 사이에 선 사람(슥1:7–12)

선지자 스가랴는 하나님의 계시를 받고 그 사실을 백성들에게 선포하며 하나님께 돌아오기를 간곡히 촉구했을 것이다. 그가 하나님의 예언을 전하기 시작한 지 약 삼 개월이 지난 후 같은 해 십일월 곧 스밧월 이십 사일에 이르러 또다시 말씀이 임했다. 이번에는 그가 밤중에 특별한 환상을 보게 되었다.

그 환상 중에는 한 사람이 붉은색 말을 타고 골짜기 속 화석류나무(myrtle)20) 사이에 서 있는 것이 보였다. 여기서 붉은색 말을 탄 사람은 심판을 주관하는 존재임을 드러내 보여주고 있다. 그리고 그 뒤에는 또 다른 붉은색 말과 자색 말과 흰색 말이 서있었다. 여기서 다양한 색깔의 말들이 있었던 것은 전쟁과 인간들이 추구하는 일반적인 삶, 그리고 하나님의 궁극적인 승리와 연관된 것으로 보인다.

환상 중에 그 광경을 목격한 선지자 스가랴는 자기 옆에 서있던 천사를 향해 물었다. 그 말들이 과연 무엇을 의미하는지 궁금하다는 것이었다. 그 자리에는 그와 관련된 상황을 설명해줄 수 있는 특별한 천사가 있었다. 그의 질문을 듣게 된 천사는 그 말들이 무엇을 의미하는 것인지 저에게 보여주겠다고 했다. 그러자 화석류나무 사이에 선 '여호와의 사자' 가,

---

20) 화석류나무(myrtle)는 광엽성 상록 관목으로서 나뭇가지는 초막절에 세우는 장막의 지붕을 덮는 데 사용되었다(느8:14,15). 이 나무는 팔레스틴이나 수리아, 지중해 연안에서 흔히 볼 수 있으며 이사야서에서는 종말적인 회복의 상징으로 언급되고 있다(사41:19;55:13).

그것들은 여호와 하나님께서 땅에 두루 다니도록 보낸 말들이라는 사실을 일러주었다. 즉 그들은 하나님으로부터 특별한 정찰 임무를 부여 받았던 것이다.

그에 대한 모든 설명이 끝나자 말들을 타고 있던 자들이 그 여호와의 사자에게 상황을 보고했다. 저들이 땅에 두루 다녀 보니 온 땅이 조용하고 평화롭게 보이더라는 것이었다. 그 말을 듣게 된 여호와의 사자가 그에 반응하여 만군의 하나님 여호와를 향하여 간구했다. 언제까지 여호와께서 예루살렘과 유다 성읍들을 긍휼히 여겨주시지 않겠느냐는 것이었다. 이는 예루살렘 성전 재건을 위해 사람들이 부지런히 움직여야 하는데 그에 관한 진행이 전혀 이루어지지 않고 있었음을 말해 주고 있다.

그러므로 그 여호와의 사자는 하나님께서 오래 전 유다 백성들에게 분노하여 예루살렘과 그 안에 있는 성전이 완전히 파괴되도록 이방인들에게 내어주신 지 벌써 칠십 년이 되었다는 사실을 언급했다.21) 그러니 이제 그 무너진 성전을 다시금 재건하도록 도와 달라고 간구했던 것이다. 그때 사람의 모습 곧 인자(人子)로 나타난 그 여호와의 사자는 성자 하나님으로서 장차 오실 예수 그리스도였던 것으로 이해할 수 있다.

(2) 하나님의 성전 재건에 대한 예언(슥1:13-17)

선지자 스가랴는 여호와 하나님께서 거기 서있던 천사에게 선한 마음과

21) 이 본문에서 말하는 칠십 년은 바벨론에 의해 예루살렘 성전 파괴된 때인 BC587년경으로부터 페르시아 시대 성전이 재건될 때인 BC516년경까지의 기간으로 보는 것이 자연스럽다. 이에 반해 다니엘서에 "나 다니엘이 서책으로 말미암아 여호와의 말씀이 선지자 예레미야에게 임하여 고하신 그 년 수를 깨달았나니 곧 예루살렘의 황무함이 칠십 년 만에 마치리라 하신 것이니라"(단9:2)고 기록된 칠십 년은 유대인들이 느부갓네살에 의해 첫 번째 포로로 잡혀간 BC605년경부터 고레스 왕의 칙령이 있은 후 실제로 귀환을 시도한 BC536년경 정도까지의 기간으로 이해하는 것이 자연스럽다.

더불어 위로하는 자세로 답변하시는 것을 보았다. 그 광경을 옆에서 지켜본 하나님의 사자는 선지자 스가랴에게 이제 이스라엘 백성들 앞에서 자기가 명하는 모든 내용을 큰 소리로 선포하라고 했다. 그 내용은 만군의 하나님 여호와께서 예루살렘과 시온을 위하여 질투할 만큼 크게 사랑하고 있다는 것이었다(슥1:14). 이 말은 예루살렘과 시온에 대한 하나님의 사랑이 지극히 커서 당시 일어나고 있는 순탄치 못한 상황으로 인해 하나님의 심정이 미어지는 것과 같다는 의미를 지니고 있다.

그리고 하나님께서는 진리를 외면한 채 이땅의 것으로 더러운 욕망을 추구하는 이방의 여러 나라 백성들에 대하여 크게 진노하신다고 했다. 그들이 자신의 목적을 위해 하나님의 백성을 심하게 박해하며 괴롭혔기 때문이다. 하나님께서는 여기서 자기가 언약의 자손들에게 징계를 내린 것보다 그 이방인들이 감히 선택받은 백성들에게 훨씬 더 가혹한 박해를 가했다는 것이다. 즉 그들은 심판에 대한 하나님의 작정을 넘어 더욱 난폭하게 하나님의 자녀들을 짓밟았다. 여기에는 이방 왕국의 통치자들이 하나님을 두려워하지 않고 자기가 그보다 더 큰 것으로 여기고 있었음이 드러나고 있다.

그러므로 하나님께서 자기가 친히 실행하고 계획하신 모든 일들에 대한 뜻을 밝히셨다. 그 특별한 목적을 위해 언약의 자손들이 하나님의 긍휼하심을 힘입어 예루살렘으로 돌아오게 되었다는 것이다. 따라서 그 백성들 가운데서 파괴된 성전이 반드시 재건되리라고 하셨다. 그것을 위해 조만간 예루살렘에 성전 재건을 위한 먹줄이 쳐지게 될 것이라고 했다.

또한 만군의 하나님 여호와께서는 선지자에게 장차 유다지역에 있는 자신의 성읍들 가운데 모든 것이 풍요롭게 넘쳐나리라는 사실을 백성들 앞에서 선포하도록 요구하셨다. 그리고 여호와 하나님이 다시금 시온을 위로하여 안전하게 해주실 것이며 예루살렘을 선택하여 자기의 특별한 소유로 삼게 되리라는 사실을 말씀하셨다. 이는 장차 메시아가 이땅에 오시게 될 날을 예비하기 위한 모든 일들이 시행되어가는 과정을 보여주고 있다.

| 두 번째 환상 |

4. 네 뿔들과 네 명의 특별한 사역자들: 역사적 이방인들의 세력과 하나님의 승리(슥1:18-21)

선지자는 또한 두 번째 환상에서 네 개의 뿔을 보았다는 사실을 언급하고 있다. 그는 그 의미가 무엇인지 알고자 하여 자기에게 말하던 천사에게 물어보았다. 그러자 그 천사는 그 뿔들이 유다와 이스라엘과 예루살렘을 헤친 사악한 뿔이라고 말했다. 그것들로 말미암아 그 지역 백성들이 머리를 들지 못할 정도가 되었다. 이는 아마도 바벨론, 페르시아, 헬라, 로마를 일컫는 것으로 보인다.[22] 아직 헬라와 로마가 역사적 전면에 등장하기 전이었지만 장차 발생하게 될 일들에 대한 예언으로 볼 수 있기 때문이다.

또한 그 환상 가운데 여호와 하나님께서 특별한 재능을 가진 네 명의 특별한 사역자들을 보여주셨다. 선지자는 천사에게 그들이 무엇을 하기 위해 그곳으로 오게 되었는지 물어보았다. 그러자 그는 하나님께서 이제 그 특별한 사역을 맡은 자들을 통해 이방 나라들의 뿔들을 두렵게 하고 그것

22) 바벨론제국, 헬라제국, 로마제국은 유다와 이스라엘과 예루살렘을 헤친 국가였음이 분명하다. 그에 반해 페르시아제국의 경우는 바벨론의 포로로 잡혀있던 이스라엘 백성으로 하여금 가나안 본토로 귀환하도록 허용하여 성전과 성읍들을 재건토록 했다. 하지만 페르시아가 그렇게 한 것은 언약의 백성들을 위한 선한 마음 때문이 아니라 자신의 정책적 유익을 도모하는 방편으로 이용했을 따름이다. 따라서 그들 역시 근원적으로는 언약의 자손들을 헤치는 존재에 지나지 않았다.

들을 꺾어버리실 것이라고 했다.

이는 궁극적으로 하나님의 승리가 임하게 되리라는 사실을 말해주고 있다. 하지만 현실적으로는 이스라엘 자손들에게 바벨론 포로시절에 겪은 뼈아픈 고통의 기억이 여전히 머릿속에 그대로 남아 있었다. 그들은 페르시아의 고레스 칙령으로 인해 예루살렘으로 돌아오긴 했지만 혼란스러운 환경 가운데 살아가야만 했던 것이다. 선지자를 통해 보여주신 그 환상은 절망에 빠진 언약의 자손들에게 커다란 소망이 될 수 있었다.

그렇지만 그 가운데는 장차 이스라엘 민족의 주변에서 전개되어 갈 역사가 그다지 평온하지 않을 것이란 점을 시사해주고 있다. 하나님께 속한 백성들을 위한 네 명의 특별한 사역자들과 네 뿔인 이방인들의 나라 사이에 상당한 마찰이 발생하게 될 것이었기 때문이다. 이는 언약의 자손들이 앞으로 다가올 역사적 난관들에 대하여 어떻게 대처해야 할지 말해주고 있는 것이기도 하다.

제2장

예루살렘 성과 바벨론 성
(슥2:1-13)

| 세 번째 환상 |

1. 척량 줄을 손에 든 한 사람(슥2:1-5)

선지자 스가랴는 환상 중에 척량 줄을 손에 들고 있는 한 사람 곧 특별한 천사를 보게 되었다. 그는 구약시대에 때에 따라 계시되었던 인자(人子) 곧 그리스도였음이 분명하다. 선지자는 그가 누구인지 척량 줄로써 무슨 일을 하고자 하는지 궁금한 생각이 들지 않을 수 없었다. 그리하여 그에게 어디를 향해 가고 있는지 물어보았다.

하나님의 특별한 천사인 그 사람은 선지자에게 자기는 지금 예루살렘을 척량하기 위해 가는 중이라고 대답했다. 거기로 가서 그 너비와 길이가 얼마나 되는지 확인하고자 한다는 것이었다. 척량 줄을 가지고 그 규모를 측정한다는 것은 조금도 오차가 없이 정확한 크기를 잰다는 의미를 지니고 있다.

우리는 여기서 그 사람이 예루살렘을 정확하게 측정하고자 하는 분명한 이유가 있을 것이란 사실을 염두에 두어야 한다. 아무런 까닭 없이 예루살렘 도성의 가로 세로 크기를 정확하게 측정한다는 것은 말이 되지 않는다. 이는 예루살렘에 하나님의 구원과 심판에 연관된 의미가 존재한다는 사실을 말해주고 있다.

그러므로 사람의 모습을 띤 그 천사가 앞으로 나아가자 다른 천사가 나와서 그를 맞았다. 그 천사는 손에 척량 줄을 잡은 그 특별한 천사를 향해 말했다. 그 젊은 사람 곧 선지자 스가랴에게 달려가서 장차 일어나게 될 실상을 말해주라는 것이었다. 그 말 가운데는 예루살렘에서 일어나게 될 일은 속히 선포되어야 할 내용으로서 모든 백성들이 알아야 할 매우 중요한 의미가 담겨 있음을 말해 준다.

선지자가 그 예언을 받고 환상을 보던 시기는 아직 예루살렘 도성이 제대로 정리되지 않은 어수선한 시점이었다. 또한 예루살렘 성전 재건을 위한 공사마저 제대로 시행되지 않은 상태였다. 그러할 때 선지자를 통해 하나님의 구체적인 계획과 그에 연관된 예언의 말씀이 주어졌던 것이다.

선지자 스가랴에게 알려져야만 할 내용은 장차 예루살렘에 사람들과 짐승들이 엄청나게 많아지게 된다는 사실이다. 즉 사람들이 크게 번성하고 짐승들의 수가 많아져서 성벽으로 두르지 못할 정도로 커지게 된다는 것이었다. 이는 그 수가 불어나서 성읍을 감쌀 정도의 큰 성벽을 건축하기 어려울 만큼 확장되리라는 사실을 말해주고 있다.

그렇다면 그 성읍과 백성들을 보호할 수 있는 다른 방법이 없는가? 그것은 오직 여호와 하나님께서 하실 수 있는 일로서 그가 직접 그 성곽이 되어 모든 문제를 해결해주시게 된다는 점을 드러내 보여주고 있다. 하나님께서 선지자에게 그에 관한 구체적인 방안을 말씀해 주셨다. 하나님이 직접 자기 백성들이 거하는 성읍을 사면으로 둘러싸고 보호하는 '불 성곽' 이 되시리라고 하셨다. 그리고 성 안에서는 항상 자기가 백성들과 함께 거하시면서 자신의 영광을 드러내시겠다고 했다.

이 말씀은 하나님께서 천사를 통해 예루살렘 성과 그 안에 존재하게 될 성전의 의미에 연관되어 있다. 바벨론에 의해 파괴된 성읍과 성곽 그리고 성전이 이제 다시금 재건되어야 하는 이유는 외부에 대한 방어와 내부에 존재해야 할 하나님의 영광이다. 하지만 지상에 세워지는 하나님의 도성 예루살렘과 거룩한 성전은 실상이 아니라 장차 도래하게 될 그 실상에 대한 그림자 역할을 하게 된다.

이스라엘 백성이 그에 대한 올바른 깨달음을 가지는 것은 매우 중요하다. 구약시대의 가시적인 거룩한 성읍과 성전은 장차 오실 메시아를 통해 모든 것을 성취하게 된다. 이는 조만간 완성될 예루살렘 성과 성전 자체가 목적이 아니라 그것을 통해 메시아를 기다려야 한다는 점을 말해주고 있다. 따라서 언약의 백성들은 예수 그리스도를 통해 종말에 성취될 새 예루살렘과 천상의 성전을 소망해야만 했던 것이다.

이에 대해서는 오늘날 우리 역시 지상교회와 더불어 깊이 생각해 볼 수 있어야 한다. 지상교회는 항상 바깥으로는 사탄의 지배를 받는 세상과 대치해야 하며 안으로는 예수 그리스도를 통한 하나님의 영광이 드러나야 한다.[23] 그것을 위해 교회는 외부 세력으로부터 성도들을 보호하게 되며 안에서는 계시된 말씀과 성령의 도우심을 힘입어 하나님을 경배하며 그 영광을 드러내게 되는 것이다.

2. '바벨론 성' 으로부터 탈출해야 할 '시온' (슥2:6-10)

그 천사는 선지자에게 자기 백성을 향하여 선포하시는 여호와의 말씀을

23) 지상 교회의 중요한 직무는 군대의 기능과 경찰의 기능이다. 교회의 감독 직분을 맡은 목사와 장로들은 외부 곧 세상으로부터의 공격을 방어해 내야하며, 내부에서 하나님의 영광을 방해하는 세력의 발흥을 억제하며 그와 같은 일들이 발생하지 않도록 감독의 직무를 다해야 한다.

전달했다. 그 중요한 내용은 하나님께서 하늘 아래서 사방으로 흩어지는 바람같이 장차 그 백성을 흩으시겠다는 것이었다. 그러므로 지금 머물고 있는 북방 땅으로부터 속히 탈출하라고 하셨다.

이 예언 가운데는 매우 중요한 언약적인 의미가 담겨 있다. 장차 언약의 자손들을 이방 지역으로 흩어 하나님의 말씀이 전파되게 하리라는 사실과 관련되어 있기 때문이다. 이는 장차 도래하게 될 예수 그리스도의 지상 사역과 더불어 행해질 모든 복음전파 사역에 연관된 성격을 지니고 있다.

그러므로 예수님께서는 승천하시기 직전 제자들을 향해, 저들이 예루살렘과 유대와 사마리아와 땅 끝까지 이르러 자기의 증인이 되리라고 말씀하셨다. 이는 또한 사도교회 시대 마지막인 AD70년 로마제국에 의해 예루살렘 성전이 파괴된 후 구약의 모든 언약이 성취되고 지상교회가 이방으로 흩어지는 것과 관련되어 있다.

그리고 하나님께서 자기 백성으로 하여금 북방지역 땅으로부터 탈출하라고 말씀하신 것은 바벨론 패망 이후 페르시아의 유화정책 가운데 살아가면서 그에 안주하거나 만족하지 말라는 권면의 의미가 담겨 있는 것으로 보인다. 창과 칼을 동원한 강압적 탄압보다 더 무서운 것은 유화를 담보로 한 세속적인 평화와 번영에 대한 기대이다. 그와 같은 상황은 여호와 하나님의 구원 사역에 진정한 소망을 두게 하는 것이 아니라 타락한 세상에 기대어 살아가기를 촉구하도록 할 우려가 따르게 된다.

그러므로 하나님께서는 이미 해방된 백성들을 향해 '바벨론 성에 거하는 시온아 이제 그곳으로부터 탈출하라' (슥2:7)고 명하셨던 것이다. 우리가 이 명령에서 특히 주의 깊게 보아야 할 점은 시온이 바벨론 성 안에 갇혀 있다고 언급한 사실이다. 원래 시온은 바벨론 성에 거할 것이 아니라 예루살렘 성에 존재해야 한다.

그럼에도 불구하고 하나님께서는 시온이 거룩한 예루살렘 성이 아니라 사악한 바벨론 성에 거하고 있다는 사실을 언급하며 그 문제점을 지적하고 있다. 시온이 바벨론 성에 거한다는 것은 그 백성이 포로가 되어 있다는 사실을 말해주고 있다. 앞에서도 언급한 것처럼 여기서 시온이 바벨론 성에 갇혀 있다는 것은 바벨론을 비롯한 페르시아의 정신과 사상에 깊이 빠져있다는 사실과 연관되어 있다.

또한 우리가 이와 더불어 생각해 볼 수 있는 점은 예루살렘이 이방의 바벨론화 되어 있다는 사실이다. 신약성경 요한계시록에서 '음녀 바벨론' 을 언급할 때 그것은 예루살렘을 의미하고 있다는 사실을 통해 그렇게 이해할 수 있다(계17:5).[24] 중요한 점은 하나님의 자녀들은 이방인들의 통치와 그로 말미암은 세속적인 가치로부터 떠나야 한다는 사실이다.[25]

그리고 선지자 스가랴는 하나님께서 자기에게 하신 중요한 말씀을 언급했다. 하나님께서는 언약의 백성인 이스라엘 자손을 침략하고 저들의 거룩한 것들을 약탈해 간 이방 족속들에게 자기를 보내 하나님의 경고의 메시지를 전달케 하셨다는 것이다(슥2:8). 이는 선지자의 입술을 통해 저들에게 무서운 심판을 선포하고자 하는 하나님의 뜻을 보여주고 있다.

선지자 스가랴는 그것이 궁극적으로 하나님의 영광을 위한 것이라는 사실을 언급했다. 여호와 하나님께서는 자신의 목적을 이루시기 위해 언약의 자손들을 괴롭힌 자들을 엄하게 심판하시게 된다. 하나님의 자녀들을 건드려 범하는 것은 하나님의 눈동자를 건드려 범하는 것과 마찬가지이기 때문이다.

그러므로 머잖아 하나님께서 자신의 손을 들어 그들을 치시게 될 날이 이르게 된다는 사실을 말했다. 그렇게 되면 그 이방 왕국의 기득권자들이

---

24) 이광호, 요한계시록, 평택: 교회와 성경, (2009, 2018), pp.241-258. 참조.

25) 오늘날 한국교회는 세속국가에 볼모로 잡혀 있는 형국이다. 이는 타락한 기독교 지도자들이 스스로 자처한 것으로서 교회의 기본적인 역할이 무너진 채 정교 분리의 원칙에 의한 독립성마저 상실하게 된 것에 연관되어 있다. 따라서 세속국가가 교회 문제를 판결하고 교회의 재정 상황에 간섭을 하기에 이른 것이다.

종처럼 부리며 그로 인해 심한 노역을 감당하던 종들이 반란을 일으켜 주인의 것들을 노략질하게 된다. 그와 같은 상황이 눈앞에 벌어지는 것을 목격하게 되면 모든 백성들이 선지자 스가랴가 하나님의 보내심을 받은 선지자라는 사실을 분명히 알게 되리라고 했다.

이처럼 하나님께서 시온을 바벨론 성으로부터 해방시켜 예루살렘 안에 거하게 함으로써 원래의 자리를 회복하게 된다. 따라서 시온의 딸들에게 여호와 하나님을 노래하고 기뻐하라는 하나님의 말씀이 임했다. 이는 하나님께서 회복된 예루살렘과 저들 가운데 존재하는 재건된 자신의 성전에 거하시게 될 것이었기 때문이다.

3. 하나님의 승리에 대한 예언(슥2:11-13)

이 모든 역사적 과정을 통해 하나님의 궁극적인 승리가 드러나게 된다. 그 날이 이르면 많은 이방 나라들이 여호와 하나님께 속하는 놀라운 일이 발생한다. 그 이방인들이 하나님의 백성이 될 것이며 하나님은 저들 가운데 거하시게 된다(슥2:11). 이는 장차 예수 그리스도로 말미암아 성취될 놀라운 일에 관한 예언의 말씀이다.

그 때가 이르게 되면 하나님의 자녀들이 더 이상 이 세상에 존재하는 예루살렘 성과 성전을 중심으로 살아가지 않는다. 그대신 하나님의 아들이신 예수 그리스도를 통해 천상의 나라와 그 가운데 존재하는 영원한 성전을 중심으로 살아가게 된다. 선지자는 언약의 자손들이 그 모든 것들을 목격하게 되면 여호와 하나님께서 자기를 보내 예언하신 까닭을 알게 되리라고 했다.

또한 그것을 위해 여호와 하나님께서는 장차 유다를 취하신다는 사실을 언급했다. 그가 특별히 유다를 취하시는 이유는 구약에 예언된 바이며 그를 통해 이땅에 메시아가 오실 것이었기 때문이다. 하나님은 그처럼 메시아 강림을 위한 신령한 통로가 되는 유다를 거룩한 땅에서 자기의 소유로 삼으시게 된다. 하나님께서는 그와 더불어 다시금 예루살렘을 택하시리라고 말씀하셨다. 이는 하나님의 언약이 예루살렘을 통해 성취된다는 사실을 말해주고 있다.

그러므로 선지자는 육체 가운데 살아가는 모든 인간들은 여호와 하나님 앞에서 잠잠하라고 요구했다. 타락한 인간들이 자기의 영원한 삶을 위해서 할 수 있는 일은 아무것도 없다. 오직 여호와 하나님께서 자신의 거룩한 성소에서 일어나심으로써 모든 일이 성취될 따름이다. 여기서 여호와께서 자신의 거룩한 성소에서 일어나신다는 것은 장차 성취될 메시아 사역에 직접 연관된 것으로 이해할 필요가 있다.

제3장

'여호와의 사자' 앞에 선 '대제사장 여호수아'

(슥3:1-10)

| 네 번째 환상 |

1. '대제사장 여호수아' (슥3:1,2)

선지자 스가랴는 본문 가운데서 대제사장 여호수아에 관한 언급을 하고 있다. 이스라엘 백성이 바벨론 포로에서 본토로 귀환한 후 대제사장 직무를 감당해야 할 그가 여호와 하나님의 사자 앞에 섰다. 그리고 그의 오른 편에는 사탄이 서 있었다. 사탄은 대제사장 여호수아를 부당한 관점에서 하나님께 고소하며 그에게 대적하고 있었다.[26] 사탄이 직접 고소하는 인물이라면 그가 메시아를 예표하는 중요한 인물이라는 사실을 말해주고 있다.

하나님께서는 그 특별한 광경을 선지자 스가랴에게 보여주셨다. 그때

---

26) 우리는 여기서 오래 전 무죄한 욥(Job)을 하나님 앞에서 고소하던 사탄의 악행을 떠올리게 된다(욥1,2장. 참조).

하나님께서 대제사장 여호수아를 고소하는 사탄을 향해 자신의 의도를 전하셨다. 이는 여호와 하나님이 친히 저를 엄히 꾸짖으셨다는 사실에 연관되어 있다.

그러므로 예루살렘을 특별히 선택하여 사랑하고 계시는 주님께서 악행을 저지르고 있는 사탄을 엄히 책망하신다는 사실을 강조해 말씀하셨다. 대제사장 여호수아에 대한 사탄의 부당한 고소는 납득할 만한 객관적 근거가 전혀 없는 상태에서 억지스런 주장으로 진행되었다. 그것은 사탄의 판단착오 때문이 아니라 하나님과 그에게 온전히 순종하는 인물에 대한 의도적인 악의적 적대감에 연관되어 있었다.

하나님께서는 대제사장 여호수아를 묘사하면서 마치 불에서 꺼낸 타다가 남은 그슬린 나무 조각과 같다고 하셨다. 이는 그가 충분히 타지 못해 검정색 그을음이 잔뜩 묻어있는 상태라는 의미를 지니고 있다. 즉 사탄이 비방하며 고소하는 대상인 대제사장 여호수아가 바로 그와 같다는 것이다. 이는 그에게 어떤 도움을 주게 되면 제 기능을 회복하게 될 것이란 의미를 동반하고 있기도 하다.

우리는 여기서 대제사장 여호수아가 여호와 하나님으로부터 그와 같은 평가를 받는 근본적인 이유를 생각해 보아야 한다. 그 평가는 여호수아의 인격이나 능력문제로 인한 것이 아니었다. 그것은 바벨론 제국에 의해 예루살렘 성전이 완전히 파괴된 후부터 대제사장의 가장 기본적인 직분 사역이 단절됨으로써 제사와 관련된 기능을 전혀 할 수 없었던 상황에 연관되어 있는 것으로 이해해야 한다.

그런데 이스라엘 민족의 본토 귀환 이후에도 성전 재건이 이루어지지 않은 상태에서 대제사장은 그 원래의 제사 직무를 제대로 수행할 수 없었다. 즉 대제사장을 중심으로 하는 하나님에 대한 제사행위가 진행되지 못하고 있었다. 그것은 대제사장 여호수아의 직접적인 책임이 아니라 역사적 과정에서 발생한 문제였다. 따라서 하나님께서 대제사장 여호수아를 불에 타다가 만 나무 조각으로 비유하셨던 것이다.

2. 더러운 옷 대신 새로운 의상을 입은 대제사장 여호수아(슥3:3-5)

하나님과 천사들 사이에서 그와 같은 대화가 나누어지고 있을 때 하나님께서 악의를 가지고 고소하는 사탄을 책망하셨다. 그때 옆에 서있던 대제사장 여호수아가 심한 악취가 나는 더러운 옷을 입은 채 하나님의 사자 앞에 섰다. 이는 일종의 행위예언과 관련되어 있었다. 하나님을 비롯하여 거기 모인 모든 천사들이 그 특별한 광경을 목격했다.

그런데 놀랍게도 하나님께서는 그를 보시고 아무런 책망을 하지 않으셨다. 그대신 오히려 그에게 긍휼을 베풀어주시고자 했다. 이는 하나님께서 그가 냄새나는 더러운 옷을 입고 있어야 할 만한 충분한 사정이 있음을 이해하셨기 때문이었던 것으로 보인다.

그런 중에 하나님의 특별한 사자가 자기 앞에 서있는 다른 천사들에게 명령을 내렸다.[27] 대제사장 여호수아가 입고 있던 냄새나는 더러운 옷을 벗기라는 것이었다. 그리고 그에게 새 옷을 입혀 주라는 명령을 내렸다. 이는 대제사장이었던 그가 이제 원래의 신분이 가지는 제사 기능을 회복하게 된다는 의미를 지니고 있다. 즉 이 말씀은 곧 하나님의 성전이 재건되고 성전 제사가 재개될 것에 대한 예언의 말씀이다.

그리고 하나님의 사자는 더러운 옷을 입고 있던 대제사장 여호수아를 향해 말했다. 이제 자기가 대제사장 여호수아가 그 동안 지었던 모든 죄과

27) 스가랴3:4의 '한글개역'과 '개역개정' 성경에는 '여호와께서' 천사들에게 그 명령을 내린 것으로 묘사되어 있으나 원문의 전후 문맥을 살펴 보건데 '여호와의 사자'가 그 명령을 내린 것으로 보는 것이 옳다. 이 본문의 '여호와'를 '여호와의 사자'로 기록된 번역본들이 많다. 공동번역, 새번역, NIV 등에서는 이를 '천사'(the angel)로 번역하고 있다.

를 말끔히 제거해 주었다는 것이었다(슥3:4). 인간의 죄를 용서해줄 수 있는 분은 오직 하나님 한 분밖에 존재하지 않는다. 따라서 그 사자는 성자 하나님이신 그리스도였던 것이 분명하다. 따라서 이제 그에게 미리 예비하신 거룩하고 아름다운 옷을 입혀 주겠다고 말했다.

그 진행되는 상황을 목격하면서 모든 말씀을 직접 듣고 있던 선지자 스가랴가 여호와의 사자에게 간청했다. 아름다운 옷을 입게 될 그에게 '정결한 관'을 씌워달라고 말했던 것이다. 그의 요청을 들은 하나님의 사자는 천사들에게 명령을 내렸다. 이는 선지자의 요구가 타당했다는 의미를 지니고 있다.

그 명령에 따라 천사들이 대제사장 여호수아에게 정결한 관을 씌우고 거룩한 예식을 위해 입는 깨끗한 옷으로 갈아입혔다. 이제 때가 이르면 그가 재건될 성전을 통해 하나님께 제물을 바치고 향단에 향을 피우며 제사를 지낼 수 있게 된다. 그에 관한 모든 일들이 진행되어가는 동안 여호와의 사자가 그 곁에 서 있으면서 모든 것을 지켜보았다.

3. 제사장들을 통한 메시아 예언(슥3:6-10)

여호와의 사자가 새 옷을 갈아입고 있는 여호수아에게 엄숙하게 말했다. 그것은 여호와 하나님의 말씀을 귀담아 들음으로써 그에 온전히 순종하지 않으면 안 된다는 것이었다. 만일 대제사장이 하나님의 율법을 준행하고 그의 명령을 지키면 하나님께서 저로 하여금 '하나님의 집'을 다스리게 하실 것이며 '하나님 뜰'을 지키게 되리라고 했다. 그와 더불어 하나님께서 거기 있는 천사들 가운데 왕래할 수 있도록 해주실 것이라는 언급을 했다.

이 말씀은 매우 중요한 의미를 지니고 있다. 대제사장으로서 하나님의 법도와 규례에 온전히 순종하면 거룩한 성전과 성전 뜰에서 하나님을 섬기게 됨으로써 거기 서있는 언약의 백성들 가운데서 그 신령한 직분을 감당하게 되리라는 것이었다. 그것은 정치적 통치와는 달리 하나님과 그의 자녀들 사이에서 중보자적 기능을 하게 된다는 사실을 말해주고 있다.

그리고 대제사장이 율법을 통해 여호와 하나님의 뜻을 따르게 되면 천상의 나라와 연결된 삶의 상태를 누리게 된다는 사실을 언급했다. 하나님께서 그로 하여금 천사들 가운데 왕래하도록 해주신다는 것은 그에 직접 연관되어 있다. 즉 대제사장이 천상의 나라와 이 세상에서 살아가는 성도들 사이를 중보 하는 가운데 초월적 영역을 동시에 누리며 살아가게 된다는 사실을 의미하고 있다.

또한 여호와 하나님께서는 대제사장 여호수아와 그의 동료 제사장들 또한 자기의 말을 귀담아 들어야 한다는 사실을 강조하셨다. 그들은 장차 일어나게 될 하나님의 언약에 대한 표와 상징이 되는 인물들이었기 때문이었다. 이는 거룩한 성전에서 하나님을 섬기는 제사장 그룹은 구속사 가운데서 하나님과 언약의 백성들을 잇는 매우 중요한 직무를 지니고 있던 자들이라는 사실을 말해주고 있다.

그리고 하나님께서는 장차 '자기의 종' 인 '순' 을 나게 하리라는 말씀을 하셨다(슥3:8). 이는 메시아 예언에 연관된 의미로 받아들여야 한다. 이 말씀은 말라 죽게 된 고목과 같은 나무에서 특별한 순이 돋아나 새로운 가지로 자라나게 된다는 의미를 지니고 있다. 즉 이스라엘 자손이 배도에 빠져 이방 왕국의 포로로 잡혀가 죽은 것같이 된 백성들에게서 순이 나서 영원한 생명을 공급하게 되리라는 의미를 지니고 있다.

또한 여호와 하나님께서는 자기가 대제사장 여호수아 앞에 세운 돌을 보라는 말씀을 하셨다. '그 돌 하나에 일곱 개의 눈' 이 달려 있다고 했다(슥3:9). 그 특별한 돌은 십계명이 기록된 모세의 돌 판을 기억나게 한다. 그리고 반석으로 일컬어지면서 동시에 '보배로운 산돌' 로 묘사된 예수 그리스도를 떠올리게 된다(벧전2:4).

따라서 일곱 개의 눈을 가지고 세상의 모든 것들을 지켜보고 있는 그 돌에는 아무도 변개할 수 없는 진리의 말씀이 기록된다. 하나님께서는 그 돌에 "내가 이 땅의 죄를 하루 만에 없애리라"(슥3:9)는 글귀를 새기겠다고 말씀하셨다. 그것은 단번에 죄를 사하시게 되는 메시아 언약에 직접 연관된 말씀으로서 그것이 불변의 약속이 되어 항상 언약의 백성들 가운데 존재하게 된다.

그 돌 위에 분명하게 새겨진 것처럼 하루 만에 즉 한꺼번에 인간들의 모든 죄를 완전히 없애버리는 그 놀라운 일을 행하실 분은 장차 이땅에 메시아로 오실 하나님의 아들 예수 그리스도 한 분밖에 없다. 따라서 이 말씀은 아무도 부인할 수 없는 명백한 메시아 예언이다. 하나님께서는 본문 가운데서 그 말씀을 통해 장차 이땅에 메시아를 보내주시겠다는 분명한 약속을 하셨던 것이다.

하나님께 속한 백성들이 안고 있는 그 모든 죄악을 말끔히 없애버리는 그 날이 도래하면 이 세상이 완전히 뒤바뀌게 된다. 그로 말미암아 제사장들을 비롯한 온 백성 가운데는 말할 수 없는 즐거움으로 가득 찬다. 그리하여 서로간 포도나무와 무화과나무 아래로 이웃들을 초대하여 기쁨을 누리게 된다. 그런 놀라운 광경은 스가랴 선지자가 예언하던 당시 열악한 분위기와는 사뭇 다른 모습이 아닐 수 없었다. 그러므로 언약의 백성들은 하나님의 약속에 따라 메시아가 오실 그 날을 간절히 소망하는 가운데 살아갈 수 있었던 것이다.

제4장

순금 등대와 두 감람나무, 그리고 대제사장 여호수아와 스룹바벨
(슥4:1-14)

| 다섯 번째 환상 |

1. 순금 등대와 일곱 등잔, 그리고 두 감람나무 환상(슥4:1-5)

선지자 스가랴는 다섯 번째 환상을 보게 되었다. 하나님의 천사가 몽롱한 상태로 있던 스가랴 앞으로 다가가 그를 흔들었다. 선지자가 그로 인해 정신을 가다듬고 보니 마치 잠을 자다가 깨어난 것 같은 느낌이 들었다. 물론 그는 완전히 깨어난 것이 아니라 여전히 잠에 취한 듯한 상황 중에 여러 가지 현상을 보게 되었다. 하나님께서 천사를 보내 그를 흔들어 깨우신 것은 그에게 보여줄 중요한 메시지가 있었기 때문이다.

선지자가 비몽사몽(非夢似夢)간에 앞을 바라보니 환상 가운데 다양한 물체들을 볼 수 있었다. 물론 그것은 선지자가 보기를 원해서 나타난 것들이 아니었다. 그가 본 것들은 스가랴의 의사와는 아무런 상관없는 상태에서 하나님께서 보여주신 것들이다. 이는 인간의 소원이나 의사 때문이 아니라 미리 모든 일들을 계획하고 계시는 하나님의 뜻이 중요하다는 사실을 말해주고 있다.

그런 와중에 천사는 선지자에게 지금 무엇을 보고 있느냐고 물었다. 물론 그는 자기가 보고 있는 그대로 설명하며 답변했다. 눈앞에는 순금으로 만들어진 등대가 놓여 있으며 그 위 꼭대기에는 기름이 담긴 그릇이 놓여 있다고 말했다. 그리고 그 등대에는 일곱 개의 등잔들이 있으며 중앙의 기름 그릇에서 각 등잔으로 연결된 일곱 개의 관이 있다고 했다.

스가랴 선지자가 본 금 등대와 일곱 등잔과 그 기름 그릇에 관한 모든 것들은 예루살렘 성전의 성소와 연관되어 있는 것이 분명하다. 그런데 당시로 보아서는 그 성소가 이미 칠십 년 정도 이전에 완전히 파괴된 형편이었으며 이제 바벨론 땅에서 귀환한 후에도 아직 그 성전과 성소가 재건되지 않은 상태였다.

따라서 하나님께서는 현재 성전이 존재하지 않고 있지만 장차 반드시 재건되어야 할 그 성소 안에 놓이게 될 물건들을 보여주시면서 중요한 메시지를 주시고자 했다. 선지자에게는 그 광경이 매우 위엄이 있고 거룩한 분위기였을 것이 분명하다. 따라서 선지자는 그 환상을 보며 하나님의 성전이 조속히 재건되어야 한다는 점과 더불어 그에 관한 사실을 언약의 백성들에게 빨리 전달해야 한다는 생각을 했을 것이다.

선지자 스가랴는 또한 천사를 향해 자기가 지금 황금으로 된 등대 곁에 서있는 두 감람나무를 보고 있다는 사실을 말했다. 그 가운데 한 그루는 기름 그릇 오른편에 서있으며 다른 한 그루는 그 왼편에 서있다고 했다. 그러면서 선지자는 그것들이 과연 무엇을 의미하고 있는지 궁금하다며 천사에게 물었다.

스가랴의 질문을 받게 된 그 천사는 도리어 선지자를 향해 그것이 과연 무엇인지 모르겠느냐고 반문했다. 그러자 선지자는 자기로서는 두 감람나무가 지닌 의미를 알지 못하겠다는 답변을 했다. 그럼에도 불구하고 분명한 점은 두 감람나무에는 매우 중요한 구체적이며 상징적인 의미가 담겨 있다는 사실이다.

2. 스룹바벨에게 주신 하나님의 말씀(슥4:6-10)

선지자 스가랴가 거기 있던 천사와 함께 본 금 등대와 연관된 두 감람나무에 관한 내용을 이야기하던 중 천사는 돌연 하나님께서 스룹바벨에게 하신 말씀을 언급했다. 만군의 하나님 여호와께서, "이는 힘으로 되지 아니하며 능으로 되지 아니하고 오직 나의 신으로 되느니라"(슥4:6)라고 하셨다는 것이다. 이 말씀은 장차 예루살렘 성전을 통해 이땅에 오시게 될 메시아에 관한 예언으로 이해된다. 이땅에 구원자를 보내시는 일과 택한 백성들을 위한 그의 사역을 실행하는 모든 일들은 오직 하나님께 속한 것일 뿐 인간들이 감당할 수 없는 일이다.

장차 '스룹바벨의 날' 곧 '메시아의 날'이 이르게 되면 크고 높은 산들이 스룹바벨 앞에서 평지가 된다고 했다. 이는 이 세상이 완전히 뒤바뀌게 될 사실에 대한 예언의 말씀이다. 하나님께서 작정하신 때가 이르면 보통 인간들이 전혀 상상할 수 없고 기대하기 어려운 놀라운 일들이 발생하게 된다.

이는 물론 일차적으로는 예루살렘 성전 재건과 연관되어 있는 것으로 볼 수 있다. 그 가운데는 단순한 건축을 넘어 메시아가 오시게 될 일에 대한 예비적 성격이 담겨 있다. 따라서 스룹바벨이 산에서 머릿돌을 떼어 올 때 무리를 이룬 언약의 백성들은 "은총, 은총, 하나님의 은총"이라 부르짖으며 모든 것이 하나님의 은총으로 말미암아 이루어진 사실을 알고 큰 소리로 환호하게 된다.28) 이는 성전 재건과 직접 연관되는 동시에 이땅에 메

28) 한글 '현대인의 성경'에서는 이 시점을 성전 재건이 완성된 때로 기록되어 있다: "그가 성전 건축을 마칠 때에는 모든 것이 하나님의 은혜로 되었다고 사람들이 외칠 것이다"

시아를 보내시고자 하는 하나님의 특별한 은총에 연관되어 있다.

하나님께서는 또한 스룹바벨이 파괴된 예루살렘 성전 재건을 위해 그 기초를 놓았다는 사실을 언급하셨다. 그리고 앞으로 그가 모든 공사를 완성하게 되리라고 말씀하셨다. 이는 이스라엘 왕 솔로몬이 첫 번째 성전을 건축했듯이 재건되는 성전은 왕족인 스룹바벨의 지휘 아래 건축될 것을 말해주고 있다. 선지자 스가랴는 그때가 이르게 되면 비로소 언약의 백성들이 하나님께서 자기를 저들에게 보내신 줄 알게 될 것이라 말했다. 이는 당시에 스가랴의 말을 온전히 받아들이지 않는 자가 많았다는 사실을 말해주고 있다.

이와 더불어 선지자 스가랴는 성전 재건과 연관된 그 일을 시작하는 단계가 외견상 보잘것없어 보인다고 해서 그것을 멸시하는 자가 과연 누구냐며 강하게 책망하고 있다. 하나님께서 선지자에게 환상으로 보여주신 금 등대 위에 놓인 일곱 등잔은 온 세상을 살피시는 하나님의 눈으로서 피할 자가 없음을 말해 준다(슥4:10). 이처럼 하나님께서는 거룩한 성소에 계시면서 세상의 모든 것을 빠짐없이 살피시는 가운데 자신의 일을 완벽하게 성취하시는 분이다.

그러므로 스룹바벨의 손에 들린 다림줄과 그 추를 보는 모든 언약의 백성들이 기뻐할 것이라고 했다. 이는 예루살렘 성전 재건을 위하여 감당해야만 할 매우 중요한 임무가 그에게 맡겨졌다는 사실을 말해주고 있다. 우리는 여기서 스룹바벨과 그의 사역에 연관된 문제에 대한 이해를 명확히 해야만 한다. 그는 예루살렘 성전 파괴와 더불어 바벨론으로 사로잡혀간 이스라엘 백성을 본토로 인도했던 가장 중요한 지도자로서 하나님의 특별한 임무를 부여받은 자였기 때문이다.

또한 스룹바벨은 다윗 왕조의 중심 혈통 즉 메시아 계보를 이어가는 언약적 인물이었다. 만일 유다 왕국이 바벨론에 의해 완전히 패망당하지 않았다면 그가 이스라엘의 왕위를 이어갔을 것이 틀림없다. 그러므로 나중 인간의 모습을 띠고 이땅에 오신 예수님께서는 언약적 측면에서 볼 때 그의 혈통 가운데 출생하게 되었던 것이다(마1:12-16, 참조).

3. 금으로 된 두 개의 관(pipes) 옆의 두 감람나무(슥4:11-14)

선지자는 자기 옆에 있는 천사를 향해 물었다. 금 등대 좌우의 두 감람나무는 무슨 의미를 지니고 있는지 궁금하다는 것이었다. 그리고 기름을 담고 있는 그릇에서 기름을 흘려보내는 금으로 된 두 관(pipe) 옆에 있는 감람나무 두 가지는 무슨 뜻인지 알려달라고 했다.

그의 질문을 들은 천사는 그에 답변했다. 그것이 무엇인지 진심으로 알고 싶어하니 알려주겠다는 것이었다. 두 그루의 감람나무와 두 가지는 온 세상을 다스리는 주님을 섬기도록 주님께서 기름을 부어 거룩하게 구별하신 두 사람이라고 말했다.

우리는 여기서 그 두 감람나무의 역할에 대하여 우선 생각해 보아야 한다. 그 감람나무는 금 등대 위에 놓인 등잔의 불을 밝히기 위하여 등대 위 중앙에 위치한 그릇에 담긴 기름을 제공하는 근원이 된다.29) 이는 그 감람나무는 성소 안의 빛을 유지하고 지탱하는 중요한 역할을 한다는 사실을 말해 준다. 그 감람나무로 인해 성소 내부에 지속적으로 환한 불을 밝힐 수 있는 것이다.

그렇다면 그 두 사람은 과연 누구를 가리키고 있는가? 이는 당시 이스라엘 민족 지도자들에 연관되는 것으로 이해할 수 있다. 따라서 여기서 두 감람나무는 스룹바벨과 대제사장 여호수아로 이해하는 것이 가장 자연스

---

29) 출애굽기에는 성소를 밝히는 기름이 감람유라는 사실을 말해주고 있다: "너는 또 이스라엘 자손에게 명하여 감람으로 찧어낸 순결한 기름을 등불을 위하여 네게로 가져오게 하고 끊이지 말고 등불을 켜되 아론과 그 아들들로 회막안 증거궤 앞 휘장 밖에서 저녁부터 아침까지 항상 여호와 앞에 그 등불을 간검하게 하라 이는 이스라엘 자손의 대대로 영원한 규례니라"(출27:20,21)

럽다.30) 왕족인 스룹바벨은 이스라엘 자손을 바벨론의 압제로부터 인도해낸 인물로서 마치 이스라엘 백성을 애굽에서 인도해낸 모세와 같은 직무를 감당했다. 그리고 대제사장 여호수아는 제사장 직무를 감당하는 것과 동시에 선지자 엘리야처럼 옳고 그름을 판별하는 직무를 감당한 인물이었다.31)

앞에서 두 감람나무에 연관된 언급을 하며 뒤이어 스룹바벨에 대한 기록이 나온 것은 매우 중요한 의미를 지니고 있다(슥4:3-6, 참조). 그러므로 대제사장 여호수아와 스룹바벨은 바벨론 포로에서 약속의 땅 본토로 귀환한 이스라엘 민족을 율례에 따라 지도하게 되었다. 이로써 그들은 예루살렘 성전을 재건하는 매우 중요한 사역을 감당하게 되었던 것이다.

30) 요한계시록11:4-6에서는 두 감람나무가 모세와 엘리야를 가리키고 있음이 분명하다. 스가랴서 본문에 기록된 두 감람나무는 그렇게 볼 필요가 없음에도 불구하고 스룹바벨과 여호수아의 구속사적 역할은 그들과 어느 정도 관련되어 있다. 우리가 또한 이와 함께 생각해 볼 수 있는 점은, 다소 무리한 해석이라 할지 모르지만 그 두 사람의 역할이 멜기세덱과 아브라함의 관계와 어느 정도 연관되어 있다는 사실이다. 대제사장으로서 멜기세덱은 예수 그리스도를 예표하고 있으며 아브라함은 하나님께서 메시아를 보내는 통로 역할을 하고 있기 때문이다.

31) 구약시대 제사장들의 직무는 하나님께 성전 제사를 지내는 일과 이스라엘 민족 가운데서 선악 간 판단을 하는 일이었다. 예를 들어 문둥병에 대한 판정과 그 질병을 치유하는 일은 제사장들에게 맡겨진 특수한 직무였다.

제5장

하나님의 심판
(슥5:1-11)

| 여섯 번째 환상 |

1. 두루마리 책(슥5:1-11)

(1) 날아가는 두루마리(슥5:1,2)

선지자 스가랴는 여섯 번째 환상 중에 공중으로 날아가는 커다란 두루마리 책을 보았다. 그것은 전혀 예기치 못했던 의외의 일이었다. 그가 하나님께 그와 같은 광경을 보여 달라는 간구를 했던 것이 아니라 하나님께서 일방적으로 그것을 보여주셨다. 이는 아무도 짐작조차 할 수 없는 일이었으나 하나님께서 선지자가 반드시 알고 그 사실을 백성들을 향해 예언해야 할 내용이란 점을 말해주고 있다.

하나님의 천사가 그와 같은 상황에 처한 선지자를 향해 물었다. 그가 지금 무엇을 보고 있느냐는 것이었다. 선지자는 당연히 자기가 지금 날아가는 두루마리를 보고 있다는 사실을 말했다. 그리고 그 두루마리의 크기에 대해서도 언급했다. 그 길이는 이십 규빗이며 넓이는 십 규빗이라고 했다. 이는 현대 우리의 도량형으로 말하자면 길이 9m, 너비 4.5m 정도 되었다. 그것은 실제로 매우 큰 규모라 말하지 않을 수 없다.

선지자가 환상 중에 본 이 두루마리는 성경책에 연관되어 있다. 과거에는 성경이 오늘날처럼 제본된 책이 아니라 양피지나 파피루스로 된 두루마리에 기록되어 있었다. 우리는 구약시대 제사장들과 선지자들을 비롯한 책임 있는 관련자들이 읽었던 두루마리로 된 성경의 일반적인 크기를 정확하게는 아닐지라도 어느 정도 짐작할 수 있다. 그에 비하면 선지자가 환상 중에 보았던 그 두루마리는 엄청난 크기였다.

오늘날 우리는 활자로 인쇄된 성경책을 가지고 있다. 다양한 크기로 제본된 성경책이 있지만 사람들이 몸에 지니거나 보관하기에 적합한 정도로 만드는 것이 보통이다. 따라서 만일 우리가 보통 크기의 성경책과 비교해서 선지자가 본 두루마리 정도로 큰 성경책을 보게 된다면 깜짝 놀라지 않을 수 없을 것이다.

그러므로 우리는 선지자 스가랴가 엄청난 위압감을 느낄 만한 정도의 큰 두루마리 책을 환상 중에 보았다는 사실을 알 수 있다. 그런데 그 자리에 있던 천사는 거대한 그 두루마리에 기록된 내용이 어떤 것인지에 대해 알려 주었다. 그것은 곧 악한 자들을 향해 내려질 하나님의 심판에 연관된 내용이었다. 선지자는 그 책의 크기를 통해 하나님의 위엄과 그로부터 임하게 될 무서운 심판을 절감하게 되었을 것이다.

(2) 말씀에 따라 심판하시는 하나님(슥5:3,4)

선지자에게 말한 그 천사는 두루마리 책에 기록된 것들이 온 세상에 두루 내려질 저주라는 사실을 언급했다. 무릇 도적질하는 자들은 두루마리

이쪽 편에 기록된 내용대로 끊어지게 될 것이라고 했다. 그리고 무릇 거짓 맹세하는 자들은 두루마리 저쪽 편에 기록된 내용처럼 끊어지게 되리라고 말했다. 즉 그 두루마리는 악한 자들에게 임할 하나님의 무서운 심판을 예언하는 책이라는 것이었다.

스가랴서 본문에는 특별히 '도적질 하는 자'와 '맹세하는 자'에 대한 언급을 하고 있다. 이에 대한 의미는 하나님을 떠나 배도에 빠진 악한 무리에 연관된 내용을 담고 있는 것으로 볼 수 있다. 배도자들은 주변의 이웃을 멸시할 뿐 아니라 여호와의 율법을 무시하면서 하나님의 뜻에 순종하며 살아가기를 거부했다.

그런 사람들은 성경 계시를 통해 보여주신 하나님이 어떤 분인지 알지 못한 채 자신의 종교적인 욕망에 따라 맹세하며 살아가기를 좋아한다. 그리고 하나님을 경외하는 자로서 이웃과 더불어 이웃을 위해 살아가는 것이 아니라 주변 사람들을 자기 인생을 위한 도구로 사용하고자 애쓴다. 이는 특히 십계명의 여러 내용들 가운데 나타나는데 그들은 하나님의 그 요구를 받아들이며 살아가기를 거부한다. 그들은 결국 하나님의 무서운 심판을 받아 하나님으로부터 끊어지게 되는 저주의 자리에 놓이게 될 수밖에 없다.

여호와 하나님께서 선지자 스가랴에게 이 환상을 보여주신 까닭은 특별한 목적이 있었기 때문이다. 따라서 그가 본 환상과 그에 연관된 모든 내용을 백성들에게 선포하도록 요구하셨다. 장차 하나님께서 이웃을 멸시하고 개인적인 욕심을 추구하며 저들의 것을 도적질하는 악한 자들의 집에 들어가 심판하시리라는 것이었다. 또한 하나님의 이름을 망령되게 일컫고 그 앞에서 거짓 맹세를 하며 하나님을 욕되게 하는 자들의 집에도 들어가시리라고 하셨다.

그리하여 그 악한 자들의 집을 다 불살라 버릴 것이며 그들이 마련한 집 안의 모든 가구들과 귀중품들도 모두 태워버릴 것이라고 말씀하셨다. 그렇게 되면 그들이 이 세상에서 온갖 노력을 다 기울였을지라도 아무런 의미 없는 헛된 삶이 드러나게 될 따름이다. 나아가 그들은 배도에 빠져 여호와 하나님을 욕되게 했으므로 무서운 저주를 면할 수 없게 된다. 하나님께서 선지자에게 그 특별한 환상을 보여주신 까닭은 모든 언약의 자손들이 항상 영원한 세계를 마음에 두고 살아가도록 하기 위해서였다.

| 일곱 번째 환상 |

2. 사악한 여자에 대한 심판과 그의 발악(슥5:5-11)

(1) 에바 곧 뒤주에 갇힌 여자(슥5:5-8)

시간이 지나 선지자 스가랴에게 또 다른 일곱 번째 환상이 나타나게 되었다. 그때 그와 함께 있던 천사가 그를 향해 눈앞에 가까이 보이는 물체가 무엇인지 물어보았다. 하지만 그것을 바라보면서도 정확한 파악을 하지 못한 선지자는 그 천사에게 그것이 무엇인지 도리어 반문했다.

그러자 그 천사는 그것이 곡식을 담는 에바 곧 뒤주라고 말했다. 그러면서 그 뒤주 안에는 온갖 더러운 죄악들이 가득하다는 사실을 언급했다. 그리고 그것은 비유적인 것으로서 이 세상의 온 땅은 마치 그 뒤주와 같아서 죄악으로 가득 차 있다는 점을 말했다(슥5:6, 참조). 이는 인간들이 살아가는 타락한 세상은 더러운 죄로 말미암아 새까맣게 물들어 있다는 사실에 연관되어 있다.

그런데 천사는 그 에바 곧 뒤주 안에 한 여자가 앉아 있다는 사실을 언급했다. 이 말은 타락한 세상 중앙에 한 여자가 앉아 있는 것과 같은 형국으로 이해할 수 있다. 그 여자는 여호와 하나님을 배신한 더러운 음녀임에

틀림없다. 이 여자는 나중 요한계시록에 계시된 말씀처럼 음녀 바벨론과 동일한 맥락에서 이해해야 한다. 즉 그 음녀는 배도에 빠진 예루살렘을 가리키고 있는 것이다.

배도에 빠진 그 여자는 온갖 사악한 방법을 동원하여 일시적으로 그럴듯한 세력을 펼치지만 결코 오래가지 못한다. 그 여자가 들어 앉아 있는 뒤주의 입구를 덮는 뚜껑은 무거운 납으로 된 것이었다. 선지자는 그 뒤주 안에 앉아 있는 여자를 똑똑히 목격할 수 있었다. 그런 중에 하나님께서 그 여자를 뒤주 속에 가둔 채 납으로 된 무거운 뚜껑으로 그 입구를 막아버렸다. 이제 언약의 백성들을 속이며 악의 화신(化身)으로 활동하던 그 여자가 완전히 갇혀버린 것이다.

(2) 바벨론으로 옮겨간 에바 곧 뒤주(슥5:9-11)

그런데 사탄에게 속한 사악한 세력은 순순히 포기하거나 뒤로 물러나려 하지 않았다. 선지자 스가랴가 눈을 들어 주변을 보고 있을 때 갑자기 두 여자가 나타났다. 학의 날개 같은 날개를 단 그 여자들이 앞으로 날아오다가 음녀인 여자가 감금된 그 뒤주를 마주 들고 하늘 높이 솟아 날아가는 모습이 보였다.

그 두 여인은 과연 누구이며 무엇을 상징하고 있는 것일까? 물론 그 여자들은 뒤주에 갇힌 배신한 음녀를 돕는 하수인인 것이 분명하다. 우리는 그들이 거짓 제사장들과 거짓 선지자들을 상징하는 성격을 지닌 것으로 이해할 수 있다. 배도에 빠진 그들은 사악한 마음으로 하나님께 저항하는 그 음녀를 지원하고 있었던 것이다.

선지자 스가랴는 자기와 함께 있던 천사에게 그 여자들이 뒤주를 들고 어디로 옮겨 가는지 물었다. 그러자 천사는 그 두 여자가 뒤주를 시날(Shinar) 땅으로 가져간다고 말했다. 시날 땅은 노아 홍수 이후 인간들이 온 세상으로 흩어지면서 하나님께 저항하여 바벨탑을 쌓은 곳이다(창 10:10;11:2). 그 땅은 나중 바벨론 사람들이 강력한 세력을 펼치는 제국의 중심 지역이 되었다.

하나님의 천사는 날개를 단 그 여자들이 과연 무슨 일을 행하고자 하는지 이미 다 알고 있었다. 그들은 하나님께 저항하는 곳으로 상징되는 시날 땅 곧 바벨론 지역으로 가서 마지막 발악을 하게 된다. 그들은 시날 땅으로 가서 그곳에 그 음란한 여자가 갇혀 있는 뒤주를 모시기 위한 신전을 지으려고 했다. 가증스런 신전이 완공되면 우상을 담은 그 뒤주가 신전 안에 놓이게 된다는 것이었다.

이는 영적인 의미로서 참 예루살렘에 저항하는 '음녀 바벨론' 으로서 요한계시록에 언급된 배도에 빠진 예루살렘을 의미한다. 뒤주가 두 여자에 의해 공간을 통해 이동되는 것도 물론 그 자체로서는 상징적이다. 하지만 그와 같은 일이 장차 발생하게 될 역사적 사실이 된다는 것은 실체적 의미를 지니고 있음을 보여준다.

배도에 빠진 인간들은 장차 그 음녀 바벨론 가운데 세워진 신전과 그 안에 놓여 있는 뒤주를 향해 거짓 신을 경배하며 섬기게 된다. 그들은 하나님의 언약궤 대신에 음녀가 그 속에 앉아있는 에바 곧 뒤주를 섬기기를 좋아한다. 우리는 여기서 곡식을 담는 뒤주가 사람의 목숨을 유지하는 것에 연관된다는 사실을 기억하고 있다. 따라서 세상의 풍요로움에 집착하는 자들은 영원한 삶을 외면한 채 본질에 무관심한 안타까운 현실주의자가 될 수밖에 없는 것이다.

제6장

하나님의 심판과 대제사장 여호수아
(슥6:1-15)

| 여덟 번째 환상 |

1. 네 병거와 하나님의 심판(슥6:1-8)

(1) 심판의 근원지인 예루살렘(슥6:1–5)

선지자 스가랴는 또다시 하나님께서 보여주시는 여덟 번째 환상을 보게 되었다. 그는 네 병거 곧 전쟁을 치르기 위한 전차 네 대를 보았다. 그런데 그 병거들이 놋으로 된 두 개의 산 사이에서 나왔다. 여기서 놋으로 된 산이란 강력한 세력을 가지고 있어서 결코 무너지지 않는 산을 일컫고 있다. 이는 하나님의 성산인 예루살렘 바로 거기서부터 하나님의 심판이 행해진다는 사실을 시사하고 있다.

그러므로 우리는 여기서 두 개의 놋 산이 예루살렘과 직접 연관되는 것으로서 시온산과 감람산을 일컫는 것으로 이해할 수 있다. 거룩한 성전이 존재하는 예루살렘은 하나님의 자녀들에게 구원을 위한 절대적인 역할을 한다. 그와 동시에 그 산은, 하나님을 알지 못하는 이방인들과 언약의 자손이라고 내세우면서 실제로는 배도에 빠진 자들에 대한 무서운 심판의 근거지가 된다.

선지자는 환상 중에 그곳으로부터 나오는 네 대의 특별한 병거들을 보게 되었다. 그리고 각각의 병거는 다양한 색깔의 여러 마리 말들이 끌 준비를 갖추고 있었다. 즉 병거는 동일한 모양을 띠고 있는 데 반해 그것을 끄는 말들의 색깔이 다양했다. 첫째 병거는 붉은 말들이, 둘째 병거는 검은 말들이, 셋째 병거들은 흰 말들이. 그리고 넷째 병거는 어룽진 말들이 끌 준비태세를 갖추고 있었다. 그 모든 말들은 한결같이 건장한 모습을 지니고 있었다.

선지자는 그 진기한 광경을 지켜보면서 자기와 함께 있는 천사에게 물었다. 그 병거들과 다양한 색깔의 말들이 무엇이냐는 것이었다. 그는 그 병거들이 하는 역할이 무엇인지 궁금했을 것이며 그것을 끌기 위해 병거를 메고 있는 말들과 그 다양한 색깔이 지니는 의미도 알고 싶었을 것이 분명하다.

선지자 스가랴의 질문을 들은 천사는 그에게 실상을 알려 주었다. 그 네 대의 병거들은 상징적인 의미를 지닌 것으로서 천상의 나라에 존재하는 네 영들(spirits)이라고 말했다. 그 영들은 하늘에 계시는 여호와 하나님 앞에 머물고 있다가 이제 온 세상을 심판하기 위해서 밖으로 나가는 중이라는 것이었다.

우리는 여기서 하나님께서 죄악된 세상을 심판하시기 위해 자기의 천사들을 보내신다는 사실을 알게 된다. 병거의 모양에 별 차이를 보이지 않는 것은 심판의 의미가 동일하다는 사실을 말해주고 있다. 또한 병거를 끄는 말들의 색깔이 붉고, 검고, 희고, 어룽지다는 것은 그 심판의 방법과 내용이 획일적이지 않고 다양하다는 사실을 보여주는 것으로 이해하는 것이 가장 자연스럽다.

(2) 세상을 향한 하나님의 심판(슥6:6-8)

선지자는 검은 말들이 끄는 병거가 북쪽 땅으로 나아가는 것과 흰 색 말들이 그 뒤를 따르는 것을 보았다. 그리고 어룽진 말들은 남쪽 지역으로 나아가고 있었다. 여기서 북쪽은 바벨론과 페르시아 등의 세력을 지칭하고 있는 것으로 보인다. 그리고 남쪽이란 애굽과 에디오피아 등의 나라들을 가리키고 있는 것 같다.

본문 가운데는 검은 말들과 흰색 말들과 어룽진 색깔의 말들이 나아가는 방향이 분명하게 드러나고 있다. 그에 반해 붉은 말들이 끄는 병거에 대한 언급은 나타나지 않는다. 이는 아마도 붉은 말들이 끄는 병거가 움직이지 않았다기보다 선지자의 눈에 띄지 않았기 때문이었을 것으로 보인다.

다양한 색깔의 말들이 끄는 병거들은 많은 병사들을 가득 태운 채 영적인 예루살렘 성 밖으로 나가서 여러 지역에 두루 다니고자 했다. 그때 하나님의 천사가 저들로 하여금 온 땅을 두루 다니라고 명하자 그 말들은 그에 순종했다. 그것은 사악한 세력을 심판하고자 하는 하나님의 의도와 밀접하게 연관되어 있었다.

그와 더불어 북방으로 간 말들이 거기서 하나님의 마음을 시원하게 했다는 사실을 특별히 언급하고 있다. 이는 그들로 말미암아 철저한 심판이 이루어진 사실을 의미하고 있다. 그것은 아마도 언약의 백성들을 괴롭히고 예루살렘 성전을 짓밟은 바벨론에 연관된 하나님의 무서운 심판이 실행되었음을 말해 주는 것으로 보인다.

2. 대 제사장 여호수아의 지위(슥6:9-12)

선지자 스가랴는 그와 더불어 자기에게 임한 하나님의 말씀을 언급했다. 하나님께서는 스가랴를 향해 먼저 바벨론 땅에 포로로 잡혀갔다가 귀환한 사람들 가운데 헬대와 도비야와 여다야를 찾아가라고 했다. 그들이 스바냐의 아들 요시아의 집에 머물고 있다는 사실을 알려 주셨다.

그리고 나서는 선지자 스가랴에게 그 집 안으로 들어가 저들로부터 예물을 받으라고 말씀하셨다. 또한 그들로부터 금과 은을 받게 되면 그것으로써 면류관을 만들어 대제사장 여호수아의 머리에 씌우라고 명령하셨다. 우리는 여기서 이방에서 얻은 금과 은으로 면류관을 만들어 선지자 스가랴가 대제사장 여호수아에게 그것을 씌워주도록 요구한 점을 주의 깊게 기억해야 할 필요가 있다. 거기에는 많은 의미가 담겨 있기 때문이다.

이는 우선 그 면류관을 제작하는 기본 성격이 하나님으로 말미암는다는 사실을 보여준다. 마치 이스라엘 자손이 애굽에서 나올 때 하나님의 경륜 가운데 많은 금붙이들을 얻어 가지고 나와 시내 광야에서 성막과 그 성물들을 제작하게 된 것과 유사하다. 바벨론 포로에서 돌아온 사람들이 금과 은을 가지고 나왔던 것 역시 그와 같은 목적이 있었음을 말해준다.

그리고 대제사장 여호수아가 마치 왕과 같은 지위에 앉도록 승인한 자는 하나님의 선지자였다(슥6:11). 하나님께서 자기의 선지자를 보내 면류관을 만들어 대제사장에게 씌워주도록 하셨기 때문이다. 그리고 대제사장이 면류관을 머리에 쓰고 왕과 같은 자리에 앉게 된다는 것은 장차 이땅에 오셔서 완벽한 제사장직과 더불어 왕적인 지위를 소유하게 될 만왕의 왕이신 예수 그리스도를 예표하고 있음을 보여준다.

그러므로 만군의 하나님 여호와께서 '보라 순이라 이름하는 사람이 자기 곳에서 돋아나서 여호와의 전을 건축하리라' 고 선언하셨다(슥6:12). 이 예언의 말씀은 장차 메시아가 이땅에 오셔서 완벽한 하나님의 성전을 건축하게 될 사실을 말해주고 있다. 이는 예수 그리스도의 구속 사역과 연관되는 것으로서 구약시대 이스라엘 백성들에게 커다란 소망이 되어 심령에 새겨지게 되었다.

3. 대제사장 여호수아의 사역과 그 의미(슥6:13-15)

하나님께서는 대제사장 여호수아가 예루살렘 성전을 재건한 후 '순' 이라는 이름을 가진 자가 모든 예언을 성취하여 그 영광(the glory)을 얻게 되리라고 말씀하셨다. 그리고 그가 왕의 보좌(the throne)에 앉아 다스릴 것이라고 하셨다. 또한 그가 제사장으로서 왕좌에 앉게 되리라는 사실을 언급하셨다(슥6:13). 이는 상징적이면서도 매우 중요한 실제적인 의미를 지니고 있는 것으로 이해해야 한다.

즉 이 말씀은 전체적으로 메시아에 연관된 예언적 성격을 지니고 있다. 영광을 받을 존재는 오직 여호와 하나님 한분 밖에 없으며 왕의 보좌에 앉아 다스릴 자도 하나님 외에는 존재하지 않는다. 그 영광의 보좌에 앉을 수 있는 유일한 분은 오직 하나님의 아들 예수 그리스도밖에 없다. 그리고 제사장으로써 왕의 보좌에 앉으실 분도 그 외에는 존재하지 않는다.

선지자 스가랴는 하나님의 말씀을 계시 받아 기록하면서 그 둘 사이에 '화평의 논의' 가 있으리라고 했다(슥6:13, "the counsel of peace will be between the two offices", NASB). 이는 특별한 두 인물들 사이가 아니라 동일한 인물인 대제사장 여호수아에게 왕직과 제사장직이 동시에 적용된다는 사실을 말해주고 있다. 이는 장차 인간의 몸을 입고 이땅에 오실 하나님의 아들 예수 그리스도에 대한 예언적 의미를 담고 있다. 그가 오시면 완벽한 왕과 제사장이 되어 자기 백성들을 위해 구원의 사역을 완성하게 된다는 것이다. 그 모든 것은 예루살렘 성전을 중심으로 하여 성취될 일들이다.

그리고 선지자는 하나님께서 대제사장 여호수아를 위해 만든 면류관을 새로 재건하게 될 예루살렘 성전 안에 보관해 두라고 한 사실을 언급했다. 그 면류관은 헬렘과 도비야와 여다야와 스바냐의 아들 헨을 기념하기 위해 그렇게 하도록 요구했다. 이는 당시 하나님의 성전 재건을 진행시키던 대표적인 인물들을 기억함으로써 대제사장 여호수아의 왕적인 권위가 언약의 백성들을 위한 것임을 증거 하는 기념물이 되도록 한 사실에 연관되어 있었다.

선지자는 또한 여호와의 성전을 건축하게 될 사람들이 먼데서부터 오게 되리라는 사실을 언급했다. 이 말씀 가운데는 하나님을 영접한 이방인들이 성전 재건 사역에 참여하게 될 것이란 의미가 내포되어 있다.32) 하지만 당시로서는 이와 같은 일의 발생을 기대하기 어려웠다. 다수의 사람들은 하나님의 거룩한 성전을 재건하는 데 부정한 이방인들의 손길이 필요하다는 생각을 하지 않았기 때문이다.

만일 장차 그와 같은 놀라운 일들이 발생하게 되면 사람들이 그 모든 일에 하나님의 구체적인 간섭이 있었다는 점을 깨닫게 된다. 즉 약속의 땅에서 살아가는 언약의 자손들이 아니라 멀리서 온 이방 출신의 기술자들이 성전 재건에 참여하는 것을 보면 저들에게 예언한 스가랴가 하나님께서 보내신 선지자란 사실을 알게 되리라는 것이었다. 그리고 그 백성들이 하나님의 말씀을 진정으로 귀담아 들어 순종한다면 그 모든 예언이 온전히 성취되어가는 것을 목격하게 되리라고 했다.

---

32) 다윗 왕으로부터 시작된 솔로몬의 첫 예루살렘 성전을 건립할 때도 많은 이방인들이 그 일에 참여했었다.

제7장

위선적 금식에 대한 책망과 심판
(슥7:1-14)

1. 말씀을 벗어난 형식적 금식(슥7:1-7)

페르시아 제국의 다리오 왕 4년 즉 BC518년 경에 하나님의 말씀이 선지자 스가랴에게 다시금 임했다. 당시는 예루살렘 성전 재건을 위해 어느 정도 진척을 보이고 있던 시기라 할 수 있다. 또한 그로 말미암아 여전히 반대 세력이 기승을 부리고 있었으므로 적잖은 문제들이 발생하기도 했다.

그때 벧엘 성읍(the town of Bethel; NASB)에 거주하던 사람들이 사레셀과 레겜멜렉을 대표로 한 여러 대표자들을 예루살렘으로 보냈다. 그들은 성전이 존재해야 할 예루살렘에서 여호와 하나님의 은혜를 간구하고자 했던 것이다. 이는 저들에게 스스로 해결할 수 없는 상당한 어려움이 존재했다는 사실을 말해주고 있다.

벧엘에서 온 사람들은 예루살렘에 도착하자마자 성전을 재건하는 현장에 모여 있던 제사장들과 선지자들을 찾아가 저들에게 질문했다. 그들이 여러 해 동안 오월과 칠월이 되면 울며 금식하는 중에 비통한 심정을 드러내 왔었는데 지금도 여전히 그렇게 해야 할지 물어 보았다. 이 말 가운데는 이제 예루살렘을 회복하고 하나님의 성전이 재건되어가는 시점에서 과거 고통스러웠던 바벨론 포로 생활을 기억하며 슬퍼하면서 괴로워할 필요가 없지 않느냐는 의미가 내포되어 있었다.

그때 만군의 하나님 여호와께서 선지자 스가랴에게 임하여 그에 대한 답변의 말씀을 주셨다. 언약의 땅 여러 지역에 살아가는 백성들과 제사장들에게 자신의 뜻을 전하라는 것이었다. BC587년 예루살렘 성전이 파괴된 후부터 이스라엘 백성이 애통하는 마음으로 형식적인 금식을 했으나 저들의 그 행위는 결코 올바르지 못했다는 것이다.

그러므로 하나님께서는 먼저 그들을 강하게 질책하셨다. 예루살렘 성전이 바벨론 군대에 의해 파괴되고 나서부터 지난 칠십 년 동안 이스라엘 자손들이 금식하고 애통했지만 그 금식이 과연 누구를 위한 것이었느냐고 따져 물으셨다. 즉 매년 오월과 칠월에 정례적으로 금식한 것이 진정으로 여호와 하나님을 위하여 그렇게 했느냐는 것이었다. 그들은 하나님의 뜻을 간절히 구하며 하나님을 위해 금식했던 것이 아니라 자신의 고통스런 신세를 타령하는 것에 지나지 않았던 것이다.

여호와 하나님 앞에서 금식한다는 것은 굶는 것 자체에서 그 의미를 찾을 것이 아니라 음식을 먹는 상황과 더불어 이해되고 해석되어야 한다. 먹고 마시는 것이 개인적인 욕망을 위한 것이 아니라 여호와 하나님을 위한 것일 때 그들의 금식 역시 하나님을 위한 일이 될 수 있었다(슥7:6, 참조). 만일 먹고 마시는 것이 자기를 위해서라면 금식하는 것도 자기 자신을 위한 것에 지나지 않는다.

하나님께서는 오래 전에 선지자들을 통해 외치게 한 예언의 말씀을 그들도 들어 순종하도록 요구했다(슥7:7). 이는 아마도 BC587년 예루살렘 성전이 파괴될 당시 예언했던 선지자 예레미야를 비롯한 여러 선지자들을 일컫고 있는 것으로 보인다. 당시 예루살렘과 언약의 땅에 거하는 자들은 선지자의 입술을 통해 선포되는 하나님의 말씀을 거부하며 자기를 위해 배불리 먹고 마시며 살아가기를 즐겨했다.

당시는 예루살렘과 그 주변 성읍에 거하는 백성들 가운데 외적으로 형통한 자들이 많이 있었다. 또한 남방 평원지역에도 여러 사람들이 마을을 이루어 살아갔다. 당시 상당히 많은 백성들이 심한 고통을 당하고 있었지만 기득권층의 사람들은 연약한 자들을 철저히 외면했다. 하나님께서는 선지자 스가랴를 통해 저들의 과거 행동을 상기시키면서 겉으로 드러나는 형식이 아니라 내면을 올바르게 갖추도록 요구하셨던 것이다.

2. 이방인들을 통한 하나님의 심판(슥7:8-14)

(1) 하나님의 요구(슥7:8-10)

여호와 하나님의 말씀이 선지자 스가랴에게 임하여 이스라엘 민족 앞에서 예언하도록 요구했다. 그 우선적인 대상은 백성들을 재판하는 자리에 앉아있는 재판관들이었다. 여기서 재판관들의 중심에는 하나님을 섬기는 직무를 맡은 제사장들이 있었다. 그들에게 맡겨진 가장 중요한 직무는 규례에 따라 하나님께 성전 제사를 드리는 일과 백성들을 공의롭게 재판하는 일이었다. 따라서 그들은 여호와 하나님의 뜻을 기억하는 가운데 율법에 따라 재판을 해야만 했다.

그러므로 언약의 백성들 가운데서 재판을 담당하는 자들은 개인의 취향과 경험에 근거한 자의적인 판단을 해서는 안 된다. 오직 모세 율법에 기초하여 치우침이 없이 공정한 재판을 해야만 한다. 이는 사사로운 감정이나 개인적인 이해관계에 의한 영향을 받아서는 안 된다는 사실을 말해주고 있다.

그렇다고 해서 재판관들은 백성들 앞에서 참된 사랑이 결여된 경직된 재판을 해서도 안 된다. 하나님께서는 이를 통해 언약의 자손들 사이에 신의와 관용이 동반되어야 한다는 사실을 강조하셨다. 그것은 하나님의 자비하심이 항상 저들 가운데서 드러나야 한다는 사실을 말해주고 있다.

따라서 율법의 이름으로 과부와 고아와 나그네와 궁핍한 자를 압제하려고 해서는 안 된다. 나아가 구부러진 판단으로 인해 억울한 자들이 생겨나거나 남을 해치는 일이 발생하지 않도록 해야 한다. 그와 같은 행위는 하나님과 사람 앞에서 저지르는 무서운 범죄가 된다. 하나님의 율법은 공의로운 판단을 하도록 하는 기능을 하며 부당하게 이웃을 괴롭히는 자들을 징계하는 역할을 하게 되는 것이다.

이 말 가운데는 재판을 행하는 자들은 항상 하나님의 규례에 따라 그 직무를 감당하되 전체적인 질서와 유익을 기억해야 한다는 점에 연관되어 있다. 즉 개인의 일이라 할지라도 사악한 행위라면 다른 사람들에게 감염되지 않도록 철저히 막아야 한다. 또한 백성들이 재판의 과정을 지켜보며 죄를 견제하고 두려워하도록 경각심을 불러일으킬 수 있어야 한다. 그것이 곧 언약의 백성과 그 나라를 유지하는 소중한 근거가 될 수 있기 때문이다.

(2) 언약의 자손들의 거부(슥7:11,12)

하나님께서는 언약의 자손들이 그동안 자기의 말씀을 청종하기를 거부했던 사실을 언급하셨다. 그 백성들은 오히려 하나님으로부터 등을 돌려 귀를 막고 듣지 않으려고 했다. 그들은 하나님의 율법을 멸시하고 하나님께서 보내신 선지자들을 무시하는 것을 예사로 여겼다. 어리석고 사악한 자들은 선지자의 입술을 통해 예언되는 하나님의 말씀에 순종하기를 싫어했던 것이다.

배도에 빠진 그 사람들의 마음은 마치 금강석처럼 강하고 딱딱했다. 목이 뻣뻣한 그들에게는 하나님의 말씀을 받아들일 만한 부드러운 심령이 전혀 없었다. 그들은 하나님의 율법을 멸시한 채 자신의 종교적인 욕망에 따라 모든 것을 판단하고 시행하고자 했다. 어리석은 자들은 그렇게 하는 것이 마치 세상을 살아가기 위한 능란한 태도라도 되는 양 여겼지만 실상은 전혀 그렇지 않았다.

사랑과 언약의 하나님께서는 이전부터 여러 선지자들을 보내 이스라엘 백성들에게 자신의 거룩한 뜻을 전달하고자 하셨다. 타락한 세상에서 얻은 경험과 이성을 버리고 오직 하나님의 말씀을 듣고 그에 온전히 순종하라는 것이었다. 특히 종교적인 경험이나 종교 이성은 매우 위험하다. 그런 것들은 결국 심각한 문제가 되어 잘못된 인식을 형성하게 될 것이며 위선이 가득한 비뚤어진 자기 판단이 옳은 것인 양 착각하게 만들게 될 따름이다.

하나님께서는 스스로 언약의 자손임을 내세우면서 모세 율법과 여러 선지자들을 멸시하는 자들에게 크게 진노하셨다. 그로 말미암아 무서운 재앙이 임하고 있음에도 불구하고 배도에 빠진 어리석은 자들은 그 사실을 전혀 깨닫지 못하고 있었다. 사악한 자들은 그런 상황에서 하나님의 말씀을 귀담아 듣기는 커녕 더욱 오만해져 갔던 것이다.

(3) 하나님의 분노와 무서운 심판에 연관된 과거(슥7:13,14)

우주만물의 모든 것을 다스리고 통치하시는 만군의 하나님 여호와께서는 그동안 자기가 얼마나 애틋하게 그 백성을 부르셨는지 말씀하셨다. 하지만 완악한 백성들은 하나님께서 간곡하게 불렀음에도 불구하고 그 음성을 전혀 듣지 않았음을 언급하셨다. 결국 하나님께서도 그로 말미암아 더욱 크게 분노하셨기 때문에 애타게 부르는 저들의 목소리를 더 이상 듣지 않으셨다는 것이었다.

이는 하나님과 이스라엘 백성 사이에 심각한 문제가 발생하여 그 관계가 단절되었음을 말해주고 있다. 즉 저들에게는 더 이상 하나님의 백성으로서 좋은 관계가 유지될 수 없게 되어버린 것이다. 이는 진리를 떠난 배도자들을 향한 사망과 저주에 연관된 무서운 선포였다.

그러므로 하나님께서는 곧 그 백성을 향해 더욱 두려운 심판의 채찍을 들게 되리라는 사실을 예언하셨다. 언약의 땅에 무서운 회리바람을 일으켜 그곳에 살아가던 백성들을 이방의 여러 나라들 가운데로 흩어버린다고 하셨던 것이다. 이는 그들이 아무도 예기치 못하는 끔찍한 일을 당하게 되리라는 사실에 연관되어 있었다.

그렇게 되면 약속의 땅은 극도로 황폐하게 될 수밖에 없었다. 그동안 강력하게 보이던 성읍들을 비롯한 크고 작은 마을에는 왕래하는 사람들이 눈에 띄지 않았다. 이는 배도에 빠진 악한 자들이 아름다운 땅을 황무하게 만들어버렸기 때문이었다. 즉 그 백성들이 불순종함으로써 하나님께서 선물로 허락하신 가나안 땅을 폐허로 만들어버리셨다는 것이다.

이스라엘 백성에게 있어서 그것은 결코 쉽게 받아들일 수 없는 충격적인 말이었음이 분명하다. 특별한 선민(選民)으로서 언약의 민족임을 자랑스럽게 내세우던 그들이 부정한 이방인들의 세력 아래 들어간다는 것은 상상조차 할 수 없는 일이었다. 그와 같은 심각한 예언을 들으면 당연히 자신을 살펴 돌이켜 회개하고 하나님께로 돌아서야 했지만 다수의 백성들은 도리어 더욱 악한 태도를 보였다. 그들은 율법과 선지자들의 예언을 통해 선포되는 하나님의 뜻 보다 욕망에 가득 찬 자신의 판단에 의존했던 것이다.

제8장

예루살렘 회복에 대한 약속

(슥8:1-23)

1. 예루살렘 회복(슥8:1-5)

만군의 왕이신 여호와께서 선지자 스가랴에게 임하여 특별한 예언의 말씀을 전하셨다. 하나님께서는 먼저 유혹하는 자들에 대하여 질투와 분노를 일으킬 만큼 자기가 시온을 끔찍이 사랑하신다고 했다.[33] 따라서 누구든지 시온을 대적하면 결코 용서하지 않으신다는 것이었다. 이는 자기 자녀들에 대한 하나님의 절대적인 사랑을 보여주고 있다.

또한 시온을 극진히 사랑하시는 하나님께서는 이제 시온으로 돌아와 예루살렘 가운데 거하리라는 말씀을 하셨다. 이는 파괴된 하나님의 거룩한 성전이 다시금 그 성읍에 세워질 것에 대한 선언적 의미를 지니고 있다. 하나님은 그 성전의 성소 안에 위치한 지성소에 거하시는 분이기

33) 하나님은 질투의 하나님이시다(출20:5; 34:14; 신4:24; 6:15). 그는 종종 언약의 자손들을 자기 아내로 묘사하는 경우가 많다. 이는 지상 교회가 예수 그리스도의 신부로 묘사되는 것과 같다. 따라서 자기 백성들에 하나님의 사랑은 질투의 사랑으로 묘사되고 있다.

때문이다.

하나님의 성전이 재건되는 것을 보게 되는 사람들은 예루살렘을 진리의 성읍이라 일컫는다. 그리고 만군의 왕이신 하나님께서 계시는 '여호와의 산' 은 특별히 구별된 성산(聖山)이라 일컬음을 받게 된다. 여기서 '여호와의 산' 이란 의의 왕이자 평강의 왕이신 멜기세덱34)이 통치하던 예루살렘 중앙에 위치한 모리아 산을 일컫는 것이 분명하다. 그곳에 세워진 거룩한 성전이 하나님의 영광스런 보좌에 직접 연결되어 있었던 것이다.

모리아 산은 구속사 가운데서 매우 특별한 의미를 지니고 있다. 하나님께서는 먼저 그 산을 의의 왕 멜기세덱의 통치영역으로 주셨다. 그후 갈대아 우르에서 불러내신 아브라함에게 자신이 특별히 주신 독자 이삭을 그 산에서 자기를 위한 희생 제물로 바치도록 명하셨다. 인신제사를 요구하신 하나님께서는 그곳이 '여호와 이레' 로서 장차 메시아가 오셔서 하나님의 거룩한 제물로 바쳐지게 될 것을 시사하셨던 것이다.

스가랴서는 그 의미와 더불어 하나님께서 장차 예루살렘을 어떻게 변화시키실지에 대한 실상이 언급되어 있다. 당시에는 모든 것이 혼란스런 분위기였지만 앞으로 예루살렘 성읍의 광장과 길거리에는 수많은 남녀 성인들이 한가롭게 거닐기도 하며 평화롭게 앉아 쉬는 모습을 볼 수 있게 된다. 또한 그곳에는 장수하여 연세가 많은 노인들이 지팡이를 짚은 채 여기저기 다니면서 남은 생애를 누린다.

그리고 예루살렘 도성의 거리에서는 여기저기 수많은 남녀 아이들의 활달한 모습을 볼 수 있다. 그 아이들이 즐겁게 뛰노는 소리로 인해 온 도성이 시끌벅적하다. 건강한 어린 아이들과 청소년들이 많다는 것은 장래가 밝다는 사실을 말해주고 있다. 그들을 통해 하나님의 언약이 지속적으로

---

34) 필자는 멜기세덱을 욥과 동일 인물일 가능성이 큰 것으로 이해한다; 이광호, 욥기, 평택: 교회와 성경, 2018, 참조.

상속되어 갈 것이기 때문이다. 이처럼 예루살렘 성읍은 다양한 연령층의 사람들이 함께 어우러져 살아가게 되는 것이다.

2. 하나님의 백성과 예루살렘 성전(슥8:6-10)

여호와 하나님께서는 당시의 어수선한 현실과 달리 예루살렘에 그와 같은 변화가 일어나는 것을 보면 남은 백성들이 크게 놀랄 것이라고 말씀하셨다. 그러나 하나님께는 그것이 결코 대단한 일이 될 수 없었다. 이는 예루살렘의 회복에 연관된 그 놀라운 일을 직접 실행하시는 분은 하나님이시기 때문이다.

그 때가 이르게 되면 하나님께서 동방과 서방의 먼 곳으로부터 자기 백성들을 인도하여 내고 저들에게 큰 구원을 베풀어 주시리라는 말씀을 하셨다(슥8:7). 그가 이방인들 가운데 선택받은 자들을 각처에서 예루살렘으로 불러들여 그 가운데 거하도록 하신다는 것이었다. 그리하여 그들은 하나님의 백성이 되고 하나님께서는 '진리와 의' 안에서(in truth and in righteousness) 저들의 하나님이 된다고 하셨다. 이는 예레미야 선지자를 통해 선포된 하나님의 말씀에 연관되어 있다. 그것은 예루살렘 성전이 완전히 파괴되고 나라가 패망하는 시기에 주어진 예언의 말씀이었다.

> "나 여호와가 말하노라 그 때에 내가 이스라엘 모든 가족의 하나님이 되고 그들은 내 백성이 되리라" (렘31:1)

선지자 스가랴는 예루살렘 성전을 재건하기 위해 기초를 놓던 날 하나님의 뜻에 따라 이 말씀을 다시금 선포하게 되었다(슥8:8). 즉 예루살렘 성전이 파괴될 무렵 선포된 말씀과 동일한 내용이 그 성전 재건을 앞두고 백성들 앞에서 선포되었던 것이다. 하나님께서는 성전의 기초가 놓일 때 그 예언의 말씀을 다시금 상기시킴으로써 모든 백성들에게 힘을 다하여 주어진 책무를 감당하도록 요구하셨다. 여호와 하나님을 의지하고 그의 뜻에 온전히 순종하면 하나님께서 그에 응답하신다는 것이었다.

이스라엘 백성이 바벨론으로부터 귀환한 후 성전 재건 공사가 시작되기 전 예루살렘과 약속의 땅은 극히 혼란스러웠다. 사람들이 힘겹게 노동을 해도 정당한 품삯을 받을 수 없었으며 짐승을 부릴 만한 재정적인 여유도 없었다. 또한 백성들은 자기를 해치려고 숨어 있는 자들로 인해 바깥출입을 자유롭게 하지 못했다. 그와 같은 불안한 상황이 지속된 것은 하나님께서 저들의 삶을 곤고케 하셨기 때문이다. 그런데 장차 그 모든 상황이 완전히 뒤바뀌게 될 날이 이르게 된다.

우리가 여기서 기억해야 할 바는 이 말씀이 메시아 예언에 연관되어 있다는 사실이다. 당시 이후 이스라엘 역사 가운데는 앞에서 언급한 그와 같은 번영을 이루는 변화가 발생하지 않는다. 그럼에도 불구하고 예루살렘에 그런 일이 일어난다고 한 것은 장차 메시아가 강림하시게 되면 모든 상황이 완전히 뒤바뀌게 된다는 사실을 말해주고 있다. 예루살렘은 그로 인해 민족적 혈통주의를 벗어나게 된다. 따라서 하나님의 언약을 중심에 둔 이방인들이 와서 그 도성 안에 거하며 여호와 하나님을 섬기게 되는 것이다.

3. 풍성한 결실에 대한 약속과 하나님의 은혜(슥8:11-15)

하나님께서는 이제 언약의 백성들 가운데 남은 자들을 향해 다시는 옛날 무서운 재앙을 내리던 날 같이 저들을 심판하지 않겠다고 하셨다. 이는 예루살렘 성전 파괴와 재건에 연관된 말씀으로 이해해야 한다. 과거 솔로몬 성전이 바벨론 제국의 느부갓네살에 의해 파괴되기 전 언약의 백성임을 자처하는 자들이 하나님의 율법을 완전히 버리고 거룩한 성전을 욕되게 함으로 인해 무서운 심판이 임하게 되었다.

하지만 하나님께서 이제 저들에게 은혜를 베풀어 주시며 풍요를 허락하시겠노라고 말씀하셨다. 이는 다시는 옛날 배도의 시대로 돌아가지 말고 참 하나님을 섬기는 자리를 지키라는 의미를 지니고 있다. 따라서 하나님을 경외하는 자들은 율법에 순종하고자 하는 겸손한 자세를 유지해야 한다. 그렇게 하는 것이 저들의 삶을 온전히 보존할 수 있는 유일한 방편이 되기 때문이다.

하나님께서는 예루살렘 성읍에 무너진 성전을 재건하고 자기에게 온전히 의존하는 백성들에게 놀라운 은총을 베풀어 주신다. 이는 그들의 영적인 측면뿐 아니라 육신적인 면에서도 그 효과가 나타난다. 하늘에서 이슬이 듬뿍 내려 땅이 넘치는 생산물을 내고 포도나무가 풍성한 열매를 맺을 때 농부들은 감사한 마음으로 추수를 하게 된다. 그리하여 이스라엘의 남은 자들이 기쁨으로 그 모든 것을 거두어 누린다.

또한 하나님께서는 유다 왕국의 패망으로 인해 겪어야 했던 저들의 고통스러웠던 과거를 상기시키면서 그것을 반면교사(反面教師)로 삼도록 하셨다. 하나님에 대한 배도 행위로 말미암아 거룩한 성전이 파괴되고 예루살렘이 정복당하여 많은 사람들이 이방의 포로가 되어 감으로써 상상을 초월하는 재앙을 받았다. 그것은 언약의 자손들로서는 상상조차 할 수 없는 처참한 일이었다.

하지만 이제 하나님께서는 저들을 과거의 모든 고통으로부터 구원하여 저들로 하여금 축복을 누리게 하리라고 약속하셨다. 따라서 이제는 더 이상 그 어떤 것도 두려워할 필요가 없었다. 그 언약의 백성은 율법에 따라 하나님의 말씀에 순종하면서 성전을 재건하는 일을 위해 담대한 마음으로 참여하면 된다는 것이었다.

그 전에는 언약의 자손들이 하나님의 진노를 크게 불러 일으켰으므로 하나님께서 저들에게 무서운 재앙을 내리기로 작정하시고 실행에 옮기셨다. 그와 반대로 이제는 그 백성이 예루살렘 성전과 그 도성의 회복을 갈망하기 때문에 저들에게 은혜를 베풀어 주시기로 작정하셨다. 따라서 그 약속을 소유한 백성은 성전 재건과 예루살렘 성읍을 회복하는 과정에서 어떤 힘든 난관에 봉착한다고 할지라도 두려워할 필요가 없었다. 그들은 여호와 하나님 한 분만을 의지함으로써 모든 사역을 능히 감당할 수 있을 것이었기 때문이다.

4. 진실한 재판과 기쁨의 회복(슥8:16-19)

여호와 하나님께서는 언약의 자손들에게 하나님을 진정으로 경외하는 자로서 성도다운 삶을 살도록 요구하셨다. 각기 자기 이웃과 더불어 살아가면서 진실을 말하고 거짓을 말하지 말라는 것이었다. 그러나 하나님을 알지 못하는 자들에게는 개인적인 욕망이 존재할 뿐 영원한 진리 따위는 안중에 없었다.

중요한 점은 이스라엘 자손들 사이에 항상 공의가 존재해야 한다는 사실이다. 따라서 하나님의 율법에 따라 정당한 재판이 이루어져야 한다. 하나님께서는 그 일을 위해 진실한 재판과 더불어 화평을 유지하고자 하는 판결이 베풀어져야 한다는 사실을 강조하셨다. 언약을 소유한 백성들 사이에는 반드시 율법을 통한 질서가 유지되어야 하기 때문이다.

그러므로 하나님의 백성이 된 자들은 서로간 해하기를 도모하지 말아야 한다. 즉 자기의 욕망으로 인해 이웃에게 해악을 끼치는 일을 해서는 안 된다. 나아가 어떤 경우에도 거짓 맹세를 하지 말아야 한다. 이는 하나님을 향한 거짓 맹세뿐 아니라 이웃에 대한 거짓 맹세를 해서도 안 된다는 사실을 말해주고 있다 .

사악한 자들은 거짓 맹세를 통해 하나님은 물론 이웃을 속이거나 기만하는 것을 예사로 여긴다. 그와 같은 행위는 하나님께서 싫어하실 뿐 아니라 심하게 증오하신다. 그럼에도 불구하고 악한 자들은 마음에 없는 거짓 맹세를 하며 하나님과 이웃을 속이고자 한다. 하나님을 믿는 성도라면 결코 그와 같은 행위를 해서는 안 된다.

또한 하나님께서는 이스라엘 백성들 가운데 시행되는 사월과 오월과 칠월과 시월의 금식에 대한 언급을 하셨다. 그들은 역사적으로 심한 환난을 당하거나 개별적으로 고통스런 상황에 처하게 될 때 금식하기를 좋아했다. 그들은 율법에 따른 진지한 요구에 근거한 것이 아니라 눈앞의 힘든 상황을 모면하기 위해 형식적으로 금식을 행했던 것이다. 그렇게 함으로써 자기가 처한 위기의 분위기를 반전시켜 보려고 했던 것이다.

하지만 인간들의 열성적인 노력에 의해 그들이 원하는 것들이 쟁취되지 않는다. 그것은 오직 하나님의 은혜로 말미암아 극복될 수 있는 문제이다. 하나님께서는 언약의 자손들이 절기와 정해진 때 겪는 금식의 고통을 이제 유다 족속을 위해 기쁨과 즐거움과 감사의 절기가 되도록 해주리라고 하셨다. 따라서 하나님께서는 백성들에게 그 일을 위해 진리와 화평을 사랑하라고 요구하셨다.

5. 예루살렘으로 몰려드는 만국 백성들(슥8:20-23)

하나님께서는 나중 그 모든 일들이 지나간 다음 여러 백성과 많은 성읍의 거민들이 예루살렘으로 몰려들게 되리라는 사실을 언급하셨다. 각 성읍에 살고 있는 사람들이 급히 다른 성읍으로 가서 만군의 여호와 하나님을 찾고 그에게 가서 은혜를 구하자고 요청하리라는 것이었다. 그렇게 되면 그 듣는 사람들이 그 요청에 화답하리라는 것이었다. 그들이 급히 다른 성읍으로 간다고 한 것은 지금 자신의 죄를 돌아보며 긴박한 형편에 처해 있었다는 점을 말해주고 있다.

그와 같은 상황이 벌어지게 되면 많은 이방 족속들과 강대한 왕국 백성들이 예루살렘으로 몰려오게 된다. 그들은 거기서 만군의 하나님 여호와를 찾고 그의 은혜를 간절히 구하게 된다. 그 날이 이르게 되면 각기 사용하는 언어가 다른 여러 이방 나라 백성 열 명이 유다인 한 사람의 옷자락을 붙잡고 간곡히 말하게 되리라는 사실을 언급했다(슥8:23).

그 이방 왕국에 속한 백성들은 과거에 강력한 세력을 가졌던 자들로서 오만하기 그지없었다. 하지만 이제 그들은 자신의 실제적인 무능을 깨닫고 전능하신 하나님을 찾게 되었다. 그리하여 그 이방인들은 유다 사람을 향해 여호와 하나님이 그와 함께 계신다는 말을 들었으므로 같이 가기를 원한다고 다양한 언어로 말하게 된다는 것이었다.

이는 메시아 예언에 해당되는 말씀으로 받아들여야 한다. 앞에 언급된 모든 일들은 예수 그리스도께서 구원 사역을 완성하신 신약시대에 이루어지게 될 일이었기 때문이다. 사도행전 2장에 기록된 것처럼 성령이 임하시면 그와 같은 놀라운 역사가 일어나게 된다(행2:5-11, 참조). 서로 언어가 다른 온 세계에 흩어진 이방 나라에 속한 백성들이 천상의 예루살렘을 향해 나아오게 되는 것이다.

이방 지역 출신인 그 백성들은 비로소 인생의 궁극적인 가치가 타락한 이 세상에 존재하는 것이 아니라 영원한 천상의 나라에 존재한다는 사실을 깨닫게 된다. 물론 그것은 예수 그리스도의 십자가 사역과 성령 하나님을 통해 하나님의 자녀들에게 허락된다. 그로 말미암아 타락한 세상에 속하지 않고 영원한 천상의 나라에 속한 하나님 나라 곧 지상교회가 이땅에 세워지게 되는 것이다.

제9장

이방 왕국들에 대한 심판과 메시아 예언
(슥9:1-17)

1. 이방 왕국들을 향한 여호와 하나님의 경고(슥9:1-6)

여호와 하나님으로부터 아람 지역에 있는 하드락 땅과 다메섹을 향한 형벌의 말씀이 선포되었다. 이는 여호와의 눈이 그동안 이스라엘 모든 지파뿐 아니라 온 세상 사람들을 지켜보아 온 사실을 말해주고 있다. 그 형벌은 아람의 요충지였던 하맛에 내려지게 될 것이며 세상의 지혜를 자랑하는 두로와 시돈 사람들에게도 임하게 된다.

두로 왕국은 그동안 자기를 위하여 막강한 요새들을 건축해왔다. 그리고 나라 안에 은과 정금 등 값진 보물들을 마치 티끌같이 많이 쌓아두었다. 그 지역 사람들은 그로 인해 하나님 보시기에 오만하기 짝이 없는 태도를 보였다. 따라서 저들 앞에는 이 세상의 어떤 것도 두려움의 대상이 될 수 없었던 것이다.

그러므로 장차 여호와 하나님께서 저들의 모든 소유를 빼앗아가 버리신다. 또한 저들이 자랑으로 여기던 모든 것들을 깊은 바다 한 가운데로 던져버리시게 된다. 나아가 저들에게 남은 모든 것들은 뜨거운 불길에 휩싸여 완전히 소멸해버린다. 저들에게 일어나는 그와 같은 소문은 온 세상에 퍼지지 않을 수 없다.

그 광경을 가까이서 지켜보거나 소문을 들은 자들은 여호와 하나님을 두려워할 수밖에 없다. 지중해 연안에 위치한 비옥한 땅인 아스글론 지역에 살아가던 주민들이 그것을 보고 커다란 공포에 빠지게 된다. 또한 블레셋의 가장 중요한 도시였던 가사도 그로 인해 괴로워 몸부림치게 된다. 그리고 에그론은 그동안 부강한 성읍이 되고자 준비하며 기대해오던 모든 것들이 일순간에 무너져버리게 되어 두려움에 떨게 된다.

그와 같은 위기의 상황이 이르게 되면 가사에는 왕이 끊어지고 아스글론에는 거민이 사라진다. 그리고 아스돗에는 혼혈의 잡족들이 섞여 살아가게 된다. 결국 하나님의 심판으로 인해 그들이 자부심을 가지고 자랑으로 삼던 모든 것들이 완전히 사라지고 황폐하게 되는 것이다. 이는 그 나라들의 패망이 가까워졌음을 말해주고 있다.

2. 메시아 예언(슥9:6-10)

하나님께서는 조만간 블레셋 사람들의 교만한 마음을 끊어버릴 것이라고 말씀하셨다. 짐승을 잡아먹고 입가에 가득히 묻힌 피를 통해 보여주는 저들의 오만함을 제거할 것이며 그 이빨 사이에 끼어있는 역겨운 우상의 제물을 끄집어 낼 것이라고 하셨다. 그들이 더 이상 고기를 먹고 흥청거리는 생활을 지속하지 못하리라는 것이었다. 이는 사악한 자들에게 임하게 될 하나님의 무서운 심판을 말해주고 있다.

한편 그 이방인들 가운데 하나님의 은총을 입어 남은 자들은 여호와 하나님께로 돌아와 그를 섬기는 언약의 백성이 된다. 그들 가운데는 유다의 한 부분에 속해 저들의 지도자처럼 되기도 한다(슥9:7). 또한 에그론은 여부스 곧 예루살렘 사람같이 되기도 할 것이라고 했다.

그렇게 되면 하나님께서 자신의 집 주변에 둘러 진을 쳐서 적군의 침입을 막아 그 지역 안으로 들어오지 못하도록 방어해 주신다. 따라서 원수의 세력은 더 이상 하나님의 백성들을 괴롭히지 못한다. 하나님께서 그 모든 것을 지켜보고 계시므로 감히 저들을 넘볼 수 없기 때문이다.

그로 말미암아 저들에게 새로운 세계가 열리게 된다. 따라서 하나님께서는 여기서 매우 중요한 선포를 하셨다. "시온의 딸아 크게 기뻐할찌어다 예루살렘의 딸아 즐거이 부를찌어다 보라 네 왕이 네게 임하나니 그는 공의로우며 구원을 베풀며 겸손하여서 나귀를 타나니 나귀의 작은 것 곧 새끼니라"(슥9:9). 이 말씀은 장차 이땅에 오시게 될 메시아에 대한 직접적인 예언이다.

신약성경에는 그에 연관된 분명한 증언을 하고 있다. 예수님께서 십자가를 지고 돌아가시기 전 특별한 왕으로서 나귀 새끼를 타고 예루살렘에 입성하셨다. 이는 선지자 스가랴가 예언한 내용이 그대로 성취된 사실을 보여주고 있다. 복음서에는 그 진행된 과정이 구체적으로 기록되어 있다.

> "이는 선지자를 통하여 하신 말씀을 이루려 하심이라 일렀으되 시온 딸에게 이르기를 네 왕이 네게 임하나니 그는 겸손하여 나귀, 곧 멍에 메는 짐승의 새끼를 탔도다 하라 하였느니라 제자들이 가서 예수의 명하신대로 하여 나귀와 나귀 새끼를 끌고 와서 자기들의 겉옷을 그 위에 얹으매 예수께서 그 위에 타시니 ... 따르는 무리가 소리질러 가로되 호산나 다윗의 자손이여 찬송하리로다 주의 이름으로 오시는이여 가장 높은 곳에서 호산나 하더라"(마21:4-9)

이 말씀을 보며 우리는 선지자 스가랴가 당시 그 선포를 통해 메시아에 대한 예언을 했다는 사실을 알게 된다. 그런데 선지자는 본문 가운데서 장차 메시아가 오시게 되면, 하나님께서 에브라임의 병거들과 예루살렘의 말들을 없애버리겠다고 하신 말씀을 전했다. 또한 전쟁을 위하여 없어서는 안 될 중요한 무기인 활도 끊어버릴 것이라고 하신 하나님의 뜻을 언급했다(슥9:10).

이 예언의 말씀은 예루살렘과 가나안 땅에 전쟁이 완전히 종식된다는 사실을 말해주고 있다. 그리하여 이땅에 메시아가 와서 이방 사람들에게 화평의 복음을 전할 것이란 사실을 말했다. 또한 그의 통치력은 이쪽 바다에서 저쪽 바다 끝까지 이르게 되며 유프라테스 강으로부터 땅 끝까지 미치게 되리라고 예언했다.

우리가 이 본문에서 주의를 기울여 생각해 보아야 할 점은 메시아가 왕으로서 나귀새끼를 타고 온다고 한 예언의 말씀과 그 성취이다. 일반적으로 한 나라를 통치하는 왕은 나귀새끼가 아니라 백마를 타거나 건장한 말이 끄는 마차를 타고 화려하게 등극한다. 이땅에 오신 메시아가 나귀새끼를 타고 예루살렘에 입성한다는 것은 구약의 예언을 알지 못하는 자들에게는 비웃음을 살 수 있는 문제였다.

그럼에도 불구하고 그 일이 예언되고 성취된 것은 구약성경을 믿는 참 하나님의 자녀들을 위한 특별한 메시지로 받아들여야 한다. 이는 성경에 관심을 가지지 않는 자들과 그 예언적 사실을 거부하는 자들은 나귀새끼를 타고 초라한 모습으로 입성하는 예수님을 메시아로 인정하기 어려웠다. 우리는 이 역사적인 의미를 올바르게 이해해야만 한다.

3. 하나님의 전쟁(슥9:11-14)

여호와 하나님께서는 본문 가운데서 피로 맺은 언약에 관한 말씀을 하셨다(슥9:11). 물론 그 피는 동물의 피가 아니라 하나님으로부터 특별히 제공되는 보배로운 피에 연관되어 있다. 그 언약의 피로 말미암아 하나님께서 악한 자들에 의해 사로잡힌 백성들을 물 없는 구덩이에서 건져내듯 구원해 내시리라고 했다. 따라서 포로로 사로잡혀 갇혀 있던 백성들에게 그에 관한 소망을 품고 하나님의 요새로 돌아오라는 권면을 하게 되었다.

그들이 언약의 도성으로 돌아오게 되면 하나님께서 저들이 당했던 심한 고통을 기억하고 갑절의 축복으로 갚아주시겠다고 했다. 하나님께서는 그 일을 위해 유다를 활로 삼고 에브라임을 예비된 살로 삼으리라는 말씀을 하셨다. 즉 그들을 하나님의 선한 도구로 삼아 원수들을 쳐부수고 자기 자녀들을 구해내시리라는 것이었다.

그러므로 하나님께서는 시온을 향해 말씀하셨다. 하나님께서 시온의 자손들을 격동시켜 그리스(Greece)인의 자식들을 치도록 하실 것이며 저로 하여금 용맹한 병사의 칼과 같이 해주시리라고 했다. 스가랴서 9장 13절에 기록된 '그리스 자식들' 이란 아마도 블레셋 사람들을 일컫고 있는 것으로 보인다. 블레셋 인들은 원래부터 그 지역에 살아온 토착민들이 아니라 크레타 섬을 비롯한 그리스 지역에서 미케네 문명을 일으킨 자들의 후손 이주민으로 알려져 있기 때문이다.

그들과 전쟁이 일어나게 되면 여호와 하나님께서 그들 위에 나타나셔서 화살을 번개같이 쏘아대실 것이라고 말씀하셨다. 나아가 그가 큰 소리로 나팔을 불며 남방으로부터 폭풍을 일으켜 원수들을 향해 진군하게 되리라고 하셨다. 이는 그 전쟁을 주도하시는 이는 여호와 하나님이라는 사실을 말해주고 있다.

4. 승리의 날(슥9:15-17)

여호와 하나님께서는 항상 자기 백성들을 눈동자같이 지켜 보호해 주시는 분이다. 그가 자기에게 속한 언약의 자손들을 호위해 주시면 그들이 악한 원수들을 집어 삼키게 된다. 하나님의 군대는 물맷돌을 던지며 공격해 오는 원수들을 사정없이 짓밟을 것이기 때문이다.

또한 그들이 최종 승리를 거두게 되면 원수들의 피를 마시고 즐거이 부르짖게 된다고 했다. 이는 물론 실제 상황이 아니라 승리에 대한 상징적인 표현이다. 즉 언약의 백성들은 마치 술에 취한 자들이 흥겨움에 빠져 소리를 지르듯이 더 강한 피에 취한 자들처럼 큰 함성을 내며 원수들을 괴멸시키고 승리를 쟁취하게 된다.

그리하여 원수들의 피가 하나님께 바쳐지는 제물의 피가 흘러내려 제단 모퉁이를 적시듯 땅을 흥건하게 적실 것이라고 했다. 여기서 제단에 관한 언급이 나오는 것은 그 전쟁의 승리가 하나님께 영광이 된다는 사실을 말해주고 있다. 하나님께서는 그 피를 통해 승리의 영광을 받으시게 되는 것이다.

그 날이 이르면 여호와 하나님께서 자기 백성을 돌아보시고 궁지에 빠진 양 떼를 구하듯이 구원하시게 된다. 그렇게 되면 그들이 마치 면류관의 보석같이 여호와의 땅에서 빛난 모습을 드러내 보인다. 그리하여 저들의 형통함과 아름다움이 넘쳐나고 곡식과 포도주가 무르익어 온 땅에 풍성하게 된다. 그로 말미암아 청년들은 강건한 모습을 띠게 되며 처녀들은 건강미가 넘치는 아름다움을 유지하게 되리라고 했다.

제10장

하나님의 심판과 메시아 예언

(슥10:1-12)

1. 하나님의 일반 은총(슥10:1)

선지자 스가랴는 언약의 자손들을 향해 이제 봄철이 되면 여호와 하나님께 풍부한 비를 내려주시도록 간구하라고 했다. 하나님은 비구름을 일게 하시고 번개를 보내시는 분이다. 따라서 그에게 간절한 자세로 구하면 비를 듬뿍 내려 밭의 채소가 풍성하게 자라도록 해주신다는 것이었다.

우리는 여기서 일반은총에 관한 몇 가지 중요한 의미를 짚어볼 필요가 있다. 오늘날 우리 시대에는 하나님께서 직접 때에 따라 비를 내리시고 바람을 불게 하신다는 사실을 실질적으로 받아들이지 않는 경우가 많다. 모든 자연 현상은 섭리적으로 하나님의 큰 영향 아래 있음을 인정하면서도 일반적으로는 그것을 단순한 자연 현상으로만 이해하는 경우가 태반이다. 이는 하나님의 자녀들마저도 과학주의적 풍조에 사로잡힌 현대인들의 성향을 그대로 소유하고 있기 때문이다.

하나님께 속한 백성들이 비를 내려달라고 하나님께 간구하면 그 부근에서 함께 살고 있는 자들은 덩달아 그 자연의 은총을 입게 된다. 그런데 문제는 동일한 혜택을 받으면서도 불신자들은 그것이 하나님의 은총으로 말미암은 것이란 사실을 전혀 인식하지 못한다는 사실이다. 그들은 그것을 단순한 자연현상으로 받아들이거나 저들이 믿고 있는 다른 이방 신들의 은덕인 양 여기며 살아가게 된다.

그와 같은 삶의 행태는 인간들의 실제적인 삶에 연관된 무서운 저주에 해당된다. 때에 따라 허락되는 하나님의 구체적인 은총과 혜택을 입고 있으면서도 그에 대한 아무런 인식이 없는 상태에서 하나님에 대한 감사의 마음이 없다면 끔찍한 일이 아닐 수 없다. 이와 같은 양상은 지나간 역사 가운데 항상 있어왔으며 앞에서도 언급한 것처럼 오늘날 우리의 삶의 실상을 그대로 보여주고 있다.

우리가 여기서 특별히 주의를 기울여 생각해 보아야 할 점은 자연현상에 대한 하나님의 섭리와 특별한 경륜에 연관된 문제이다. 동일한 자연현상이라 할지라도 상이한 해석을 해야 할 경우가 있다. 어떤 경우에는 하나님의 직접적인 간섭에 의한 것일 수 있으나 또 다른 어떤 경우에는 그렇지 않은 것이다.

태풍이나 홍수, 기근, 지진, 화산폭발 등을 예로 들어 생각해 보자. 소수의 사람일지라도 하나님의 자녀가 있는 지역에서 그와 같은 자연현상이 일어날 경우에는 하나님의 구체적인 섭리와 경륜이 따르게 된다. 하지만 하나님의 자녀가 전혀 없는 지역이라면 그것이 순수한 자연현상에 의한 것일 수 있다. 우리는 하나님께서 자연현상을 통해 자기 자녀들에게 특별한 교훈을 주시고자 하는 그 의미를 명확하게 이해해야 할 필요가 있다.

2. 사악한 자들과 언약의 자손들에 대한 예언(슥10:2,3)

선지자는 또한 다산(多産)과 풍요를 가져다 주는 가정 수호신으로 간주

되고 있는 드라빔(teraphim) 우상들은 허탄한 거짓을 말할 따름이라고 했다. 그리고 복술자와 점쟁이들은 사실이 아닌 것을 내세우며 대단한 환상이라도 본 듯 거짓을 말하기를 되풀이한다. 또한 그들은 끊임없이 백성들을 위로하는 척 위장하지만 실상은 자기를 위한 거짓 술수를 늘어놓기에 급급하다.

그러므로 이방신 풍조에 빠진 백성들은 목자 없는 양 떼처럼 이리저리 방황하며 심한 고통을 당하게 된다. 즉 거짓 종교인들은 사탄과 귀신들의 직간접적인 간섭을 받는 가운데 하나님의 자녀들을 속이기 위해 온갖 노력을 다 기울인다. 그렇게 되면 어리석은 자들은 그것이 마치 진실인 양 착각하며 인생을 허비하게 되는 것이다.

여호와 하나님께서는 자기 자녀들을 속이며 기만하는 그 악한 자들을 결코 그냥 두시지 않는다. 이는 세상의 보통 부모들이 자기 자녀들을 미혹하거나 악의 구렁텅이로 빠뜨려 괴롭히는 자들을 가만히 보고 있지만은 않는 것과 동일한 이치이다. 따라서 하나님은 거짓 목자들에게 불같은 진노를 발하실 것이며 자기 양 떼를 괴롭히며 해치는 수 염소들을 엄히 벌하시리라고 하셨다.

만군의 하나님 여호와께서는 그 모든 일을 이루시기 위해 특별히 유다 족속에게 권고의 말씀을 전하셨다. 그들로 하여금 전쟁에서 용맹하게 싸우는 잘 훈련된 준마(駿馬)로 삼으시리라는 것이었다. 그리하여 그 족속을 통해 자기 자녀들을 고통에 빠뜨려 괴롭히는 악한 자들을 진멸하실 것이라고 했다.

3. 메시아 예언과 무서운 심판(슥10:4,5)

하나님께서는 이와 더불어 언약의 백성들을 향해 매우 중요한 메시아 예언을 하셨다. 그들 곧 유다 족속으로부터 '모퉁이 돌' 이 나오고 장막을 지탱하는 기둥이 나오게 된다고 하셨다. 또한 거기에서 원수와 싸우는 강한 활이 나오고 권세 잡은 자가 나온다고 했다(슥10:4). 이는 메시아 예언으로 보아야 할 내용이다.

하나님께서는 그 독보적인 존재가 유다 족속으로부터 나와서 원수들과 맞서 싸우리라고 말씀하셨다. 그들은 거칠 것이 없는 용사같이 진흙탕이 된 거리에서 저들을 짓밟는다. 여호와 하나님께서 그와 그를 따르는 자들과 함께 계실 것이기 때문에 장차 그들이 궁극적인 승리를 거두게 되는 것이다. 그로 말미암아 말을 타고 발악하듯 싸우던 그 원수들은 완전히 패배하여 심한 부끄러움에 빠지게 된다는 것이었다.

4. 특별한 회복을 약속하신 하나님(슥10:6-8)

하나님께서는 또한 특별히 유다 족속을 견고케 하시리라는 말씀을 하셨다. 그리고 요셉 족속을 원수의 손아귀에서 구원하시라고 했다. 여기에는 크게 두 가지 의미가 동시에 내포된 것으로 이해할 수 있다. 우선 이 말씀 가운데는 메시아가 오시게 될 남쪽 유다 왕국을 견고케 할 것과 이단에 빠진 북 이스라엘 왕국에도 은혜를 베풀기 위한 여지를 남겨두실 것에 대한 의미가 들어있다.

그리고 언약적 혈통을 지닌 유다 족속을 통해 이땅에 메시아가 오실 것과 이스라엘 자손의 장자(長子)의 지위를 가지게 된 요셉을 일컬음으로써 비단 이단에 빠진 적이 있으나 전체 언약의 자손들에게 하나님으로부터 임하는 은혜의 문이 열려 있음을 말해주고 있다. 나중 예수 그리스도께서는 유대인의 언약적 혈통 가운데 출생하셨으며 모든 언약의 백성들의 공적인 역할 가운데 지상 사역을 완성하셨다.

그러므로 하나님께서는 본문 가운데서 자기가 이스라엘 족속을 긍휼히 여기고 계시므로 점차 자기에게 돌아오게 하리라는 말씀을 하셨다. 그들이 배도에 빠져 하나님의 무서운 진노로 인한 심판을 겪었지만 원래의 관계를 잊지 않으시겠다고 했다. 즉 과거 민족적으로 당한 심한 고통을 다 잊어버리게 하시리라는 것이었다. 이는 물론 이스라엘 자손들의 전체 구속사에서 감당해야 할 직무에 밀접하게 연관되어 있다.

그렇게 하여 하나님과 이스라엘 백성 사이에 언약이 회복되면 자기가 그 백성의 하나님 여호와로서 저들의 간구를 들어주리라고 하셨다. 거기에는 언약의 백성들이 원수들에 의해 심한 고통을 당할 때 하나님께서 저들을 위해 대신 싸워주시리라는 의미가 담겨 있다. 물론 이 말씀 가운데는 모든 승리는 오직 여호와 하나님께 달려 있다는 선언적 의미를 내포하고 있기도 하다.

그로 말미암아 하나님의 은혜를 입은 에브라임은 씩씩한 용사 같아서 포도주를 마신 것처럼 즐거운 마음을 가지게 된다. 또한 그 자손들은 그 광경을 지켜보며 여호와 하나님으로 인해 진정으로 즐거워하게 된다. 즉 모든 언약의 자손들은 하나님의 도우심을 힘입어 원수들의 압제를 벗어나 참된 즐거움을 누리게 되는 것이다.

하나님께서는 장차 자기가 그 백성을 향하여 휘파람을 불어 한자리로 불러 모으시리라고 말씀하셨다. 이는 그가 직접 그 일을 행하신다는 의미를 지니고 있다. 그리고 그것은 또한 하나님께서 저들을 구속하여 자기 백성으로 삼으셨기 때문이라는 사실에 연관된 말씀이다. 그리하여 그 백성이 오래 전에 번성했던 것처럼 옛날을 회복하여 번성을 누리게 된다는 것이었다. 이는 그들이 여호와 하나님으로부터 부여받은 사명을 원활하게 감당하게 되리라는 사실을 말해주고 있다.

5. 이방인들을 위한 구원 계획(슥10:9-12)

하나님께서는 또한 언약의 자손인 이스라엘 백성을 열방 가운데로 흩으시겠다는 말씀을 하셨다. 이 말은 과거에 있었던 북 이스라엘 왕국의 패망과 남 유다 왕국의 패망을 넘어서는 개념으로 이해해야 한다. 즉 이는 장차 언약의 자손들이 온 세상의 열방으로 흩어질 것에 대한 예언의 말씀이다.

이 예언은 예수님의 십자가와 부활 승천 사건과 더불어 주님이 세우신 지상교회가 온 세상에 흩어지는 것을 의미하고 있다. 그리고 나중 AD70년 로마제국에 의한 예루살렘 성전 파괴와 더불어 구약의 아브라함과 다윗과 솔로몬 언약이 완성된 후 모든 유대인들이 이방으로 흩어진 사건에도 어느 정도 연관이 있는 것으로 보인다.

이리하여 이방의 모든 지역으로 흩어진 언약의 백성들은 먼 지방에서도 여호와 하나님을 기억하게 된다고 했다. 또한 때가 되면 그들이 자기 자손들과 함께 다시금 예루살렘 성으로 돌아오리라는 사실을 말씀하셨다. 여기서 언급된 백성들은 혈통적 유대인들의 구속사적 사역의 완성과 더불어 십자가에 달리신 예수 그리스도의 피로 말미암아 새롭게 구성된 언약의 자손들에 연관되어 있다.

하나님께서는 그들을 애굽 땅에서 이끌어 오실 것이며 앗수르 땅에서부터 불러 모으시겠다고 하셨다. 또한 길르앗 땅과 레바논 땅에서도 그들을 부르셨다는 말씀을 하셨다. 이는 자기 자녀들이 온 세상 만방으로부터 예루살렘으로 모이게 된다는 사실을 말해주고 있다. 세상 끝에서부터 언약의 땅에 이르기까지 원근 각지에서 하나님의 자녀들이 모여들게 되어 예루살렘이 넘쳐나게 된다는 것이었다.

하나님께서는 또한 저들을 고난의 바다인 고해(苦海)를 건너게 할 때 바다 물결을 잠잠케 할 것이라고 말씀하셨다. 그렇게 되면 풍부한 물을 자랑하던 애굽의 나일강이 그 바닥을 드러내며 말라버릴 것이며 앗수르의 교만한 태도가 꺾이게 되고 애굽의 왕권을 상징하는 홀이 사라져 버릴 것이라고 했다. 이는 하나님의 백성들이 궁극적으로 거두게 될 승리를 말해주고 있다. 언약의 자손들에게는 이 말씀이 옛날 기억과 더불어 소중한 거울의 역할을 했을 것이 분명하다.

그러므로 여호와 하나님께서는 이 말씀과 더불어 자기 자녀들에게 특별한 은총을 베풀어 주시리라고 약속하셨다. 그들로 하여금 자기를 온전히 의지하도록 함으로써 큰 힘을 얻어 견고케 하여 흔들리지 않게 해주신다는 것이었다. 또한 그 백성은 여호와의 이름을 앞세워 행하게 되므로 모든 것이 형통하게 된다. 이 모든 말씀은 여호와 하나님께서 계시하신 것이기 때문에 반드시 이루어지게 된다. 그 약속은 현실적으로 고통당하는 당시 백성들에게 진정한 소망이 되었다.

제11장

하나님의 경고와 메시아 예언
(슥11:1-17)

1. 악한 자들에 대한 하나님의 경고(슥11:1-5)

선지자 스가랴는 이스라엘 민족을 혼란스럽게 하는 악한 자들에 대한 하나님의 심판이 임박했음을 선포하고 있다. 그래서 자신의 풍요로움을 자랑하는 레바논을 향하여 경고의 메시지를 전했다. 장차 뜨거운 불길이 임하여 그곳의 아름다운 백향목을 불살라 버리게 되리라는 것이었다. 그렇게 되면 백향목뿐 아니라 주변에 있던 잣나무를 비롯한 큰 나무들이 훼멸될 수밖에 없다.

나아가 선지자는 장차 바산의 상수리나무와 무성한 삼림이 맥없이 쓰러지게 된다고 했다. 그로 인해 가축을 돌보며 동물들을 키우던 목자들의 통곡 소리가 멀리 퍼져나간다. 이는 그동안 동물들이 살아가는 근거지로서 큰 자랑거리로 여기던 푸른 초원들이 완전히 훼손되어 버릴 것이기 때문이었다.

또한 처소를 잃은 젊은 사자들이 크게 으르렁거리는 소리가 여기저기서

들리게 된다. 뿐만 아니라 요단강 주변의 숲들이 점차 사라지고 저들의 삶의 터전이 파괴됨으로써 생존을 위한 기본적인 조건이 사라지게 된다. 따라서 자연 가운데 하나님의 무서운 심판이 임하게 되면 인간들은 그와 더불어 큰 고통을 당하지 않을 수 없게 된다.

그와 같은 끔찍한 상황이 이르면 사람들의 민심이 극도로 흉흉해진다. 그 때가 이르면 사람들은 자기의 생존을 위해 이기적이 되어 주변의 이웃을 염두에 두고 살아가는 자들이 점차 사라져 간다. 따라서 백성들의 인정(人情)은 각박해져 가고 동물들이 평화롭게 풀을 뜯는 모습을 보기 어렵게 된다.

사람들은 그런 중에 양을 친다고 해도 삭막한 마음을 가지지 않을 수 없다. 하나님께서는 그와 같은 형편에 처한 자들을 향해 곧 도살당하게 될 양 떼를 먹이라는 말씀을 하셨다. 이는 사람들이 개인적인 욕망을 채우고자 하여 오로지 자기의 유익을 얻기 위해 그 양들을 키우는 것에 연관된 말씀이다.

그렇게 하여 돈을 주고 그 양을 사서 개인의 욕망 충족을 위해 도살하는 자들은 그렇게 하는 것이 아무런 문제가 될 것이 없다고 생각한다. 평화롭고 여유로운 전체적인 환경 따위는 안중에 없기 때문이다. 동물을 판 사람들도 그로 인해 자기가 부유하게 되었으니 그것으로 족하다고 여기게 된다. 그들은 하나님의 뜻을 외면하면서도 단지 부자가 된 것에 만족하여 여호와 하나님께 찬송하리라고 하며 위선적인 거짓 신앙을 드러낸다.

이처럼 이기적인 욕망으로 가득 찬 기득권자들은 그로 인한 이득이 생기면 그만이었다. 따라서 그들은 옳고 그름을 떠나 자기에게 돌아온 이익 자체로 인해 여호와 하나님께 찬양을 돌리고자 했다. 그 목자들은 자기가 기르던 양들에 대하여 불쌍히 여기는 마음 따위는 아예 존재하지 않았다. 이 말씀은 이스라엘 백성들 가운데 나타나는 전반적인 양상에 연관된 비유로 받아들여야 한다.

언약의 자손들 가운데서 지도자 행세를 하는 자들은 진심으로 백성들을 위한 마음이 전혀 없는 상태에서 오로지 자기의 목적을 위해 그들을 이용하게 될 따름이다. 그들은 언약의 백성들을 희생시켜 가면서 자기의 욕망을 채우기에 급급하다. 그것은 하나님의 뜻을 완전히 벗어나 그를 욕되게 하는 악행에 지나지 않는다. 그럼에도 불구하고 자기에게 어떤 유익이 생긴 것으로 판단하면 많은 사람들이 보는 앞에서 하나님께 영광을 돌리는 듯한 어처구니없는 행동을 한다.

이와 같은 행태는 구약시대뿐 아니라 오랜 기독교 역사 가운데 끊임없이 발생했던 일이다. 오늘날 우리 시대도 그와 전혀 다르지 않다. 기독교 지도자 행세를 하는 자들 가운데는 교회와 성도들을 위해서가 아니라 오히려 그들을 이용해 자기의 욕망을 채워나가는 경우가 많다. 그로 말미암아 자기가 종교적으로 상당한 성공을 거둔 듯 판단되면 마치 하나님께서 그렇게 해 주신 것처럼 사람들에게 선전하기를 좋아한다. 하지만 그것은 하나님의 뜻을 멸시하는 사악한 행위에 지나지 않는다.

2. 참 목자, 거짓 목자(슥11:6-9)

하나님께서는 이제 배도에 빠진 그 땅 거민들을 더 이상 불쌍히 여기지 않을 것이라고 말씀하셨다. 그리고 그들을 주변 왕국과 왕들의 손에 붙여 이방인들로부터 침략을 당하게 하시겠다고 했다. 그 이방인들이 약속의 땅을 공격할지라도 하나님께서 율법을 버린 그 백성들을 구출해주지 않으시리라는 것이었다.

선지자 스가랴는 곧 잡혀가게 될 양 떼를 자기가 먹여주고 있으나 그 양들은 참 가련한 존재라는 사실을 언급했다. 이는 상징적인 표현으로서 당시 이스라엘 가운데는 순진한 백성들을 잡아먹기 위해 분주히 움직이는 자들이 많다는 사실을 말해주고 있다. 하지만 어리석은 자들은 자기를 잡어삼키기 위해 온갖 종교적인 술수를 부리는 거짓 목자들의 속셈을 전혀 모르고 있었다.

이에 대해서는 오늘날 우리 시대 역시 그와 동일한 입장에 처해 있다. 어리석은 자들은 이기심으로 가득 찬 악한 종교 지도자들에 의해 영적인 억압을 당하고 있으면서도 그에 대한 인식조차 없는 실정이다. 그들을 따르는 것이 죽는 길인지 사는 길인지 아무런 분별력이 없는 것이다. 따라서 참된 교회라면 항상 어린 성도들에게 자기를 미혹하는 거짓 종교인들을 분별할 수 있는 능력을 배양하도록 도와주어야만 한다.

선지자 스가랴는 악한 지도자들에 의해 철저히 기만 당하고 있는 백성들을 위하여 지팡이 두 개를 취했다. 그 가운데 하나는 '은총'(favor)이라 칭했으며 다른 하나는 '연합'(union)이라 칭하고 그것으로 양 떼를 먹이며 돌보았다. 하지만 그 양 떼들은 참 목자의 진정성을 깨닫지 못하고 있었다.

그런데 선지자는 또한 '세 목자'가 있었는데 한 달이라는 짧은 기간 동안에 그 셋을 다 제거한 사실을 언급했다. 이는 선지자 스가랴의 마음에도 결코 그들을 용납할 수 없었으며 그들도 자기를 미워했기 때문이라는 말을 했다. 여기서 세 목자들이란 아마도 당시 배도에 빠져 백성들을 괴롭히던 중심 지도자들이었던 왕, 제사장, 거짓 선지자들의 세 부류를 지칭하고 있는 것으로 보인다.

그리하여 선지자는 하나님의 율법을 멀리하는 배도자들을 따르던 그 양 떼들을 더 이상 돌보지 않겠노라고 선포했다. 그렇게 되면 자기는 그 양 떼를 먹이지 않을 것이며 죽는 자는 죽는 대로, 망하는 자는 망하는 대로, 그 나머지는 서로간에 피차 잡아먹도록 내버려 두겠다는 것이었다. 이는 언약의 자손들이 배도에 빠져 여호와 하나님을 버리고 자기 욕망대로 살아가고자 한 사실을 분명히 드러내 보여주고 있다.

3. 하나님과의 단절

(1) '은총'(favor)이란 이름을 가진 막대기를 자름(슥11:10-13)

선지자 스가랴는 그후 '은총' 이라는 이름이 붙여진 막대기를 취하여 두 동강이로 잘랐다. 이는 하나님께서 이스라엘 백성과 맺은 언약을 파기하고자 한다는 하나님의 뜻을 보여주고 있다. 더 이상 배도에 빠진 사악한 자들을 위해 은총을 베풀지 않으시겠다는 것이었다. 이는 행위 예언으로서 이스라엘 자손들로 하여금 그 사실을 명확히 깨닫도록 하기 위함이었다. 하지만 거짓 지도자들을 추종하던 어리석은 자들은 그에 대한 인식이 전혀 없었다.

한편 하나님께서 그와 더불어 언약을 폐하게 되자 선지자의 말을 청종하던 가련한 남은 양 떼들은 그것이 여호와 하나님의 중요한 메시지라는 사실을 깨달았다(슥11:11). 그리하여 선지자 스가랴는 저들을 향해 말했다. 만일 그들이 좋게 여긴다면 자기에게 정당한 대가를 치르고 그렇지 않으면 관두라는 것이었다. 그러자 그들은 선지자에게 '은화 삼 십' 을 지급했다(슥11:12). 선지자가 받은 은 삼십에는 노동의 대가를 넘어 하나님의 경륜적인 메시지가 담겨 있었다. 즉 이 모든 것은 하나님의 예언적 섭리에 의해 이루어진 일이었다.

그 일과 더불어 여호와 하나님께서 선지자에게 말씀하셨다. 당시로는 상당히 큰 액수라 할 수 있는 그 돈을 토기장이에게 던져주라고 명하셨다. 선지자는 당연히 그에 순종하려는 마음을 먹었다. 이는 그가 돈을 탐한 것이 아닐 뿐더러 그 돈을 자신의 개인적인 소유로 삼지 않았음을 말해주고 있다.

그래서 그 선지자는 자기가 정당하게 받은 은 삼십을 예루살렘 성전에 있는 토기장이에게 던져주었다. 이는 '은총' 이란 막대기를 두 동강이로 자름으로써 파기된 언약에 대한 회복에 연관된 말씀이다. 또한 본문에 기록된 '던져주었다' 는 용어를 통해 그것이 자연스런 거래가 아니었음을 알 수 있다.

우리는 이 말씀을 메시아 예언과 연관된 의미로 받아들여야 한다. 은 삼십을 계산해 주었다는 것은 나중에 발생하는 예수님의 몸값과 연관되어 있기 때문이다(마26:15). 그것은 물론 가룟 유다가 예수님을 은 삼십에 팔았다가 나중에 성전 제사장에게 돌려준 사실과 직접적인 관련이 있다. 마태복음에는 그에 대한 기록이 나타나고 있다.

> "때에 예수를 판 유다가 그의 정죄됨을 보고 스스로 뉘우쳐 그 은 삼십을 대제사장들과 장로들에게 도로 갖다 주며 가로되 내가 무죄한 피를 팔고 죄를 범하였도다 하니 저희가 가로되 그것이 우리에게 무슨 상관이 있느냐 네가 당하라 하거늘 유다가 은을 성소에 던져 넣고 물러가서 스스로 목매어 죽은지라" (마27:3-5)

가룟 유다는 산헤드린 공회에 예수님을 은 삼십에 팔아넘겼다. 물론 그것은 자기의 욕망을 채우기 위한 행동이었다. 하지만 그는 후에 예수님의 몸값으로 받은 은 삼십을 대제사장들과 장로들에게 도로 돌려주고자 했다. 그렇지만 산헤드린 공회원들은 그 돈을 되돌려 받기를 거절했다.

그로 말미암아 가룟 유다는 자기가 받은 은 삼십을 스스로 성소에 던져 넣고 물러가서 자살하게 되었다. 우리는 이를 통해 선지자 스가랴가 자기에게 주어진 은 삼십을 성전에 있는 토기장이에게 던져 준 것이 메시아 예언에 연관되어 있다는 사실을 알 수 있다. 즉 그것을 통해 장차 메시아가 오시게 되면 어떤 일이 발생할 것인가에 대한 예언적 메시지를 주고 있는 것이다.

우리가 여기서 기억해야 할 바는 선지자 스가랴가 성전에서 토기장이에게 던져 준 은 삼십에 관한 특이한 성격의 메시아 예언이다. 즉 구약시대 언약의 백성들은 그것 자체가 메시아 예언이라는 사실을 알지 못했다. 하지만 나중 가룟 유다가 예수님을 은 삼십에 팔고 그 돈을 성소에 던져 넣는 것을 보며 스가랴가 행한 행위가 메시아 예언에 연관된 것이라는 사실을 알게 되었던 것이다.

(2) '연합'(union)이란 이름을 가진 막대기를 자름(슥11:14-17)

선지자는 그런 다음 '연합'이라 이름 붙여진 두 번째 막대기를 두 동강 내어 잘랐다. 이는 유다 왕국과 이스라엘 왕국 사이에 형제애 혹은 민족애의 관계를 끊어버리는 것을 의미한다. 하나님께서는 선지자의 그 행위 예언을 통해 혈통적 민족주의를 무너뜨리시고 있는 모습을 보여주셨다. 중요한 것은 하나님의 율법과 언약에 대한 순종 여부이며 민족이나 혈통 따위의 외적인 요소가 본질적인 것이 아니었다.

그리고 하나님께서는 선지자 스가랴를 향해 우매하고 어리석은 목자들이 사용하고 있는 용구들을 취하라고 말씀하셨다. 그와 더불어 하나님께서 장차 '한 목자'(a shepherd)를 이땅에 일으키겠노라고 하셨다. 우리는 여기서 하나로 연결된 혈통적 민족주의를 갈라놓으시면서 동시에 언약의 백성들을 위한 새로운 한 목자를 세우시겠다고 하신 하나님의 뜻을 잘 이해해야 한다.

하나님의 자녀들을 위해 세워지게 될 그 특별한 목자는 자기를 배신하고 떠난 악한 자들을 마음에 두지 않고 제멋대로 흩어진 배도자들을 찾지 않으실 것이라고 했다. 그 사악한 인간들을 고쳐주시지 않으리라는 것이었다. 즉 겉보기에 강하게 보이는 자들이 하나님을 떠남으로써 허약하게 될 것과 그 가운데 살찐 자들은 잡아먹혀 그 발굽이 찢어지게 될 것이라는 사실을 언급했다.

이는 상징적인 의미를 지닌 말씀으로 하나님께서 보내시는 그 특별한 목자가 장차 배도에 빠진 자들을 엄히 심판하게 되리라는 메시지를 담고 있다. 따라서 이기적인 욕망을 채우기 위해 양 떼를 버린 악한 자들은 하나님으로부터 저주를 받게 된다. 그들의 팔과 눈은 원수들의 날카로운 칼에 의한 공격을 피하지 못한다. 그렇게 되면 그 손을 쓰지 못하게 되고 눈이 어두워져 아무것도 행할 수 없는 진노의 자리에 놓일 수밖에 없다.

이는 메시아 예언에 밀접하게 연관된 말씀이다. 장차 하나님의 아들이신 예수 그리스도께서 인간의 몸을 입고 이땅에 오시게 되면 자기 백성에 대한 구원과 더불어 악한 자들 위에 무서운 심판을 내리시게 된다. 즉 하나님의 자녀들은 놀라운 은총을 받게 되지만 불신자들과 배도자들은 참 생명으로부터 분리되는 무서운 심판의 자리에 앉게 되는 것이다.

제12장

예루살렘과 이방 세력의 전투, 그리고 메시아 예언
(슥12:1-14)

1. 예루살렘에 대항하는 배도자들과 이방인들(슥12:1-5)

하나님께서는 배도에 빠진 이스라엘 왕국을 향해 강력한 경고의 메시지를 주셨다. 인간을 비롯한 우주만물을 창조하신 전능자 하나님께서 사악한 배도자들에게 발하시는 경고의 말씀이었다. 이 세상에 살아가는 인간들은 어느 누구라 할지라도 하나님 앞에서는 한갓 날리는 티끌에 지나지 않는다.

하나님께서 선지자 스가랴를 통해 전하시는 메시지의 중심에는 하나님의 도성인 예루살렘이 존재하고 있었다. 그는 예루살렘 성이 그 주변 왕국과 백성들에게 마치 취하게 만드는 술잔과 같은 역할을 하게 되리라는 사실을 말씀하셨다. 그로 말미암아 이방 백성들이 술에 취하듯 비틀거리게 된다는 것이었다. 또한 장차 예루살렘이 포위되는 때가 이르면 유다의 여러 성읍들 역시 그와 마찬가지가 된다고 했다.

세상의 모든 나라들이 몰려와서 예루살렘을 포위하는 그 날이 되면 하나님께서 예루살렘으로 하여금 모든 민족들에게 무거운 바위가 되도록 하리라고 하셨다. 누구든지 그 바위를 임의로 옮기려고 하는 자들은 박살이 날 수밖에 없다. 이는 장차 천하만국이 하나님의 도성인 예루살렘을 에워싸고 공격하게 되지만 하나님께서 저들을 엄히 심판하시리라는 사실을 말해주고 있다.

이는 장차 있을 종말에 연관된 예언으로 보아야 한다. 타락한 인간들은 죽음에 이르는 자신의 더러운 죄가 만천하에 드러나는 것을 꺼릴 수밖에 없다. 따라서 사탄의 세력에 속한 악한 인간들은 그것을 감추기 위해 하나님의 도성인 예루살렘을 정복하여 무력화(無力化)하기 위해 마지막 발악을 하게 된다.

그러므로 여호와 하나님께서 앞으로 도래하게 될 역사적 사실에 대한 예언의 말씀을 주셨다. 그 날에는 언약의 자손들이 최종적으로 승리하지만 인간들의 결집된 세력이 승리를 거두는 밑바탕이 되는 것이 아니다. 하나님께서 직접 악한 자들 위에 엄중한 심판을 내리심으로써 언약의 자손들에게는 자연스럽게 승리가 안겨지게 된다. 하나님의 강력한 손이 전쟁을 위해 동원된 저들의 말들을 쳐서 놀라게 할 것이며 그 말을 탄 기병들을 미쳐 날뛰도록 만들어 버릴 것이라고 하셨다.

그에 반해 언약의 백성인 유다 족속에 대해서는 하나님께서 은혜를 베풀어 직접 돌보시게 되리라는 점을 말씀하셨다. 이방인들이 전쟁을 위해 끌고 들어온 날렵한 말들은 눈이 멀어 앞을 보지 못하여 무기력한 상태에 빠지게 된다. 그 광경을 직접 목격하게 되는 유다 왕국의 지도자들은 예루살렘에 거하는 하나님의 자녀들이 만군의 왕이신 여호와로 말미암아 힘을 얻은 사실을 확인하게 된다.

2. 유다 왕국의 지도자들과 예루살렘 거민(슥12:6-9)

하나님께서는 장차 때가 이르면 유다의 지도자들을 특별히 사용하시겠다는 언급을 하셨다. 그들로 하여금 장작더미 가운데 시뻘겋게 달아 있는 화로 같게 하실 것이며 곡식단 사이에 있는 횃불 같게 하시리라고 했다. 그것은 저들이 뜨거운 불로서 주변의 모든 것을 태워버리는 위력을 가지고 있음을 말해주고 있다.

그러므로 그 용맹한 믿음의 사람들이 예루살렘을 앞뒤좌우로 포위하고 있는 모든 이방 백성들을 불살라버리게 된다. 그와 더불어 예루살렘 거민들은 다치지 않고 그곳에 남아 살아갈 수 있다. 그들이 주변을 맴돌면서 예루살렘을 위협하는 모든 악한 세력을 물리침으로써 안전하게 거할 수 있게 되는 것이다. 이 모든 것은 언약의 자손들이 스스로 갖춘 능력이 아니라 하나님의 권능에 의하여 이루어지게 된다.

이처럼 여호와 하나님께서는 먼저 유다의 장막에 속한 사람들을 안전하게 구원하시게 된다. 이는 다윗의 집과 예루살렘 거민의 영광이 유다보다 우월한 것으로 여기지 못하게 하기 위해서였다(슥12:7). 이는 이땅에 메시아를 보내시고자 하는 하나님의 약속이 가장 먼저 유다에게 허락된 것과 연관되는 것으로 보인다. 즉 그 영광을 두고 우월을 주장할 사안이 아니라는 의미를 지니고 있다.

그 날이 이르면 여호와 하나님께서 예루살렘 거민을 지켜 보호하시게 된다. 그렇게 되면 그들 가운데 가장 연약한 자가 마치 다윗과 같은 큰 위엄을 가진다. 또한 다윗의 자손들은 하나님이 가지신 권위를 공유하게 될 것이며 그들은 뭇 백성들 앞에 있는 여호와의 사자 같게 된다고 했다. 그 날 하나님께서는 예루살렘을 공격하기 위해 몰려오는 세상의 모든 나라들을 심판하여 파멸시키게 된다.

이 말씀은 매우 중요한 메시아 예언적 의미를 지니고 있다. 다윗의 자손들이 하나님의 권위를 공유한다는 것은 다윗 왕을 잇는 왕들을 통해 이땅에 오시게 될 메시아의 권위를 그의 몸된 교회에 속한 성도들이 소유하게 된다는 의미를 내포하고 있기 때문이다. 그리고 메시아의 때가 도래하게 되면 세계만방이 연합하여 예루살렘을 공격하는 모양새를 띠게 된다. 세상을 대표하는 로마제국의 세력과 그에 연합하는 모든 병사들과 배도에 빠진 유대인들이 함께 예루살렘과 하나님의 거룩한 성전과 더불어 오시는 예수 그리스도를 공격한다.

이는 또한 예수님의 초림 때 일어나는 구속 사건과 더불어 AD70년 있게 될 예루살렘과 성전파괴를 통한 보편교회의 탄생과 연관되는 것으로 이해할 수 있다. 그것은 아브라함 언약과 모세 언약, 그리고 다윗 언약을 성취하는 의미를 지니고 있기 때문이다. 그 때로부터 하나님 나라로서 지상의 보편교회가 세워지게 된다. 그와 더불어 메시아 사역을 완성하신 예수 그리스도께 속한 지상교회와 성도들이 그와 함께 왕노릇한다. 즉 그 성도들은 왕이신 예수 그리스도의 편에서 타락한 세상에 대한 심판을 선포함과 동시에 그 가운데 있는 성도들에게 구원을 선포하게 되는 것이다.

3. 메시아의 고난에 관한 예언(슥12:10-14)

여호와 하나님께서는 다윗의 집과 예루살렘 거민들에게 '은혜를 구하는 영'과 '용서를 비는 기도의 영'을 부어주시리라고 말씀하셨다. 배도자들은 그들 가운데서 감히 하나님을 찌르게 되는데 그 끔찍한 일로 인해 하나님의 자녀들은 마치 아비가 외아들이나 맏아들을 잃은 듯이 크게 슬퍼하며 애곡하게 된다. 이는 메시아 예언으로서 장차 하나님의 아들 예수 그리스도를 십자가에 못 박는 일에 연관된 의미를 지니고 있다.

"그들이 그 찌른바 그를 바라보고 그를 위하여 애통하기를 독자를 위하여

> 애통하듯 하며 그를 위하여 통곡하기를 장자를 위하여 통곡하듯 하리로다" (슥12:10); "they will look on Me whom they have pierced; and they will mourn for Him, as one mourns for an only son, and they will weep bitterly over Him like the bitter weeping over a firstborn" (Zechariah12:10, NASB).

위에 소개한 영어 성경 본문에는 그 내용과 의미가 더욱 분명히 드러나고 있다. 즉 하나님께서는 이 말씀 가운데서 그 악한 자들이 하나님인 자기를 찌른 사실을 뚜렷하게 기록하고 있기 때문이다. 이는 인간으로서는 결코 행해서는 안 될 사악한 짓이었지만 죄인들은 그 악행을 저질렀다.

따라서 그 날이 이르게 되면 그 의미를 깨닫게 된 자들이 하나님을 위하여 애통하기를 자신의 독자(獨子)와 장자(長子)의 죽음 앞에서 울부짖듯 슬프게 통곡하게 된다. 실상은 그보다 훨씬 더한 애통을 할 수밖에 없었다. 그보다 심한 슬픔에 휩싸여 애곡할 일은 결코 있을 수 없기 때문이다.

그러므로 때가 이르면 예루살렘에 큰 애통이 있게 된다고 했다. 그것은 개개인의 사적인 형편이 아니라 언약의 백성들이 처한 공동의 문제였다. 선지자는 그 애통이 과거 므깃도 골짜기의 하다드림몬에서 있었던 애통과 같으리라고 했다. 그 사건은 바로 왕 느고가 경건한 유대 왕이었던 요시아를 전사시킨 역사적인 사건에 연관되어 있었다. 요시아 왕이 므깃도 전투에서 전사를 당하게 된 것은 언약의 자손들에게 엄청난 재난이 아닐 수 없었던 것이다(왕하23:29; 대하 35:22-27, 참조).

이처럼 장차 메시아의 때가 이르면 세상의 여러 족속들이 각기 따로 애통하게 된다고 했다. 다윗의 족속과 그 아내들, 나단의 족속과 그 아내들이 각각 따로 애통하게 되리라는 것이었다. 또한 레위 족속과 그 아내들, 시므이 족속과 그 아내들, 그리고 모든 남은 족속과 그 아내들이 따로 애곡하게 될 것이라고 했다. 이는 모든 언약의 자손들은 어디에 있든지 메시아가 당하는 그 고통으로 인해 크게 애곡하게 된다는 사실을 말해주고 있다.

선지자로부터 하나님의 말씀을 들은 모든 언약의 백성들은 장차 오시게 될 메시아를 간절히 소망해야만 했다. 그와 동시에 하나님이신 그가 사악한 인간들에 의해 찔리고 모든 고난을 당하게 될 일에 대한 예언을 마음속에 담아두고 있어야 했다. 이 가운데는 죄가 없는 거룩하신 하나님께서 심한 고통을 당하시게 된다는 사실과 더불어 죄에 빠진 자기 자녀들을 용서하기 위한 하나님의 대속 사역의 의미가 들어있음을 깨달아야 했던 것이다.

제13장

하나님의 심판과 회복에 대한 예언
(슥13:1-9)

1. '성결의 샘' 과 거짓 선지자들(슥13:1-3)

장차 여호와의 날이 이르게 되면 놀라운 일이 발생하게 된다. 하나님께서 사악한 모든 것들을 심판하신 후 언약의 땅을 의로운 영역으로 변화시킬 것이었기 때문이다. 그 날에 다윗 족속과 예루살렘 거민들을 위하여 죄와 더러움을 씻어내는 성결한 샘물이 열리게 된다. 이는 언약의 자손들을 위한 새로운 삶이 제공된다는 의미를 지니고 있다.

그러므로 여호와 하나님께서 언약의 백성들을 향해 그에 관한 선포를 하셨다. 그 특별한 날이 이르게 되면 하나님의 무서운 심판이 행해져 각양 우상의 이름들이 그 땅에서 완전히 제거 되리라는 것이었다. 그렇게 되면 그동안 더러운 우상들로 인해 혼란을 겪던 언약의 자손들이 더 이상 그에 대한 기억조차 하지 못하게 된다.

또한 하나님께서는 그 땅에서 그럴 듯한 말로 포장된 거짓을 퍼뜨리며 어리석은 자들을 미혹하던 거짓 선지자들과 더러운 귀신들의 행위를 그

땅에서 완전히 몰아낼 것이라고 말씀하셨다. 당시 어리석은 백성들은 그들의 거짓 예언과 종교적인 사악한 가르침에 빠져 철저히 속고 있었다. 이제 그 모든 상황들이 완전히 끝나게 되리라는 것이었다.

그러므로 사람들이 그럴듯하게 포장된 거짓 예언을 하면 절대적인 지지를 보내던 그 부모들조차 그에 크게 분노하게 된다. 그들을 출산하고 양육한 부모들마저 자기 자식들이 여호와의 이름을 빙자하여 거짓말을 일삼는 것을 더 이상 용납하지 않는다. 그들은 이제야 그 실상을 파악하고 하나님의 뜻을 훼방하며 언약의 자손들을 미혹하는 것이 얼마나 사악한 행동인지 알게 된 것이다.

따라서 자기 자식이 하나님의 뜻을 벗어나 거짓 예언을 하게 되면 그 부모가 그것을 보고 저들을 칼로 찔러 죽이는 또 다른 불행한 사건들이 발생하게 된다. 한편 이 말은 하나님의 진리를 지켜 보존하는 것이 개인의 가정보다 훨씬 더 중요하다는 사실을 말해주고 있다. 이는 가정의 안녕을 포기하고 메시아를 소망하는 민족적 언약 상속을 중심에 두었기 때문에 가능한 일이었다. 이를 통해 장차 여호와의 때가 이르게 되면 이스라엘 민족 가운데 그런 놀라운 상황이 전개되리라는 사실이 예언되었던 것이다.

타락한 인간들은 이 세상에서 자신의 삶을 위해 평화롭게 살아가는 것을 최상의 덕목으로 여긴다. 나아가 가정이 화목하게 세워지는 것을 목적으로 삼고 있다. 물론 일반적인 경우에는 그점을 중요하게 받아들일 수 있다. 하지만 복음의 원리에 반하는 경우에는 사정이 달라진다. 나중 예수님께서는 그에 연관된 중요한 교훈을 주셨다.

> "내가 세상에 화평을 주러 온 줄로 생각지 말라 화평이 아니요 검을 주러 왔노라 내가 온 것은 사람이 그 아비와, 딸이 어미와, 며느리가 시어미와 불화하게 하려 함이니 사람의 원수가 자기 집안 식구리라" (마10:34-36)

예수님께서는 이 말씀 가운데서 모든 가치 기준은 세상을 심판하시는 자신이라는 사실을 언급하셨다. 하나님의 자녀라면 그 어떤 값진 것이라 할지라도 이와 바꾸지 못한다. 가장 사랑하는 가족이라 할지라도 하나님의 뜻에 반하는 경우라면 용납할 수 없는 것이다. 세상에서 상당한 어려움과 불행을 겪는 한이 있을지라도 하나님의 뜻을 따르는 것이 소중하다. 선지자 스가랴는 본문 가운데서 이에 관한 예언적 메시지를 주고 있다.

2. 거짓 선지자들의 결과 (슥13:4-6)

진리를 벗어난 상황에서 행해진 모든 거짓은 반드시 드러나기 마련이다. 더구나 여호와 하나님의 이름을 핑계대면서 거짓 예언을 하며 언약의 백성들을 속인 자들의 행위는 만천하에 드러날 수밖에 없다. 따라서 하나님의 심판이 임하는 그 날이 되면 환상을 보았다며 하나님의 이름을 앞세워 기만을 일삼던 자들은 큰 부끄러움에 빠지게 된다.

거짓 선지자들은 그동안 백성들 앞에서 거짓 예언을 하며 자신의 욕망을 채워왔지만 이제 그럴 듯한 감언이설(甘言利說)로 사람들을 속일 수 없다는 사실을 깨닫게 된다. 따라서 그들은 어리석은 자들 앞에서 권위와 부를 상징하는 것으로 자랑 삼던 털옷을 벗어버리고 더 이상 그 옷을 입지 않는다. 만일 그렇게 한다면 저들의 말에 속아왔던 많은 사람들로부터 훨씬 더 심한 비난을 받을 것이었기 때문이다.

그와 같은 극한 상황에 다다르고 나서야 비로소 그들은 자세를 극도로 낮추면서 참 선지자가 아니라는 자신의 신분을 고백하게 된다. 따라서 자기는 하나님이 보내신 선지자가 아니며 보잘것없는 평범한 사람에 지나지 않는다는 사실을 밝힌다. 그리고 어려서부터 남을 섬기는 비천한 종의 신분을 가지고 있었다는 사실을 말한다.

하지만 그가 그런 말을 할 때는 이미 때가 늦었다. 많은 백성들이 그로 말미암아 속임을 당한 채 하나님 앞을 떠나 배도의 길을 걷게 되었다. 그의 사악한 거짓 예언과 행동이 많은 사람들을 심한 고통의 자리로 몰아넣었으므로 이제 그 상황을 되돌릴 수 없었다. 따라서 그런 자들은 하나님의 엄한 심판을 받아야만 했다.

그러므로 그의 가슴은 온갖 시커먼 상처로 멍들게 된다. 그것을 지켜 본 사람들 가운데는 그 상처가 어떻게 하여 생겨난 것인지 궁금해 하며 물어볼 것이라고 했다. 그러면 그는 자기 친구의 집에서 받은 상처라고 얼버무리게 되리라는 것이었다. 그것이 하나님의 심판에 의한 것이었지만 부끄러움에 빠져 그렇게 대답할 수밖에 없었던 것이다.

3. 하나님의 심판과 남은 자들(슥13:7-9)

그와 같은 형편 가운데서 여호와 하나님께서는 저들이 뿌려놓은 사악한 것들을 완전히 청산하시고자 했다. 따라서 그는 악행을 주도한 자들과 저들을 추종하던 백성들에게 날카로운 칼을 보내시리라고 말씀하셨다. 그 칼로 하여금 거짓으로 가득찬 배도자들을 쳐서 엄히 심판하시리라는 것이었다.

하나님께서는 그동안 하나님의 이름을 핑계대며 지도자 행세를 하던 자들을 치도록 명령하셨다. 그리고 하나님과 가까운 관계라고 선전하며 의인행세를 하던 거짓 선지자들을 치라고 하셨다. 사악한 지도자들과 거짓 선지자들이 하나님의 심판에 의하여 크게 상하게 되면 저들을 의지하던 백성들은 뿔뿔이 흩어질 수밖에 없게 된다.

우리는 여기서 신약성경 야고보서에 기록된 내용을 떠올려 보아야 한다. 야고보는 교회를 향하여 교회의 교사 즉 오늘날의 목사가 되는 것에 관한 문제와 더불어 매우 중요한 교훈을 주고 있다. 교회에서 하나님의 말씀을 풀어 해석하며 설교하는 교사들에게 지워진 짐이 얼마나 큰 것인지 말하고 있기 때문이다.

> "내 형제들아 너희는 선생 된 우리가 더 큰 심판 받을 줄을 알고 많이 선생이 되지 말라" (약3:1)

교회에서 가르치는 교사의 직분을 맡은 자들은 항상 자기가 가르치는 내용이 잘못되면 어떤 결과를 가져오게 될지 생각해 보아야 한다. 자칫 잘못하면 장님이 장님을 인도하는 것과 같은 형국이 된다(마15:14). 그렇게 되면 자기뿐만 아니라 모든 사람들을 구덩이에 빠뜨리는 결과를 가져올 것이기 때문이다.

스가랴서에는 여호와 하나님께서 그 거짓 지도자들뿐 아니라 그로 말미암아 흩어지는 자들을 위해 긍휼을 베풀지 않으시리라고 하신 말씀이 기록되어 있다. 도리어 사악한 행위를 하며 하나님을 욕되게 한 모든 백성들을 그가 치실 것이라고 하셨다. 이는 백성들 가운데 존재하는 모든 악행을 철저히 심판하시고자 하는 공의의 하나님을 보여주고 있다. 거룩한 하나님께서는 악한 자들을 엄중하게 심판하심으로써 모든 죄악을 말끔히 없애고자 하셨던 것이다.

우리는 여기서 매우 중요한 교훈을 얻게 된다. 그것은 악을 주도한 거짓 선지자들뿐 아니라 그들에게 속아 넘어간 백성들 역시 그에 관한 엄중한 책임을 져야 한다는 사실에 연관되어 있다. 그들 역시 여호와 하나님을 떠나 그를 욕되게 한 배도의 자리에 앉아 있었기 때문이다. 따라서 어리석은 자들이 자기는 의도하지 않은 채 거짓 선지자들에 의해 속았을 따름이라고 항변하지 못한다. 그들은 다른 사람 때문에 자기가 하나님의 무서운 심판을 당하는 것이 억울하다고 주장할 수 없는 것이다.

하나님께서는 장차 그 온 땅에서 삼분의 이에 해당하는 백성들은 멸절하고 삼분의 일은 거기 남겨 두시겠다는 언급을 하셨다. 이는 그와 같은 긴박한 상황 가운데서도 하나님께서 모든 것을 완전히 멸망시키지 않고자 하시는 그의 자비로운 의도를 보여 준다. 여기에는 창세전부터 작정하신 구원의 계획을 이루어 가시고자 하는 하나님의 놀라운 사랑과 인내가 드러나고 있다.

그런데 하나님께서는 그때 남겨진 삼분의 일에 해당되는 백성을 평안히 살아가도록 해주시겠다고 말씀하시지 않고 도리어 엄청난 고통을 당하도록 하겠다는 말씀을 하셨다. 즉 그 남겨진 삼분의 일을 뜨거운 불 가운데 던져 넣어서 마치 금과 은을 제련하듯 연단하고 시험하겠다는 것이었다. 이는 저들 가운데 존재하는 모든 불순물들을 말끔히 제거하시겠다는 하나님의 뜻을 보여주고 있다.

모든 악행을 완전히 제거할 수 있는 이와 같은 일은 인간들의 일반적인 역사 가운데 저절로 발생하지 않는다. 단지 하나님께서 보내시는 메시아가 이땅에 오시게 되면 그가 그 일을 가능하도록 하신다. 즉 그 때가 되면 남은 자들이 정결하게 되어 여호와 하나님의 이름을 부를 수 있게 된다. 그로 말미암아 하나님과 자기 백성 사이의 관계가 완전히 회복되는 것이다.

하나님께서는 자기에게 속한 언약의 자손들이 간구하는 소리를 들으시고 그에 응답하시게 된다. 구약성경에 기록된 언약 가운데 있으면서 일시적으로 하나님을 떠났던 백성들이 이제 온전한 하나님의 백성으로 인정받는다. 그리하여 그 백성들은 '여호와는 나의 하나님이라' (슥13:9)는 고백을 하며 그를 따르게 된다. 이는 저들에게 임하게 될 하나님의 놀라운 은혜를 보여주고 있다. 거짓 선지자들로 인해 혼란에 빠져 고통을 겪던 성도들이 그로 말미암아 진정한 소망을 가지게 되었던 것이다.

제14장

'여호와의 날' 과 예루살렘의 회복
(슥14:1-21)

1. '여호와의 날' (슥14:1-1,2)

선지자 스가랴는 장차 '여호와의 날' 이 반드시 이르게 되리라는 사실을 말했다. 그 날이 되면 인간들이 자신의 삶을 지탱해주는 근거가 되는 것으로 여겨오던 재물이 외부 사람들에 의해 약탈당하게 된다. 원수들이 침략하여 모든 재물을 빼앗아 저들이 보는 앞에서 나누게 되는 것이다. 그동안 남을 짓밟아가며 부당한 방법으로 끌어 모은 아까운 재산이 원수들의 손에 넘어가는 것을 뻔히 보면서도 속수무책이 될 수밖에 없다. 그러면 눈물을 머금지 않을 수 없는 고통스런 상황에 처하게 된다.

이는 오만한 배도자들에 대한 하나님의 심판으로 말미암아 발생하는 일이다. 하나님께서 이방의 여러 나라들을 불러 모아 생명을 상실한 예루살렘과 맞서 싸우도록 하신다. 그 결과 그동안 저들의 욕망을 추구하는 역할을 해오던 성읍이 함락되고 가옥이 약탈당하며 힘없는 부녀자들이 욕을 당하게 된다. 결국 그 성읍 가운데 살아가던 백성의 절반이 이방 지역으로 사로잡혀 가게 되지만 그 남은 백성들이 있어서 성읍으로부터 완전히 끊어지지는 않는다.

하지만 이는 이스라엘 자손들이 바벨론의 포로에서 귀환한 후 복원하는 예루살렘 성읍도 영원하지 않으리라는 사실을 시사해주고 있다. 물론 그들이 재건하는 예루살렘 성전도 영원할 수 없다. 이는 결코 이스라엘 자손들이 원하는 바가 아니었다. 그들은 그 하나님의 도성과 거룩한 성전이 영원하기를 바랐을 것이기 때문이다.

그렇지만 여호와 하나님께서는 여기서 이 세상에 존재하는 예루살렘 성읍과 돌로 건축되는 성전이 아니라 영원한 새 예루살렘과 거룩한 성전에 연관된 약속을 하셨다. 다수를 차지하는 이땅의 배도자들은 이방인들에 의해 또다시 패망을 당할 수밖에 없게 된다. 그에 반해 그 남은 백성들은 영원한 천상의 도성에 참여하게 되는 것이다. 이는 종말론적인 의미를 내포하고 있는 예언으로 받아들여야 할 내용이다.

2. 여호와의 직접적인 개입과 지진 발생(슥14:3-5)

여호와 하나님께서 작정하신 때가 이르면 그가 여러 이방 왕국들을 치시게 된다. 이는 예전에 발생했던 끔찍한 전쟁처럼 치열한 전투가 벌어질 것을 예고하고 있다. 또한 그 날에 하나님의 발이 예루살렘 동편 감람산에 서게 되실 것이라고 했다. 이는 하나님이 언약의 군대를 구체적으로 통솔하는 총사령관이 되시리라는 사실을 말해주고 있다.

그리하여 때가 되면 감람산의 중앙 부분이 동서로 갈라져 거대한 골짜기를 형성하게 될 것이라고 했다. 또한 그 산의 절반은 북쪽으로 옮겨가고 나머지 절반은 남쪽으로 옮겨가리라고 했다. 그리고 그로 말미암아 생겨난 깊은 골짜기는 멀리 아셀 지역까지 미칠 것이라고 언급하고 있다. 이는 하나님의 심판과 구원 계획이 구체적으로 이루어지게 되리라는 사실에 대한 예언이다.

예루살렘에 그런 놀라운 일이 발생하면 하나님의 자녀들은 그가 예비하신 산골짜기로 도망치게 된다. 그것은 마치 오래 전 웃시야 왕 때 많은 사람들이 지진을 피해 도망치던 때와 같을 것이라고 말했다. 사람들은 그 상태에서 자신의 생명을 보존할 수 없다는 사실을 깨닫게 되어 그와 같은 피신을 하게 되는 것이다.

그와 더불어 선지자 스가랴는 때가 이르면 자기의 하나님이자 언약의 자손의 하나님이신 여호와께서 저들 가운데 임하시게 되리라고 했다. 이는 그가 자기 자녀들을 사악한 세력으로부터 구출해 내시기 위한 목적 때문이었다. 그로 말미암아 여호와 하나님의 은혜를 입은 모든 거룩한 백성들이 주님이신 여호와 하나님과 함께 거하게 되는 것이다.

3. 예루살렘의 완벽한 회복(슥14:6-11)

그 특별한 날이 이르게 되면 하늘의 해와 달과 별들이 사라져 빛을 완전히 잃게 된다. 그때가 이르면 일상적인 낮과 밤이 따로 없는 새로운 세계가 도래한다. 이는 하나님께서 허락하시는 새 빛으로 말미암아 해와 달과 별들을 통해 어두움을 밝히던 일이 끝나게 된다는 사실을 말해주고 있다. 이 말은 곧 인간의 범죄로 인해 오염된 상태에 놓여있는 우주만물에 대한 참 빛을 통한 하나님의 궁극적인 심판을 예고하고 있다.

그런데 그 날이 언제 도래하게 될지에 대해서는 아무도 알 수 없으며 오직 하나님만 홀로 알고 계신다. 우리가 여기서 기억해야 할 바는 이 말씀이 메시아 예언에 밀접하게 연관되어 있다는 사실이다. 하나님께서 보내시는 그리스도가 이 세상에 오시게 되면 그가 물리적 세상에는 존재하지 않는 참 빛이 되어 사람들에게 비추게 된다. 그 빛이 진정한 빛이 되어 어둠을 비칠 수 있게 되는 것이다. 그러므로 예수님께서는 자기가 곧 세상의 빛이라는 사실을 말씀하셨다.

> "예수께서 또 일러 가라사대 나는 세상의 빛이니 나를 따르는 자는 어두움에 다니지 아니하고 생명의 빛을 얻으리라"(요8:12); "너희는 세상의 빛이라 산위에 있는 동네가 숨기우지 못할 것이요"(마5:14)

예수님께서는 자기가 어두움 가운데 존재하는 참 빛이라는 사실을 선포하셨다. 그리고 그에게 속한 모든 성도들 곧 지상교회가 세상의 빛이라고 말씀하셨다. 예수님께서 교회와 성도들을 세상의 빛이라고 말씀하신 것은 일반 윤리적인 개념이 아니라 영원한 진리와 연관되어 있다. 죄에 빠진 인간들은 그 빛을 통하지 않고는 우주만물과 세상에 존재하는 그 어떤 것도 올바르게 보지 못한다. 이는 영적인 의미인 동시에 실제적인 사실을 동반하고 있다.

선지자 스가랴는 또한 그 날이 되면 예루살렘에서 생명수가 솟아나리라는 사실을 언급했다. 그것은 그냥 조그만 우물 같은 것이 아니라 강과 같이 거대한 물줄기를 이루게 된다. 따라서 그 물 가운데 절반은 동해로 흘러가며 절반은 서해로 흘러가게 된다. 그런데 우리는 예루살렘과 이스라엘 지역에는 서해는 있지만 동해가 없다는 사실을 알고 있다. 그렇다면 이는 과연 무엇을 의미하고 있을까?

아마도 동해와 서해라는 말은 '동쪽에 있는 바다'와 '서쪽에 있는 바다'로 여유롭게 해석하여 이해하는 것이 자연스럽다. 서쪽에 있는 바다란 지중해를 가리키고 동쪽에 있는 바다란 소금 바다인 사해(Dead Sea)를 칭하는 것으로 보인다. 예루살렘에서 솟아난 그 생명수는 동쪽에 있는 죽은 바다인 사해(死海)를 되살리는 능력을 갖추고 있으며 죄에 빠진 인간들이 번영을 추구하며 항해하는 상선들이 넘나드는 서쪽에 있는 지중해가 그로 말미암아 되살아나게 된다는 사실을 상징적으로 말해주고 있다.

또한 그 생명수는 계절에 상관없이 여름에도 흐르고 겨울에도 흐른다는 사실을 말해주고 있다. 팔레스틴 지역이 계절에 따른 건기와 우기가 선명한 사막성 기후인 점을 감안한다면 항상 생명의 강물이 넘쳐난다는 것은 여간 기쁜 소식이 아닐 수 없었다. 따라서 그 예언의 말씀은 언약의 자손들에게 커다란 소망이 되었던 것이다.

그 때가 이르게 되면 여호와 하나님이 온 천하를 통치하는 왕이 되신다. 그가 홀로 하나님이 되실 것이며 오직 그의 이름만 높이 들려 영광을 받게 된다. 그리하여 온 땅이 비옥하게 되어 예루살렘을 중심으로 하여 새로운 갱신운동이 일어나게 된다. 따라서 언약의 백성들이 하나님으로 말미암아 풍족한 삶을 누릴 수 있게 되는 것이다.

이는 장차 세상에 오시게 될 메시아의 때와 연관된 예언이다. 즉 이땅에 메시아가 오셔서 세상을 심판하시게 되면 그로 말미암아 하나님의 자녀들에게 놀라운 축복이 임하게 된다. 따라서 예루살렘이 굳건하게 되어 그 성에 거하는 자들은 평안한 삶을 누린다. 그 가운데는 저주가 사라지게 되어 더 이상 전쟁이나 갈등이 없어지게 된다. 이 모든 예언은 장차 도래하게 될 메시아의 강림을 통해 성취될 사안이었다.

4. 사악한 자들에게 임할 재앙(슥14:12-15)

하나님께서는 자신의 거룩한 성전이 있는 예루살렘을 침략하는 모든 악한 자들에게 무서운 재앙을 내리시게 된다. 그것은 사람이 가만히 서 있을 때 그 살이 썩어 들어가며 그 눈알이 눈구멍 속에서 썩게 되는 재앙이다. 그리고 입 안에 있는 혀가 썩어 들어간다. 이는 상상을 초월하는 무서운 재앙이 아닐 수 없다.

또한 그 날이 이르게 되면 여호와 하나님께서 그곳 백성들로 하여금 크게 요란케 만드신다. 그들은 서로간에 붙잡고 공격을 주고받는 폭력을 행사하게 된다. 그때는 유다도 하나님의 지원과 보호 아래 예루살렘에서 침략자들을 대항하여 전투를 벌인다. 그로 말미암아 많은 보화 곧 금은과 의복이 사면을 에워싸고 있던 여러 나라들로부터 그곳으로 모여들게 된다.

그와 더불어 말과 노새와 낙타와 나귀 등 짐승들에게도 사악한 인간들에게 임하는 것과 동일한 재앙이 미치게 된다. 동물들의 살과 눈알과 혀가 썩어 들어가게 되는 것이다. 이는 사람들이 상상조차 하기 어려운 끔찍한 재앙이 임하게 되리라는 사실을 말해주고 있다.

하지만 여호와 하나님을 믿고 의지하는 성도들에게는 그와 같은 재앙이 임하지 않는다. 그가 예루살렘의 남은 자들에게 놀라운 은혜를 베푸실 것이었기 때문이다. 이로써 하나님의 편에 있는 자들과 그 반대편에 선 자들 사이에는 극명한 대조를 이룬다. 즉 예루살렘에 거하는 하나님의 자녀들에게는 놀라운 은총이 주어지는 반면 그 도성을 공격하는 악한 자들에게는 무서운 심판이 내려지게 되는 것이다.

5. 열국에 흩어진 하나님의 백성과 초막절(슥14:16-19)

예루살렘을 침략했던 여러 나라들 가운데는 하나님께 속한 남은 자들이 있게 된다. 그들은 이방 지역에 살아가면서도 여호와 하나님을 경외하는 성도들이었다. 그 사람들은 예루살렘으로부터 멀리 떨어져 살아가고 있었으나 여호와 하나님께서 계시는 예루살렘과 그의 성전이 삶의 중심이 되어야만 했다.

그러므로 장차 그들이 해마다 예루살렘으로 올라와서 만군의 왕이신 여호와 하나님께 경배하게 되리라고 했다. 그리고 그 사람들은 초막절을 지키게 된다. 그들은 이방인 출신으로서 유대교에 입교한 자들이든지 아니면 유대인들 가운데 이방 지역으로 잡혀간 자들이거나 그 후손들일 수도 있다. 그 사람들은 언약의 조상들이 출애굽하여 시내 광야에서 초막절을 지킨 것을 기억하는 가운데 그 실제적인 의미에 동참해야만 했다. 그것을 통해 하나님의 백성들은 이 세상에서 나그네로 살아가는 가운데 영원한 천국을 바라보며 살아가야 했던 것이다.

하나님께서는 예루살렘과 그 절기를 통해 자기 백성과 그렇지 않은 자들 사이에 분명한 경계선을 그으셨다. 천하만국에 흩어져 살아가는 자들 가운데 예루살렘을 방문하여 여호와 하나님을 경배하는 자들에게는 큰 은혜를 베풀어주시는 반면 불신자들에게는 자연 현상을 통해 무서운 징벌을 내리시게 된다.

만일 애굽 족속들 가운데서 예루살렘으로 올라오지 않는 자들이 있다면 저들에게는 비를 내리지 않으실 것이라고 했다. 또한 초막절을 지키러 올라오지 않는 자들에게도 그와 동일한 재앙을 내리신다고 하셨다. 애굽 사람이든 또 다른 여러 나라 사람들이든 초막절을 지키지 않은 채 이 세상에서 욕망을 채우고자 하는 모든 인간들에게는 생명을 위한 공급이 중단되는 엄한 벌이 내려지게 된다는 것이다.

이는 물론 이방인들을 포함한 모든 사람들이 아니라 여호와 하나님을 알고 있는 것으로 주장하는 자들에게 해당되는 말로 이해해야 한다. 즉 하나님에 대한 깨달음이 전혀 없는 불신자들에게는 이 말씀이 적용되지 않는다. 하지만 혈통적 언약의 백성이건 이방 지역에 살아가는 자들이건 언약에 속한 자로 여겨지는 자들에게는 하나님께서 관심을 가지고 저들에게 은혜를 베푸시기도 하고 징계를 내리시기도 한다.

6. 여호와의 성전과 예루살렘(슥14:20,21)

선지자 스가랴는 장차 그 날이 도래하게 되면 말방울에까지 '여호와께 성결' 이란 글귀가 기록된다고 했다. 이는 더 이상 피 흘리는 전쟁이 없을 것이란 사실을 시사해주고 있다. 즉 전쟁에 앞서야 할 말(馬)들이 제 역할을 완전히 상실하게 된다는 것이었다.

또한 여호와 하나님의 성전의 모든 솥이 제단 앞에 있는 거룩한 그릇과 전혀 다를 바 없이 되리라고 했다. 성전에 보관된 그릇들은 제각각 용도와 역할이 달랐다. 특히 제단 앞에서 사용되는 그릇은 특별히 정결한 것이어야만 했다. 그런데 그 날이 되면 성전에 있는 모든 솥들이 정결하게 되어 성전 제사를 위해 사용할 수 있게 된다는 것이었다.

이처럼 예루살렘과 유다에 존재하는 모든 솥들이 만군의 하나님 여호와의 거룩한 성물이 되리라고 했다. 따라서 제사를 지내는 사람이 와서 그 솥을 취하여 그 가운데 제물인 고기를 삶게 될 것이라는 말을 했다. 이는 성전 안에 보관된 솥들 가운데 부정한 것이 없으며 모든 솥이 정결하게 된다는 의미를 지니고 있다.

그리고 그 날이 이르게 되면 만군의 하나님 여호와의 성전에 다시는 가나안 사람이 어슬렁거리지 않으리라고 말씀하셨다. 이는 하나님의 성전을 더럽힐 자들이 더 이상 존재하지 않는다는 사실을 의미하고 있다. 그 동안 여호와 하나님을 알지 못하는 이방인들이 하나님의 성전을 더럽히는 행위를 되풀이해 왔다. 하지만 이제 이방인들로 인해 저질러지는 모든 악행은 끝나게 된다는 것이었다.

이 말씀은 메시아 예언에 연관된 것으로 이해되어야 한다. 장차 하나님께서 보내시는 메시아가 이땅에 오시게 되면 예루살렘은 안전하게 보호를 받는다. 하지만 이방 세력은 하나님의 무서운 진노와 재앙 아래 놓이게 된다. 또한 앞에서 언급된 것처럼 이방인들 가운데 남은 자들이 여호와 하나님과 그의 성전을 향해 나아오게 되는 놀라운 일이 동반된다. 이는 물론 예수님의 초림과 그의 재림에 연관된 예언으로 받아들여야 할 말씀이다.

말라기서

〈목 차〉

서 문

말라기서는 구약성경의 맨 마지막 책이다. 성경책의 배열에 있어서도 그러하거니와 기록연대를 보아서도 그렇다. 따라서 말라기서는 구약성경 전체에 대한 결론적인 메시지가 포함되어 있는 것으로 볼 수 있다. 이는 물론 이땅에 메시아를 보내시고자 하는 하나님의 뜻에 밀접하게 연관되어 있다.

우리가 이미 알고 있는 것처럼 BC605년, 597년 두 차례에 걸쳐 이스라엘 백성이 바벨론 제국의 포로로 잡혀 갔다. 그후 BC587년에는 예루살렘과 거룩한 성전이 느부갓네살에 의해 완전히 파괴되었다. 그때 이스라엘 민족의 거의 모든 지도자들이 바벨론의 포로로 사로잡혀 갔으며 유다 왕국은 완전히 패망하게 된다.

그로부터 한참 세월이 흘러 BC538년 신흥 강국으로 떠오른 페르시아 제국이 바벨론 제국을 패망시켰다. 그로 인해 페르시아의 고레스 왕은 칙령을 내려 이스라엘 자손들이 가나안 본토로 귀환하도록 허락하게 되었다. 하지만 본토로 돌아온 이스라엘 백성들 가운데는 예기치 못한 우여곡절이 많았다. 그런 가운데 이스라엘 자손은 왕족의 혈통을 지닌 스룹바벨과 대제사장 여호수아의 지도력, 선지자 학개와 스가랴의 예언을 힘입어 BC516년에는 파괴된 성전을 재건할 수 있었다.

그런데 문제는 시간이 흘러가면서 그 백성들이 처음 가졌던 기대가 점차 무너졌다는 사실이다. 이는 물론 어리석은 자들이 선지자들의 예언과 약속을 크게 오해했기 때문에 발생한 문제였다. 그들은 선지자의 약속을 진리의 본질에 연관시키지 않고 세속적인 것으로 여기고 있었던 것이다. 하지만 세속적인 번영이 기대에 미치지 못하자 어리석은 자들은 점차 세속에 물들어 타락해 가기 시작했다.

말라기서는 특히 배도에 빠진 악한 제사장들에 대한 경고의 메시지를 전하고 있다. 하나님을 온전히 섬기며 장차 이땅에 오실 메시아를 기다려야 할 제사장들이 오히려 순진한 백성들을 속이며 자신의 욕망을 채우기에 급급했기 때문이다. 그와 같은 태도는 하나님의 뜻에 정면으로 도전하는 악행이 아닐 수 없었다.

그러므로 하나님께서는 장차 때가 이르면 메시아를 통해 의인과 악인을 구별해 내시리라는 강력한 메시지를 주셨다. 이는 하나님의 심판 날과 메시아 예언에 직접 연관되어 있었다. 그 날이 이르면 하나님의 자녀들에게는 큰 소망이 허락되겠지만 배도자들에게는 충격적인 심판이 임하게 된다. 하나님께서는 이스라엘 백성의 지도자들이 안일한 상황에 빠져 율법과 본질을 멀리하고 있을 때 선지자를 통해 장차 심판의 왕인 메시아를 보내시고자 하는 자신의 뜻을 계시하셨던 것이다.

이 글은 안산 푸른교회(권형록 목사 시무) 사경회(2019. 2. 24-25)를 위해 준비되었다. 부족한 사람을 불러 함께 말씀을 나누며 교제할 수 있도록 초청해 주신 교회와 당회에 깊은 감사의 말씀을 전한다. 어지럽고 혼탁한 시대에 푸른 교회가 하나님의 말씀과 성령의 도우심에 따라 참 빛을 소유한 건강한 교회로 성장해가길 간절히 바란다.

제1장

사악한 제사장들을 향한 하나님의 경고

(말1:1-14)

1. 선지자 말라기를 통한 예언과 경고(말1:1)

이스라엘 자손은 페르시아 제국의 고레스 왕 칙령과 더불어 오랜 세월 동안의 바벨론 포로 생활을 끝내고 본토로 돌아왔다. 그들은 하나님의 특별한 은혜 가운데 예루살렘 성읍을 다시 건축하고 성전을 재건함으로써 외형상 안정을 취하는 것처럼 보였다. 하지만 저들의 신앙의 본질에 연관되는 내면적인 실상은 그렇지 못했다.

특히 하나님을 섬기는 제사장 그룹이 하나님과 백성들 앞에서 저지르는 다양한 범죄들은 심각한 수준이었다. 제사장들은 전반적으로 위선에 가득 차 있으면서 입술로는 하나님의 이름을 부르며 형식적인 제사 행위에 열중했다. 그들은 하나님의 율법을 멀리한 채 그럴듯하게 포장된 종교적 열성에 푹 젖어 있었다. 그와 같은 잘못된 종교 활동은 신앙이 어린 자들을 미혹하기에 충분했다.

순박한 백성들은 겉으로 드러나는 양상만으로 거짓 제사장들의 실상을 가늠하기 어려웠다. 그들은 항상 자기가 하나님의 큰 직분을 맡아 헌신적인 종교인으로 살아가는 자로 행세하고 있었기 때문이다. 따라서 무지한 자들은 저들의 가르침이나 주장을 액면 그대로 받아들였다. 그로 인해 다음 세대를 이어가야 할 자손들은 하나님의 율법에 따라 순종하기보다 인간들의 욕망을 앞세운 종교적인 활동을 하기에 급급했다.

하나님께서는 그런 영적인 위기 상황 가운데서 선지자 말라기를 불러 예언의 말씀을 주셨다. 그 가운데는 잘못된 모든 습성을 버리고 신앙의 본질로 돌아오라는 의미가 내포되어 있었다. 그래야만 하나님의 거룩한 뜻을 알게 되고 메시아를 보내시고자 하는 그의 의도를 알 수 있을 것이었기 때문이다.

2. 하나님의 사랑을 배신한 어리석은 백성들(말1:2-5)

하나님께서는 언약의 자손들을 향해 자기가 저들을 얼마나 사랑했던가 하는 사실을 언급하셨다. 그는 자기에게 속한 백성들을 진정으로 아끼며 올바른 길로 인도하시고자 했다. 그것은 하나님께서 친히 선지자의 입술을 통해 하신 말씀이므로 그에 대하여 달리 이의를 제기할 수 없는 문제였다.

그럼에도 불구하고 사악하고 미련한 백성들은 그에 대한 근본적인 인식이 없었다. 따라서 그들은 도리어 하나님을 향해 하나님이 언제 어떻게 자기를 사랑했느냐는 식으로 반응했다. 이는 저들에게 하나님께서 베푸신 사랑에 대한 구체적인 감각이 아예 없었다는 사실을 말해주고 있다.

그러자 하나님께서는 그들의 반응을 보시고 즉각 답변하셨다. 하나님은 먼저 쌍둥이 형제이지만 전혀 다른 길을 걸어간 야곱과 에서에 관한 언급을 하셨다. 이는 하나님께서 자기 자녀들을 사랑하는 조건이 저들의 어떤 행위에 달려 있는 것이 아니라 그 전에 맺어진 하나님의 언약에 연관되어 있음을 말해주고 있다. 즉 창세전에 작정하신 그의 거룩한 뜻에 따라 저들을 사랑하셨다는 것이다.

이삭의 쌍둥이 아들 에서(Esau)는 야곱(Jacob)의 형이었음에도 불구하고 하나님께서는 에서를 미워하셨으며 야곱을 사랑하신 사실을 언급하셨다. 이는 세상의 일반적인 원리를 넘어선다는 의미를 내포하고 있다. 즉 하나님께서는 비록 쌍둥이 형제라 할지라도 하나는 사랑하고 하나는 미워한다는 점과 더불어 형을 더 중요하게 여기고 동생을 그에 낮추어 이해하는 것은 인간들의 일반적인 시각과 전혀 달랐다.

따라서 하나님께서는 에서의 자손들인 에돔 족속을 엄하게 징계하시면서 저들이 거주하고 있던 산악지대를 황량하게 만들어 버리셨다. 그리고 저들의 모든 산업을 광야 여기저기에 서식하는 이리떼에게 넘겨주심으로써 황폐케 하셨다. 이는 언약의 자손인 이스라엘 백성을 괴롭히면서 모세가 기록한 율법에 저항하는 자들을 하나님께서 방관하지 않으셨음을 말해주고 있다. 즉 에돔에게 내려진 자연 현상들을 통한 모든 재앙은 하나님의 엄중한 심판으로 말미암은 것이었다.

하지만 에돔 족속은 무서운 재앙을 당하면서도 그것이 가지는 진정한 의미를 깨닫지 못하고 있었다. 따라서 그들은 자신의 모든 거처가 허물어져 버렸으나 그 폐허된 모든 것을 다시금 일으켜 세우리라고 생각했다. 그들은 여전히 하나님의 의도를 철저히 무시한 채 오만한 태도를 버리지 못했던 것이다.

우리는 여기서 에돔 족속이 저들의 모든 힘을 결집함으로써 강력한 세력을 구축할 수 있다고 여기는 무지막지한 자신감을 엿볼 수 있다. 그러나 하나님께서는 오히려 그 오만한 자들에 대하여 강력한 메시지를 주셨다. 에서의 자손들이 온갖 노력을 기울여 허물어진 곳들을 다시금 세우려 할지라도 하나님은 그것을 다시금 허물어버리시겠다고 했다.

따라서 그 모든 과정을 지켜보게 되는 언약의 백성들은 에돔이 여호와 하나님으로부터 영원한 진노를 받은 족속이라 칭하게 된다. 그들은 또한 그 족속들이 살아가는 땅을 악한 지역으로 일컫게 되리라고 했다. 이스라엘 백성은 그것들을 통해 하나님은 약속의 땅 내부에서 뿐 아니라 그 바깥 지역에서도 역사하시는 분임을 알고 공의로운 그의 속성과 심판을 깨닫게 되는 것이다.

3. 제사장들의 악행과 무지(말1:6-8)

거룩한 성전에서 여호와 하나님을 섬기는 제사를 담당하는 제사장들은 매우 중요한 업무를 맡은 직분자들이다. 그들은 하나님과 언약의 백성들 사이에서 제사를 통한 중보사역을 행하는 자들이기 때문이다. 구약시대에는 제사장이 없으면 하나님과 교제할 수 있는 통로가 없는 것과 동일한 의미를 지니고 있었다.

어떤 시대에는 정치적인 왕이 없을 수 있고 또 시대에 따라서는 선지자들이 없을 때도 있었다. 그에 반해 제사장은 시대를 막론하고 반드시 있어야만 할 항존적 직분자였다. 심지어는 성전이 파괴되고 없을 때도 제사장들은 존재했다.35)

그러므로 제사장이 시대와 장소에 따라 맡은 바 직분을 제대로 감당하지 못하면 하나님과의 소통이 중단된다. 따라서 배도에 빠진 제사장들이 이스라엘 민족을 배도의 길로 빠뜨리는 데 있어서 가장 큰 역할을 했다. 율법을 떠난 제사장들은 자기의 종교적인 욕망을 추구하면서 어리석은 백성들을 하나님의 뜻과 상관없는 엉뚱한 방향으로 유인해갔다.

---

35) BC587년 예루살렘 성전이 파괴되고 민족 지도자들을 비롯한 유력한 백성들이 바벨론으로 사로잡혀 갔다. 그때도 이방의 바벨론 지역에 많은 제사장들이 있었다. 그들이 회당을 통해 백성들을 가르쳐 교육하고 하나님을 섬기는 방향을 제시했다. 따라서 이방에서 살아가던 모든 언약의 백성들은 제사장들의 지도 아래 신앙생활을 했던 것이다.

따라서 말라기서 본문 가운데서도 하나님께서 배도에 빠진 제사장들을 강하게 책망하셨다. 그 상황을 설명하기 위해, 자식은 그 아버지를 공경하고 종은 그 주인을 공경하는 것이 지극히 마땅하지 않느냐는 언급을 하셨다. 여호와 하나님은 이스라엘 백성의 아버지이자 주인임에도 불구하고 악한 제사장들에게는 그를 두려워하는 마음이 전혀 없다는 것이었다.

하나님으로부터 강한 질책을 들은 제사장들은 그로 인해 반성하거나 회개하는 자세를 취하지 않았다. 그들은 도리어 언제 자기가 하나님의 이름을 멸시했느냐며 따지듯이 반문했다. 이는 그들이 자신의 배도 행위를 전혀 인식하지 못했다는 사실을 말해주고 있다. 즉 그들은 배도에 빠져 하나님을 욕되게 하면서도 마치 최선을 다해 하나님을 섬겨온 듯이 착각하고 있었던 것이다.

하나님께서는 그 뻔뻔한 자들을 향해 그 동안 부정하고 더러운 떡을 자신의 제단에 바치고도 그들이 그렇게 한 적이 없다고 주장하고 있다는 사실을 지적하셨다. 그들은 역겨운 제물을 제단에 바치고도 그것은 그다지 큰 문제가 아니라고 여겼던 것이다. 어쩌면 그들에게는 그에 대한 나름대로 여러 가지 변명의 여지가 남아 있었을지도 모른다.

그들이 생각할 때 하나님이 직접 제단에 내려와서 그 음식을 먹는 것이 아니기 때문에 제물이 어떠할지라도 별 관계가 없다고 생각했을 수 있다. 예를 들어 값비싼 좋은 제물을 골라 바치게 되면 돈만 많이 들 뿐 큰 낭비가 된다고 판단했을지도 모른다. 즉 제물을 대충 선정해 하나님 앞에 형식에 맞추어 그것을 바치고 그 남은 돈으로 가난한 이웃을 위해 사용하는 것이 더 낫다는 생각을 했을 수도 있는 것이다.

그러나 하나님께서는 제단을 통해 자기에게 바치는 제물을 아무렇게나 바친다면 그것은 자기를 멸시하는 사악한 행위란 사실을 분명히 말씀하셨다. 제사장들이 눈먼 희생제물을 바치고 다리를 저는 동물이나 병든 동물을 드리는 것을 두고 어찌 사악하지 않다고 할 수 있느냐는 것이었다. 분명한 사실은 그들이 하나님 앞에 제물을 바치면서 기록된 율법을 따르지 않고 자의적으로 동물을 선택해 바쳤다는 점이다.

하지만 우리는 여기서 이에 대한 분명한 이해를 하지 않으면 안 된다. 즉 그 악한 제사장들이 일부러 눈멀고 다리에 이상이 있거나 병든 동물을 따로 골라내어 그것들을 하나님께 바친 것이 아니라는 사실이다. 단지 하나님 앞에 제물을 바치면서 그에 대한 율법에 따른 철저한 검증을 거치지 않고 대수롭지 않게 여기며 제물을 바쳤을 따름이라는 것이다.

그러므로 여호와 하나님께서는 그 제사장들에게 말씀하시기를 만일 그들이 자기를 다스리는 이방인 총독에게 철저한 검증 없이 그와 같이 문제있는 동물을 선물로 주면 그가 그것을 좋아하겠느냐고 말씀하셨다. 그리고 그런 것들을 바친 당사자인 저들을 기쁘게 받아 주겠느냐고 했다. 이방의 총독도 그러하거늘 하물며 거룩하신 하나님 앞에서 그런 것들을 바치는 것은 자신을 경멸하는 것에 지나지 않는다는 것이었다.

따라서 하나님께서는 사악한 행위를 되풀이하는 자들을 향해 자신의 뜻을 분명히 전달하셨다. 자기는 그와 같은 제물을 역겨워하며 경멸할 뿐 아니라 그것을 바치는 제사장들에 대해서도 그와 동일하다는 말씀을 하셨다. 따라서 이제 그런 헛된 제사를 자기에게 바치지 못하도록 하셨다. 하지만 문제는 미련한 제사장들이 하나님의 음성 자체를 귀담아 듣지 않았다는 사실이다. 그들은 끊임없이 동일한 악행을 되풀이 하면서 자기가 마치 최선을 다해 하나님을 향한 제사를 드리는 양 여기며 도리어 자랑스럽게 여기고 있었다.

그러므로 하나님께서는 거짓 제사장들을 향해 역겨운 제물을 지속적으로 받는 것이 지겹다는 말씀을 하셨다. 그래서 이제 그런 제사를 더 이상 받지 않기 위해 성전문을 닫아버릴 자가 있으면 좋겠다고 하셨다. 또한 하나님은 저들이 바치는 제물을 가증하게 여길 뿐 아니라 그런 행위를 지속하는 제사장들을 경멸한다는 사실을 강조하셨다. 이는 거룩한 하나님께서 사악한 제사장들의 부정한 제물을 받으실 리 만무하다는 사실을 말해주고 있다.

우리는 이 말씀을 주의 깊게 받아들여야 한다. 오늘날 기독교 지도자로 행세하는 자들 중에는 사악한 배도자들이 많다. 그들 가운데는 성경에 기록된 하나님의 뜻과 상관없이 제멋대로 종교행위를 하는 자들이 부지기수(不知其數)다. 그들은 순진한 교인들 앞에서 열정적으로 하나님의 일을 감당하는 것으로 비쳐지지만 그것은 하나님께서 기뻐하는 행위가 아니라 도리어 하나님을 욕되게 하는 악행에 지나지 않는다.

물론 우리는 그에 대한 실상을 인간의 종교이성과 종교적인 경험에 의해 판단내리기 어렵다. 하지만 교회와 그에 속한 성도들은 성경에 계시된 말씀을 통해 모든 것을 냉철하게 살펴볼 필요가 있다. 하나님의 뜻을 떠나 인간들 마음대로 행하는 모든 종교적인 열정은 자기만족을 가져오게 될 뿐 하나님 보시기에는 역겨운 행위가 될 수 있기 때문이다.

4. 이방인들에게 전파될 여호와 하나님(말1:11)

여호와 하나님께서는 온 세계에 하나님의 복음이 선포될 것에 관한 말씀을 하셨다. 해 뜨는 곳에서부터 해 지는 곳까지 이르는 이방 지역의 민족들 중에서 하나님의 이름이 크게 높임을 받으리라는 것이었다(말1:11). 그리하여 온 세계 각처에 흩어진 백성들이 하나님의 이름을 드높이며 정결한 제물을 바치게 된다고 하셨다.

이 말씀은 메시아 언약에 연관된 말씀으로 이해해야 한다. 이방인들에게 진리의 복음이 선포된다고 하는 것은 당시의 유대인들에게는 받아들이기 어려운 내용이었다. 나아가 그것은 매우 자존심 상하는 말이었을 것이 분명하다. 언약의 백성들은 선택받은 정결한 백성인데 반해 이방인들은 부정하다는 생각이 저들의 머릿속에 가득 차 있었기 때문이다.

우리가 여기서 기억해야 할 바는 온 세상에 복음이 전파되는 일이 그냥 슬그머니 발생하는 현상이 아니라는 점이다. 장차 그렇게 되는 것은 구속사적인 중요한 사건과 더불어 반드시 일어나게 된다. 그것은 하나님께서 이땅에 보내시는 메시아와 그의 모든 사역을 통해 성취될 예언이다. 따라서 이후 구약시대 믿음이 성숙한 성도들은 하나님께서 말씀하신 이 내용을 항상 마음에 담아두고 살아가야 했다.

나중 이땅에 메시아가 오심으로써 하나님의 거룩한 이름과 그의 복음이 전 세계에 흩어진 이방 족속들에게 선포되었을 때 신실한 언약의 자손들은 구약성경에 예언된 하나님의 그 말씀을 기억할 수 있었다. 즉 예수 그리스도께서 이 세상에 오셔서 하나님의 복음을 이방인들을 포함한 각양각층의 사람들에게 개방하시는 것을 본 언약의 자손들은 그에 연관된 말씀이 마음속에 살아났을 것이다.

하나님의 아들로서 인간의 몸을 입으신 예수 그리스도께서 사마리아인들과 세리와 창기 등 소외된 자들, 그리고 남자와 여자, 자유인과 노예, 유대인과 이방인 등 모두에게 복음을 선포한 것은 그에 연관된 성취의 의미를 보여주고 있다. 또한 부활하신 예수님께서 제자들에게 '너희는 모든 민족을 제자로 삼아 아버지와 아들과 성령의 이름으로 세례를 주라' (마28:28:19)고 하신 말씀과, 승천하시기 전 저들에게 '성령이 너희에게 임하시면 권능을 받고 예루살렘과 유대와 사마리아와 땅 끝까지 이르러 내 증인이 되리라' (행1:8)고 말씀하신 것은 그와 밀접하게 연관되어 있다.

5. 하나님을 경멸하는 위선적인 종교인들에 대한 심판(말1:12-14)

배도에 빠진 이스라엘 백성들은 하나님의 명확한 말씀에도 불구하고 그 의미를 받아들이지 않고 그에 순종하기를 거부했다. 그들은 하나님께서 허락하신 언약의 민족이 가지는 진정한 의미를 알지 못했다. 그러므로 어리석은 자들은 '여호와의 식탁은 더러워졌고 그 위에 있는 과일 곧 먹을 것은 경멸히 여길 것이라' (말1:12)고 말했다.

이는 하나님께 드리는 번제와 연관된 의미를 지니고 있는 것이 아니다. 하나님의 제단에는 과일 종류가 바쳐지지 않기 때문이다. 그럼에도 불구하고 이렇게 언급된 까닭은 하나님과 연관된 일상적인 음식을 말하고자 하기 위함이다. 즉 하나님의 은총으로 말미암아 제공된 음식이 더러워졌다고 말했던 것이다.

이 말은 물론 상징적인 의미를 지니는 것으로 이해해야 한다. 이 가운데는 이스라엘 백성들이 선지자 말라기를 통해 전해진 말씀 곧 모든 이방인들에게 하나님의 복음이 전해진다는 예언을 받아들이지 않고 거부했음을 말해 준다. 이는 하나님 앞에 차려져 먹는 그 음식이 더러워졌기 때문에 경멸히 여기듯이 부정한 이방인들이 그와 같다는 것이다. 즉 이방인들이 유대인들과 아무런 차별 없이 거룩한 언약의 백성으로 인정받는다는 것은 결코 받아들일 수 없다는 것이었다.

그런데 하나님께서는 저들의 주장과는 달리 그 백성들이 오히려 자기의 이름을 더럽히고 있음을 지적하셨다. 당시 유대인들은 이방인들을 받아들임으로써 여호와의 이름이 더러워진다고 주장했지만 하나님은 오히려 그와 정반대라고 말씀하셨던 것이다. 즉 하나님은 자신의 뜻을 받아들이지 않고 오만한 민족주의에 빠져 있으면서 진리의 말씀을 거부하는 이스라엘 백성이 자기의 이름을 더럽힌다고 질책하셨던 것이다.

그러므로 만군의 하나님 여호와께서 저들을 향해 말씀을 선포하셨다. 선민이라는 자부심을 가진 백성들의 제사 행위가 오히려 가증하다는 것이었다. 그들은 제사를 받으시는 하나님께서 원하시는 대로 율법에 따라 제사하는 일이 번거롭다면서 코웃음 치며 제멋대로 제사행위를 했다는 것이다. 따라서 제사를 받으시는 하나님이 원하시는 바가 완전히 무시되고 인간들이 자기 취향에 맞추어 종교적인 제사를 지냈다는 것이었다.

그들은 훔친 물건, 저는 동물과 병든 동물을 가지고 와서 하나님께 바치는 것을 예사로 여겼다. 그러면서 그것을 하나님 앞에 바치는 봉헌물이라 생각하며 제단으로 가져오기를 주저하지 않았다. 하지만 자기는 그와 같은 역겨운 것들을 받으시지 않는다고 했다. 또한 그들 가운데는 짐승 떼 중에 정결한 수컷을 바치기로 작정하여 많은 사람들이 보는 앞에서 맹세하고서도 도리어 흠 있는 것을 교묘히 속여 하나님께 바치는 자들이 있음을 지적하셨다.

그런데 문제는 사악하거나 어리석은 자들은 그에 대한 심각성을 제대로 파악하지 못하거나 엉뚱한 판단을 하고 있었다는 사실이다. 즉 그들 가운데 다수는 의도적으로 그와 같은 문제 있는 동물을 가져와 제물로 사용하지 않았을 것이 분명하다. 그들은 연약한 자들을 압제하면서 쟁취한 재물을 바치면서도 자기의 잘못에 대한 인식이 전혀 없었다. 그러니 자기는 하나님을 위해 최선을 다하고 있는 것처럼 착각하게 되었던 것이다.

그러므로 그들 중에는 하나님께 바치는 제물 곧 동물을 율법에 따라 철저히 살피지 않고 대충 판단하여 바침으로써 다리를 절거나 병든 동물이 그 가운데 섞여 있을 수 있었다. 한편 악한 자들 가운데는 의도적으로 좋지 않은 동물을 골라 바치면서도 나름대로 이유를 가지고 있기도 했을 것이다. 앞에서도 언급한 것처럼 그들은 하나님이 그 동물을 직접 음식으로 여겨 먹는 것도 아닌데 굳이 좋은 동물을 골라 바치는 것은 낭비라 생각했을지도 모른다.

그렇게 생각하면서 하나님께 제물을 바치는 자들은 스스로 자기가 현명한 판단을 내리고 있는 것으로 여겼을 수 있다. 무엇이든지 많이 바치면 좋다고 생각했을 수도 있고 좋은 동물은 좋은 새끼를 낳도록 남겨두어야 한다고 여겼을 수도 있다. 그런 판단을 하고 있으면 자기가 마치 지혜로운 자인 양 스스로의 꾀에 속아 넘어갈 수 있는 것이다.

그러나 여호와 하나님께서는 그렇게 하는 자들이 장차 무서운 저주를 받게 될 것이라고 말씀하셨다. 여호와 하나님은 이 세상의 왕들과는 비교가 되지 않는 전지전능하신 만군의 왕이시다. 그의 이름은 모든 민족 중에서 큰 두려움의 대상이 된다. 그리하여 참 하나님의 백성이 된 자들은 그 사실을 알고 진정으로 하나님을 경외하는 가운데 그에게로 나아와 율법에 순종하게 된다. 이처럼 모든 하나님의 자녀들은 그 영원한 언약에 속하게 되는 것이다.

오늘날 우리는 이 말씀을 통해 올바른 깨달음을 가질 수 있어야 한다. 하나님을 섬김에 있어서 인간들의 재주나 얄팍한 생각들을 버려야 한다. 하나님께서 성경을 통해 교훈하신 의미를 마음속 깊이 새겨 그에 온전히 순종해야 하기 때문이다. 성숙한 성도로서 정신을 바짝 차리지 않으면 어리석은 인간의 꾀에 넘어 갈 수 있다는 사실을 기억하는 것이 참된 지혜라는 점을 깨닫는 것이 중요하다.

제2장

무지한 제사장들과 그에 속한 백성을 향한 심판예언

(말2:1-17)

1. 배도에 빠진 제사장들을 향한 하나님의 명령과 저주 선포 (말2:1-3)

하나님께서는 배도의 길을 가는 타락한 제사장들에게 명령하셨다. 누구든지 그 준엄한 명령을 어긴다면 불법이 되기 때문에 윤리적 책임을 넘어 법적인 책임을 져야 한다. 즉 그것은 선택할 수 있는 사항이 아니라 반드시 귀담아 들어 순종해야 한다는 사실을 말해주고 있다.

그러므로 하나님께서는 자신의 말을 듣지 않는 자들에게는 무서운 저주를 내리시겠다고 말씀하셨다. 그동안 언약의 자손들에게 복을 제시하셨다면 이제는 그것이 저주로 바뀐다는 것이었다. 따라서 그 복을 누리기 위해서는 하나님의 명령을 마음에 담아 두어야 했으며 하나님의 이름을 영화롭게 해야만 했다.

그런데 하나님께서는 그 제사장들에게 정신이 바짝 들 만한 말씀을 하셨다. 그 저주의 경고가 단순히 미래적 예언이 아니라 이미 저들 가운데 임하고 있다는 사실을 언급하고 계셨기 때문이다. 이는 그동안 타락한 제사장들이 하나님의 선지자들을 통해 전달된 말씀을 전혀 듣지 않았다는 점을 말해주고 있다. 그들은 하나님의 율법을 마음에 담아두지 않은 채 종교적인 취향에 따라 제멋대로 행했던 것이다.

따라서 하나님은 저들뿐 아니라 그 자손들까지 꾸짖게 될 것을 말씀하셨다. 이는 저들의 자손이 부모 세대의 악행을 그대로 답습하게 되리라는 사실에 연관되어 있다. 하나님께서는 또한 저들이 절기를 핑계삼아 부정한 방법을 동원해 희생 제물로 바친 동물의 똥을 저들의 얼굴에 바를 것이라고 하셨다. 그로 말미암아 사악한 자들은 하나님으로부터 제하여 버림을 당하게 된다는 것이었다.

이는 당시 제사장들이 부정한 동물을 희생 제물로 바친 행위를 통해 하나님께서 영광을 받으신 것이 아니라 도리어 심한 욕을 당했음을 말해주고 있다. 배도에 빠진 인간들은 하나님의 이름을 앞세우며 사람들이 보는 앞에서 자랑스러운 듯이 제사행위를 했으나 그것은 참된 제사가 될 수 없었다. 하나님께서 받으시는 올바른 제사가 되기 위해서는 먼저 하나님의 율법을 심중에 두고 그에 온전히 순종하는 자세를 가져야만 한다.

이에 대해서는 오늘날 우리 시대 역시 마찬가지다. 신실한 성도들은 하나님의 말씀을 온전히 믿으며 그를 경외하는 마음으로 하나님을 경배하며 섬겨야 한다. 만일 그런 기본적인 신앙고백이 없는 상태에서 행하는 모든 종교행위들은 하나님을 기쁘게 하는 것이 아니라 도리어 심한 욕이 될 따름이다. 이에 대해서는 지상교회와 그에 속한 모든 성도들이 마음속 깊이 새겨야 할 교훈이다.

2. 레위와 세운 하나님의 언약과 제사장 지위(말2:4-7)

만군의 왕이신 여호와 하나님께서는 자기가 언약의 백성들에게 그와 같은 명령을 내린 까닭이 레위와 세운 자신의 언약이 저들 가운데 존재하도록 하기 위해서라는 사실을 밝히셨다. 레위와 세운 하나님의 언약은 '생명과 평강의 언약' 이다(말2:5). 이는 말라기서 가운데 매우 중요한 언약적인 위치를 차지하고 있다고 해도 과언이 아니다.

그렇다면 하나님께서는 언제 어떻게 레위와 특별한 언약을 세우셨는가? 하나님께서는 이스라엘 자손이 시내 광야에 머물고 있을 동안 저들과 언약을 맺으셨다. 그들이 감당해야 할 가장 중요한 직무는 성전과 제사에 연관되는 것이었다.

그 언약 가운데는 레위 자손이 하나님의 법도와 율법을 이스라엘 백성들에게 가르치는 일이 포함되어 있었다. 그리고 성소 안 향단에서 하나님 앞에서 분향하며 제사를 지내는 일이 그 중심에 위치해 있었다. 시내 광야에서 사십 년간의 광야 생활을 마친 이스라엘 백성이 약속의 땅 가나안으로 들어가기 전 그 언약이 다시금 확인되었다.

> "레위에 대하여는 일렀으되 주의 둠밈과 우림이 주의 경건한 자에게 있도다 주께서 그를 맛사에서 시험하시고 므리바 물 가에서 그와 다투셨도다 ... 주의 법도를 야곱에게, 주의 율법을 이스라엘에게 가르치며 주 앞에 분향하고 온전한 번제를 주의 단 위에 드리리로다" (신33:8-10)

레위 자손에게는 하나님께 제사하는 일과 백성들에게 율법을 가르쳐 교육하는 매우 중요한 공적인 직무가 맡겨졌다. 따라서 그들의 마음과 입술에는 항상 진리의 법이 있어야 했으며 세상에 범람하는 불의가 있어서는 안 되었다. 나아가 그들은 항상 화평하고 정직한 마음으로 하나님과 동행해야 했다. 그리하여 언약의 자손들 가운데 불의한 삶을 살아가는 자들이 죄악에서 돌이켜 떠나도록 교훈하는 일을 감당했다.

따라서 레위 지파의 제사장들은 항상 율법에 근거한 참된 지식을 유지해 나갈 수 있어야 했다. 그렇게 함으로써 일반 백성들은 제사장들의 입술을 통해 선포되는 하나님의 진리를 구하게 되었던 것이다. 제사장은 만군의 하나님과 그의 백성들 사이의 중보자로서 특별한 사신의 역할을 감당했기 때문이다. 당시에는 모든 언약의 백성들이 각각 하나님의 율법책을 소유하고 있었던 것이 아니라 제사장들이 성전에 보관된 그 책에 기록된 내용을 백성들에게 선포했던 것이다.

3. 제사장들의 악행과 어리석은 백성들(말2:8,9)

배도에 빠진 사악한 제사장들은 저들의 직분을 명예로 여기거나 자기의 이익을 추구하는 도구 정도로 여겼다. 그들은 하나님의 율법이 요구하는 정도(正道)에서 완전히 벗어나 있었다. 따라서 이름만 허울 좋은 제사장인 자들은 도리어 많은 사람들로 하여금 율법을 거스르게 했다. 이는 그들이 하나님께서 레위족속과 맺은 언약을 근본적으로 파기했음을 말해주고 있다.

그 제사장들은 자신이 마땅히 지켜야 할 직무를 온전히 감당하지 않았다. 즉 제사행위뿐 아니라 백성들 가운데서 공의로 재판하는 일에 있어서도 그러했다. 그들은 하나님의 율법을 사람의 외모에 따라 차별하여 편파적으로 적용했다. 이는 저들의 목적에 따라 하나님의 법을 악용했음을 의미하고 있다.

거룩하고 공의로운 하나님께서는 자기 이름을 빗대어 거룩한 모습으로 위장하여 죄악을 저지르는 자들을 결코 좌시하지 않으신다. 그런 자들을 반드시 심판하시게 된다는 것이었다. 따라서 하나님께서 저들로 하여금 모든 백성들이 보는 앞에서 멸시와 천대를 당하게 하리라는 사실을 언급하셨다.

이에 대해서는 오늘날 우리 역시 귀담아 들어야 할 메시지이다. 직분자들 특히 목사들은 하나님의 이름을 팔아 개인의 종교적인 야망을 채우거나 언약의 백성들 위에 군림하려 해서는 안 된다. 그것은 무서운 죄악이기 때문이다. 그와 같은 위선적인 종교행위는 어리석은 백성들을 속일 수 있을지 모르나 하나님 앞에서는 낱낱이 드러날 수밖에 없다. 이는 물론 교회의 지도자들로 인식되고 있는 목사와 장로 직분자들뿐 아니라 모든 성도들이 각별히 신경을 써서 주의를 기울여야 한다.

4. 유다 백성에 대한 하나님의 심판 선언(말2:10-12)

선지자 말라기는 모든 언약의 백성은 한 아버지를 두고 있다는 사실을 언급했다. 모든 하나님의 자녀들은 하나님의 지으신 바가 된 존재들이라는 것이다. 하나님을 믿는 백성이라면 그에 연관된 분명한 이해를 하고 있어야만 한다.

그럼에도 불구하고 자기 형제에게 악의를 가지고 거짓을 행하는 자들은 조상들로부터 상속받은 언약을 욕되게 하는 것과 같다. 그것은 단순히 형제를 속이는 것이 아니라 전지전능하신 하나님을 경멸하는 행위가 된다. 따라서 그와 같은 태도는 절대로 있어서는 안 될 악행이라는 사실을 기억해야만 한다.

하지만 유다에 속한 자들은 거짓을 행했으며 이스라엘 자손과 예루살렘 중에서는 가증한 일들이 행해졌다. 유다 왕국의 백성들은 여호와 하나님께서 사랑하시는 거룩한 성전을 욕되게 하기를 되풀이했다. 그들은 또한 이방 신을 신봉하는 자들의 딸과 혼인함으로써 혼합주의 종교 사상을 끌어들였다. 그것은 어떤 종교적인 형태를 띨지라도 여호와 하나님을 섬기는 것이 아니라 도리어 그를 모독하는 행위에 지나지 않았다.

그럼에도 불구하고 미련한 종교지도자들은 그런 상태에서 많은 제물을 바치며 그것이 마치 하나님을 영화롭게 하는 것인 양 착각하고 있었다. 나아가 그들은 자신의 욕망을 채우기 위해 여호와 하나님의 이름을 팔면서 마치 대단한 열정으로 하나님을 섬기는 자로 자신을 선전하기를 좋아했다. 신앙이 어린 자들은 그런 자들을 보면서 하나님을 위해 열성을 다하는 훌륭한 종교인으로 생각했다.

그러므로 어리석은 백성들은 그 악한 배도자들을 하나님을 열심히 섬기는 유능한 종교인으로 여겨 저들의 편에 서기를 좋아했다. 문제는 그런 악한 제사장들에게 속한 백성들 또한 그와 함께 모든 노력을 기울여 하나님을 불법으로 섬기면서 많은 제물을 갖다 바치게 된다는 사실이다. 그것이 설령 무지에 의한 것일지라도 그것은 하나님을 욕되게 하는 가증한 행위에 지나지 않는다.

인간들 중에는 그와 같은 상황 가운데서 실상을 착각하는 자들이 많다. 그들은 율법에 따라 하나님을 온전히 섬기는 자의 행위와 거짓 제사행위를 분별하지 못하는 것이다. 하지만 하나님께서는 그 거짓 제사장들뿐 아니라 그에게 속하여 악을 행한 자들 역시 언약의 백성 가운데서 제거하시리라고 하셨다.

이에 대해서는 모든 성도들이 깊은 주의를 기울여 이해함으로써 소중한 교훈으로 받아들여야 한다. 그런 양상은 기독교 역사 가운데 줄곧 있어왔지만 우리 시대에도 여전히 거짓 교사들은 자신을 위장한 채 여기저기서 하나님과 어리석은 교인들을 속이고 있다. 따라서 지혜로운 자들은 항상 깨어 있어서 거짓 교사를 분별해낼 수 있는 능력을 가져야만 한다.

만일 우리 시대에 어떤 교인이 거짓 교사의 말에 기만당함으로써 그에게 속하게 된다면 하나님의 무서운 징벌을 피할 수 없다. 자기는 능동적이거나 적극적으로 하나님을 배도한 적이 없으며 단지 잘못된 교사를 만났을 따름이라고 변명한들 아무런 긍휼의 대상이 되지 못한다. 하나님의 말씀에 대한 무지가 곧 죄악이기 때문이다. 따라서 하나님을 경외하는 참된 교사라면 신앙이 어린 성도들이 거짓 교사들에 의해 속아 넘어가지 않도록 항상 주의를 기울여 교육시켜 보호해야 할 의무가 있다.

5. 무지한 제사장들의 가증스런 종교행위와 저들에 대한 경고 (말2:13-17)

하나님께서는 사악한 자들에 대한 강한 경고의 말씀을 주셨다. 제사장들뿐 아니라 그들에게 속아 잘못된 신앙생활을 한 자들에게도 해당되는 경고였다. 그들은 자신의 잘못에도 불구하고 마치 억울하다는 듯이 눈물을 흘리며 울었을 뿐 아니라 크게 탄식했다. 선지자는 그들의 눈물이 하나님의 제단을 가리게 될 정도로 많았다고 했다.

그런 자들은 하나님의 율법에 따라 인격적으로 하나님을 섬기려 하지 않고 감정을 동원하여 종교적인 신앙을 표현하고자 했다. 하나님께서는 그와 같은 주관적인 감정에 빠진 태도로 바치는 자들의 봉헌물을 거들떠 보시지 않는다. 그들이 아무리 많은 제물을 갖다 바친다고 할지라도 하나님은 그 역겨운 것들을 저들의 손에서 받으시지 않는다는 것이었다.

미련한 자들은 그 상황을 파악하고도 자신을 되돌아보거나 뉘우치는 것이 아니라 도리어 하나님께 저항하게 된다. 자기가 정성껏 바치는 제물을 받지 않는 것을 이해할 수 없다는 식이었다. 그와 같은 자들은 자기가 무엇이든지 바치기만 하면 하나님은 마땅히 그것을 받아야 한다는 듯이 오만한 태도를 보이고 있다. 우리는 여기서 예수님께서 산상수훈에서 종말에 일어날 의외의 상황에 대하여 말씀하신 내용을 떠올리게 된다.

> "그 날에 많은 사람이 나더러 이르되 주여 주여 우리가 주의 이름으로 선지자 노릇하며 주의 이름으로 귀신을 쫓아 내며 주의 이름으로 많은 권능을 행치 아니하였나이까 하리니 그때에 내가 저희에게 밝히 말하되 내가 너희를 도무지 알지 못하니 불법을 행하는 자들아 내게서 떠나가라 하리

라" (마7:22,23)

마지막 심판 날이 되면 의외의 상황이 벌어진다. 평상시에 열정적으로 하나님을 섬기던 자들의 헛된 신앙이 백일하에 드러날 것이기 때문이다. 이는 인간들의 자의적인 종교적 열정 자체가 하나님께 영광이 되는 것이 아니란 사실을 보여주고 있다.

아무리 주님의 이름으로 선지자 노릇을 하고 귀신을 쫓아내며 많은 권능을 행한다고 할지라도 하나님의 말씀을 벗어난 상태에서 행해진 것이라면 하나님께 욕이 된다. 나아가 그런 자들의 행위는 하나님의 이름을 도용하여 순진한 백성들을 속인 것에 지나지 않는다. 따라서 저들의 종교행위는 하나님의 칭찬은커녕 심판의 대상이 될 따름이다.

이처럼 말라기서에 기록된 내용도 그와 동일한 성격을 지니고 있다. 그러므로 하나님께서는 저들의 제물을 거부하는 이유가 그와 마찬가지라는 말씀을 하시면서 예를 들어 설명하셨다. 하나님께서는 그가 배신자이기 때문에 그의 모든 예물을 거부한다는 것이었다. 즉 배신자의 모든 물건은 그 어떤 것이라 할지라도 불쾌한 대상에 지나지 않는다.

선지자는 또한 젊은 날에 만나 혼인한 아내를 배신한 악한 남자에 대해서는 여호와 하나님께서 모든 상황을 다 알고 계시며 처음부터 그에 대한 증인이 되신다고 했다. 하나님께서는 언약으로 맺어진 부부가 한 몸을 이루어 신뢰하며 살아가기를 원한다고 하셨다. 그럼에도 불구하고 악한 남편이 혼인 언약을 맺은 배우자를 배신했다는 것이었다.

이는 말라기서가 기록될 당시 이스라엘의 제사장들이 백성들에 대하여 그와 같은 악한 모습을 가지고 있었음을 말해주고 있다. 하나님께서는 좋은 남편이라면 자기를 온전히 지켜 젊어서 맞이한 아내에게 성실히 대하고 그에게 거짓을 행치 말아야 한다고 언급하셨다. 이처럼 제사장들 또한 언약의 백성들을 위해 그런 신실한 자세를 유지해야 한다는 사실을 말씀하셨던 것이다.

이스라엘의 하나님께서는 언약 관계를 파기하고 이혼하는 것과 아내를 학대하면서 그럴듯한 옷으로써 자신의 악행을 가리는 것을 미워하신다고 했다. 이는 제사장들이 속으로는 자신의 욕망을 위해 언약의 자손들을 기만하면서 겉으로는 근엄한 모습을 보이며 위선적으로 대하는 것에 대한 지적이다. 따라서 남편이 자신의 마음을 지켜 거짓을 행하지 않고 아내를 진정으로 사랑해야 하듯이 제사장들도 그러해야 한다는 점을 강조했다. 하나님께서는 제사장들과 백성들에게 그와 같은 신실한 자세를 유지하도록 요구하셨던 것이다.

율법을 멸시하고 사악한 제사장들은 말과 행동으로 여호와 하나님을 괴롭히면서도 그에 대한 인식을 전혀 하지 못하고 있었다. 이는 그들이 하나님의 계시를 버리고 그로부터 떠나 버렸기 때문이다. 그러므로 하나님을 진노케 하면서도 자기가 언제 하나님을 괴롭게 했느냐고 따지게 된다. 또한 그들은 주관적인 종교성에 빠져 어처구니없는 주장을 늘어놓기를 서슴지 않는다.

그들은 또한 자기는 언약의 민족에 속한 백성이므로 무슨 일을 할지라도 하나님께서 선하게 생각하여 기쁘게 받아들여 주실 것이라고 말한다. 심지어는 공의의 하나님이 어디 존재하느냐며 떠벌리기까지 한다. 뿐만 아니라 제사장으로서 하나님께 바치는 모든 제물과 저들이 행하는 모든 것들은 하나님 보시기에 값어치 있는 일이라고 주장하기를 서슴지 않는다. 그들은 주관적인 종교성에 빠져 자기 합리화를 꾀하며 율법을 떠남으로써 스스로 저지른 죄악에 대하여 전혀 깨닫지 못했던 것이다. 신약시대 교회는 이와 같은 일이 오늘날 우리 시대에도 그 양상만 다를 뿐 그대로 일어날 수 있음을 기억하지 않으면 안 된다.

제3장

메시아 : 의인과 악인을 구별하시는 하나님

(말3:1-18)

1. 메시아 예언 : '언약의 사자' 와 '성전에 임하실 주님' (말3:1-3)

여호와 하나님께서는 본문 가운데서 메시아에 연관된 예언의 말씀을 주셨다. 장차 하나님께서 자신의 사자를 메시아에 앞서 보내실 것이라 말씀하셨기 때문이다. 그가 하나님 앞에서 메시아의 길을 준비할 것이며, 많은 사람들이 그에 대한 생각을 전혀 하지 않고 있을 때 언약의 백성들이 구하는 바 주님께서 갑자기 그의 성전에 임하실 것이라고 하셨다. 여기에는 앞으로 세례 요한이 주님의 길을 미리 예비하게 될 일과 주님께서 친히 이땅에 오시게 될 사실에 관한 의미가 내포되어 있다.

말라기서 본문 가운데 주님께서 예루살렘 성전에 임하게 된다고 말씀하신 의미는 매우 중요하다. 이는 성전의 주인이신 하나님이 실제적인 모습으로 친히 이땅에 오신다는 의미를 지닌 것과 연관되기 때문이다. 그가 인간이 되어 강림하시게 되면 이스라엘 자손이 돌로 지은 성전의 모든 임무는 완성되고 그로 말미암아 하나님께서 자기 백성에게 약속하신 참 생명을 공급하시게 된다.

그가 세상에 임하시는 날은 권능의 날이자 무서운 심판의 날이 된다. 아무도 그 날을 감당할 수 없으며 어느 누구도 감히 그의 능력 앞에 서지 못한다. 그는 마치 금을 연단하는 자가 마련한 뜨거운 용광로 불과 같으며 모든 것을 하얗게 씻어내는 자가 준비한 잿물과 같은 역할을 하게 된다.

그 날 주님께서 이땅에 임하시면 언약의 자손들을 금과 은을 연단하듯이 할 것이며 성전에서 수종드는 레위 자손을 잿물로 씻어 내듯이 깨끗하게 하신다. 비로소 제사장들과 레위인들이 그동안 여호와 하나님께 제물을 바치며 행하여 온 모든 성전 사역이 완벽한 제물이신 주님을 통해 완성을 이룬다. 그렇게 되면 하나님의 백성들은 거듭 태어남으로써 공의로운 제물을 여호와 하나님께 바칠 수 있게 되는 것이다.

이는 하나님의 아들 예수 그리스도가 인간의 몸을 입고 완벽한 하나님의 어린 양으로 오시게 된다는 사실에 대한 예언적 성격을 지니고 있다. 세례 요한은 그를 위해 미리 길을 예비하게 된다. 그의 뒤에 오실 주님은 전능하신 왕이자 하나님의 거룩한 제물이 되는 존재이다. 그러므로 그는 이제 곧 오실 주님에 대하여 미리 선포했던 것이다.

> "내 뒤에 오시는 그이라 나는 그의 신들메 풀기도 감당치 못하겠노라 하더라 ... 이튿날 요한이 예수께서 자기에게 나아오심을 보고 가로되 보라 세상 죄를 지고 가는 하나님의 어린 양이로다" (요1:27-29)

인간의 몸을 입고 이땅에 오신 예수님께서 공사역을 시작하시기 전 세례요한이 미리 그에 대한 선포를 했다. 그는 언약의 백성들을 영원한 세계로 인도하시게 되는 참된 왕으로 드러나실 분이다. 그리고 그는 하나님의 거룩한 어린 양으로서 완벽한 제물이 되어 여호와 하나님께 온전히 바쳐지게 되실 분이었다. 이를 통해 창세전에 선택받은 백성들은 아담으로 인해 들어온 모든 죄를 용서받아 영원한 구원에 참여하게 된다. 말라기는 본문 가운데서 그에 관한 의미가 담긴 예언의 말씀을 전했던 것이다.

2. 심판주로 임하실 하나님(말3:4-6)

언약의 자손들은 반드시 하나님의 특별한 은혜로 말미암아 거듭나야만 한다. 죄성에 물들어 줄곧 배도의 잔을 마시면서 그 영향을 받고 있던 자리로부터 완전히 벗어나지 않으면 안 된다. 그 죄악을 청산하지 않은 상태에서는 하나님 앞에 어떤 예물도 드릴 수 없다. 자신의 종교적인 감정에 따라 아무리 값진 것을 바친다고 할지라도 그것은 하나님을 진노케 할 따름이다.

그러므로 그 백성들이 메시아를 통해 추하고 더러운 과거를 완전히 청산한 후 하나님께 제물을 바치면 그것이 하나님의 기쁨이 될 수 있다. 백성들이 예루살렘 성전에서 바치는 봉헌물을 하나님께서 비로소 받으시게 되는 것이다. 신약시대에는 이것이 예수 그리스도의 십자가 사역과 성령의 도우심을 통해 거듭남으로써 가능하게 된다.

하나님께서는 또한 언약의 백성이 죄악으로 인해 더러워진 상태를 심판하시기 위해 친히 이땅에 임하시리라는 말씀을 하셨다. 그것은 장차 임하게 될 성자 하나님이신 메시아와 연관된 예언으로 받아들여야 한다. 그를 통해 하나님의 공의가 실행될 것이며 참 언약의 자손들은 그에게로 돌아오게 될 것이기 때문이다.

그가 이땅에 오시면 배도에 빠져 점을 치던 종교인들과 간음하는 자와 거짓 맹세하는 자들을 엄히 심판하시게 된다. 하나님의 뜻을 멸시하고 이방신들의 종교사상을 받아들여 언약의 백성들에게 편만하게 퍼뜨린 자들의 죄악상을 백일하에 드러내게 되는 것이다. 또한 영적으로나 육적으로 더러운 간음을 행하면서 자신의 욕망을 채우는 자들은 하나님의 심판의 대상이 될 수밖에 없다. 그는 거짓으로 맹세하면서 자기의 위장된 의를 드러내고자 하는 자들을 결코 그냥 두시지 않는다.

그리고 주변의 연약한 이웃의 것들을 착취함으로써 그들을 억울하게 한 기득권층과 힘없는 과부와 고아를 압제하며 집이 없는 나그네를 원통하게 한 자들도 심판의 대상이 된다. 또한 하나님께서는 자신을 진정으로 경외하지 않고 제멋대로 행하는 자들에게 그에 대한 죄상을 만천하에 드러내고 분명한 증거를 보이겠노라고 말씀하셨다. 그와 더불어 하나님은 불변하시는 분이므로 참 언약의 자손들은 멸망으로 내몰지 않고 끝까지 지켜 보호해 주리라고 하셨다. 이는 장차 오실 메시아로 말미암아 이루어질 일에 대한 궁극적인 약속이다.

3. 여호와 하나님과 십일조(말3:7-12)

(1) 도둑이 된 백성들(말3:7–9)

하나님께서는 배도자들을 향해 그들이 조상 때부터 하나님의 규례를 떠나 율법을 준수하지 않았다는 사실을 언급하셨다. 이는 하나님의 뜻을 멀리하는 저들의 악한 습성이 조상들로부터 잘못 상속받은 것이란 사실에 연관되어 있다. 그러므로 하나님께서 그동안 저들로 하여금 자기에게 돌아오도록 간곡히 당부해 오신 점을 말씀하셨다. 그에 온전히 순종하면 하나님께서도 저들에게로 돌아가시리라는 약속을 하셨다는 것이다.

하지만 그들은 번번이 그 간청을 배척한 채 마음속에 받아들이지 않았음을 지적하셨다. 하나님에 대한 진정한 경외감이 없는 상태에서 어떻게 하면 하나님께로 돌아갈 수 있는지에 대한 상투적인 질문만 되풀이하여 늘어놓았다는 것이다. 이는 그들이 진심으로 자신의 죄악을 뉘우치고 회개할 마음이 없이 말로만 하나님의 이름을 언급하면서 제 고집을 꺾지 않았다는 사실을 말해주고 있다.

그러므로 하나님께서는 이제 다시금 저들의 사악한 실상을 분명히 드러내시겠다는 의도를 보이셨다. 하나님을 알지 못하는 모든 불신자들과 배도자들은 예외 없이 감히 하나님의 것들을 도둑질하는 악한 자들이다. 그들은 하나님께서 은총으로 베풀어주신 모든 것들을 하나님과 아무런 상관없는 것으로 여겨 전적으로 자기의 소유인 양 판단하고 있기 때문이다. 하나님으로부터 모든 것을 제공받은 것이 분명하다면 마땅히 그에 대한 기본적인 인식과 더불어 감사의 마음을 가져야만 한다.

이에 대해서는 하나님을 안다고 주장하는 자들 가운데서도 그와 동일한 사고를 하는 어린 자들이 많다. 그들은 하나님의 것을 도둑질하고도 결코 그런 적이 없다고 생각한다. 그와 같은 자들은 자기의 손을 직접 남의 주머니에 넣어 물건을 빼내거나 이웃의 것을 몰래 훔치지 않는다면 도둑질이 아니라고 여긴다. 하지만 언약의 백성들에게 있어서는 그에 연관된 분명한 언약의 잣대가 존재하고 있다.

구약시대에는 십일조와 봉헌물을 통해 그것이 드러났다. 물론 그 정신은 신약시대에도 그대로 계승되고 있다. 즉 겉보기에 그럴듯한 종교 행위를 되풀이 한다고 해도 율법과 복음의 요구에 참여하지 않는 한 실상은 하나님의 것을 자기의 것으로 만드는 자리에 빠져들게 된다. 하나님께서는 당시 그런 사악한 풍조에 빠진 자들로 가득 찬 온 나라가 자기의 것을 도둑질 하였으므로 저주를 받을 수밖에 없다고 말씀하셨다.

(2) 온전한 십일조와 그 의미(말3:10-12)

하나님께서는 언약의 자손들을 향해 십일조에 관한 언급을 하셨다. 모세 율법은 이스라엘 백성들에게 십일조를 내라고 요구하고 있다. 그것은 자발적 선택 사항이 아니라 법이기 때문에 그에 불순종하면 법을 어기는 범죄행위가 된다.

그러므로 하나님께서는 말라기서에서 백성들을 향해 온전한 십일조를 바치도록 명령하셨다. 그렇게 함으로써 창고에 곡식을 들여놓아 하나님의 집에 항상 양식이 있게 하라는 것이었다. 물론 여기에는 실제적인 물질로서의 양식 이상의 의미가 담겨 있는 것으로 이해해야 한다. 왜냐하면 십일조에는 곡물뿐 아니라 동물과 채소 혹은 다른 다양한 소득이 포함되어 있을 것이기 때문이다.

우리가 기억해야 할 바는 거기에는 일반적인 양식과 더불어 십일조를 바치는 백성들의 삶에 포함되어 있다는 사실이다. 따라서 그것을 통해 하나님께서 하늘 문을 열고 저들에게 천상의 복을 가득히 허락하신다고 하셨다. 그 천상의 복은 이 세상의 물질을 넘어서는 영적인 내용을 포함하고 있다. 그러므로 온전한 십일조를 바침으로써 그에 관한 영육간의 풍성한 결실을 보게 되리라는 말씀을 하셨던 것이다.

여기에는 또한 우리가 반드시 기억해야 할 몇 가지 중요한 사항들이 있다. 그것은 우선 십일조가 하나님과 그의 백성을 이어주는 중요한 연결 끈이 된다는 사실이다. 그리고 십일조는 가시적인 분량이나 액수를 넘어 영적이며 정신적인 의미를 내포하고 있다는 점이다. 또한 십일조를 통해 이 세상의 물질적인 것을 넘어 천상의 복을 가득 부어주시겠다는 하나님의 약속이다.

하나님의 자녀들이 십일조를 내는 것은 율법 이행과 더불어 고백적인 의미를 지니고 있다. 즉 하나님께서 하늘의 태양빛과 비와 바람을 통해 곡식이 자라게 하셔서 자신의 생명을 유지케 하신다는 사실에 대한 고백이 그 가운데 담겨 있는 것이다. 십일조가 단순히 소득의 십분의 일을 냄으로써 자신의 의무를 다한 것에 머문다면 십일조 정신이 제대로 반영되지 않은 것이다.

그러므로 그 십일조를 통해 하나님에 대한 고백적 의미가 올바르게 드러나며 하나님과의 관계가 지속적으로 영위된다. 또한 그로 말미암아 영원한 천상의 나라에 대한 소망을 누리며 오직 주님을 바라보게 되는 것이다. 이는 소득과 수입의 많고 적음이나 부자와 가난한 자의 현상적인 문제가 아니라 날마다 이어지는 식생활을 포함한 일상적인 삶을 통해 이땅에서 유지되는 생명이 여호와 하나님으로부터 공급되고 유지된다는 사실을 고백하는 의미를 지니고 있다.

우리가 여기서 깊은 주의를 기울여야 할 점은 오늘날 우리에게도 십일조에 연관된 정신이 그대로 상속되고 있다는 사실이다. 물론 반드시 산술적인 계산에 따라 소득의 십분의 일을 십일조로 바쳐야 하는가 하는 것은 별개의 문제로 볼 수 있다. 현대의 화폐경제가 그것을 명확하게 구분할 수 있는 듯이 만들었지만 구약시대나 초대교회 시대는 물론 불과 백 년 전만 해도 그렇지 않았다. 농사를 짓거나 목축을 하거나 어업에 종사하여 살아가는 사람들이 그런 식으로 숫자를 철저히 계산하여 십일조를 낼 수 없었던 것이다.

중요한 사실은 성도들이 온전한 십일조 정신으로 하나님 앞에서 힘써 연보함으로써 그것을 통해 지상교회에 맡겨진 기본적인 직분 수행이 가능하게 된다는 점이다. 경우에 따라서는 십분의 이나 십분의 삼을 연보할 수도 있다. 물론 극한 어려움 가운데 처했을 경우에는 이십분의 일이나 삼십분의 일도 가능하다.

인간들은 본성적으로 자기 수중에 들어온 돈을 개인적 판단에 따라 마음대로 사용하기를 좋아하는 성향을 가지고 있다. 하지만 성도들은 수입의 일정부분을 교회에 맡김으로써 개인이 아니라 교회가 공적으로 사용하는 일에 참여해야 할 의무가 있다. 그렇게 함으로써 하나님과 교회에 붙어있는 삶의 의미를 지속적으로 확인하게 되는 것이다.

또한 언약의 백성들이 율법에 따라 온전한 십일조를 할 때 하나님께서 저들의 농산물을 해치는 메뚜기 떼를 막아주실 것이라고 했다. 그리고 포도 열매가 여물기 전에 떨어지지 않도록 해주리라고 하셨다. 그리하여 주변의 모든 이방인들이 언약의 자손들을 바라보며 그들이 복된 자들이라고 하리라는 것이었다.

이는 온전한 십일조가 주변 왕국으로부터 자신을 방어하며 하나님의 뜻을 드러내는 소중한 방편이 된다는 점을 말해주고 있다. 하나님의 모든 약속이 반드시 이루어진다는 사실을 알고 그에 온전히 순종하는 자들이 진정으로 복된 자들이라는 사실을 깨닫는 것은 매우 중요하다. 따라서 지상교회에 속해 하나님을 진정으로 경외하는 성도들은 이에 대한 분명한 깨달음을 가지지 않으면 안 된다.

4. 극도로 오만한 인간들(말3:13-15)

하나님께서는 모세 율법을 통해 제시된 그와 같은 삶을 거부하고 등한시하는 자들을 향해 강력한 책망을 하셨다. 그들은 하나님의 뜻에 저항하며 거룩하신 하나님을 욕보이면서도 그에 대한 인식이 전혀 없었다. 그런 자들은 스스로 얼마나 사악한 인간들인가에 대한 깨달음이 없는 상태에서 자신을 높이기를 좋아했다.

그러므로 그들은 여호와 하나님에 대한 진정한 경외감이 아니라 오히려 그를 향해 저항하기를 주저하지 않았다. 언제 자기가 주님을 대적했느냐는 식으로 덤벼드는 태도를 보였다. 즉 스스로 모든 힘을 기울여 하나님을 섬겼는데 하나님께서 그렇게 말씀하시는 것이 서운하고 억울하다는 것이었다. 물론 그들은 입술로만 그렇게 말할 뿐 실상은 하나님을 섬기고자 하는 참된 신앙이 전혀 없었다.

하나님께서는 저들의 사악한 속내를 훤히 들여다보며 질책하셨다. 그들이 하나님을 섬기는 것이 헛되다는 생각을 하고 있음을 지적하셨던 것이다. 그들은 하나님 앞에서 그의 율법을 지키는 것이 실제적 이득이 없다고 판단하는 가운데 자기의 부족함을 뉘우치거나 슬프게 탄식한다고 해도 자기에게 돌아오는 현실적 유익이 별로 없다고 생각하고 있었다. 그들은 그와 같은 상황에서 세상에서의 풍요를 얻으려 했지만 아무것도 얻지 못한 것을 두고 자기 심경을 드러내게 되었다.

따라서 그들은 오히려 이땅에서 세상으로부터 익힌 지혜를 배경으로 하여 교만한 자세를 가지고 살아가는 것이 복된 것으로 여겼다. 하나님을 전혀 두려워하지 않고 적절히 악을 행하는 자들이 더욱 번성하게 되는 사실을 줄곧 목격해 왔다는 것이었다. 나아가 하나님을 시험하면서 살아가는 자들이 아무런 재앙을 받지 않는 현실을 두 눈으로 똑똑히 보고 있다고 주장했던 것이다.

이처럼 그들은 여호와 하나님과 그의 말씀을 가까이 하지 않으면서도 세상에서 욕망을 채워가며 만족스럽게 살아가는 자들을 보며 자기도 그렇게 되기를 원하며 부러워했다. 하지만 하나님의 자녀들에게는 그것이 전혀 부러움의 대상이 될 수 없다. 성숙한 백성들은 저들이 세상에서 잘 되는 것이 부러움의 대상이 아니라 오히려 저주가 될 수 있다는 사실을 잘 알고 있었기 때문이다.

이와 같은 현상은 오늘날 우리 시대에도 그대로 드러나고 있다. 신앙이 어린 자들은 저주 아래 있는 자들의 성공과 부를 부러워하며 자기도 그렇게 되기를 원한다. 또한 하나님을 알지 못하는 자들은 자신의 그런 삶이 마치 매우 성공적인 것인 양 착각하고 있다. 그런데 문제는 그 왜곡된 풍조가 지상교회 안으로 들어와 있다는 사실이다.

그러다보니 사악한 배도자들이 교회를 마음대로 주무르면서 자기가 하나님으로부터 대단한 축복을 받은 인물인 양 선전하게 되면 어린 교인들은 그에 쉽게 속아 넘어가게 된다. 모든 성도들은 신앙이 성숙해 감에 따라 그에 대한 분명한 깨달음을 가져야 한다. 기독교 내부에 외관상 성공한 듯이 보이지만 실상은 저주 아래 놓인 자들이 있는가 하면 가난하고 어렵게 살아가지만 실제로는 영원한 천상에 연결된 하나님의 복을 풍성히 누리는 자들이 있다는 사실을 기억하지 않으면 안 된다.

물론 우리는 그와 정반대되는 현상 또한 간과할 수 없다. 부유하고 유능하면서 하나님 앞에 진정으로 겸손한 성도들이 있는가 하면 가난하고 힘들게 살아가면서 현실적으로 교만한 자들도 얼마든지 있을 수 있다. 우리는 이에 대한 분명한 이해를 할 필요가 있다.

5. 하나님을 경외하는 자들과 '기념책' (말3:16-18)

그와 같은 상황에서 여호와 하나님을 진정으로 경외하는 자들이 그에 반응했다. 그들은 하나님께 저들의 모든 형편을 아뢰며 하나님의 도움과 위로를 구했다. 그러자 하나님께서는 저들의 음성을 들으시고 답변하셨다.

선지자는 그에 관한 언급을 하는 가운데 하나님께서 자기를 진정으로 경외하며 자기 이름을 존중히 여기는 성도들을 위하여 하나님 앞에 놓여 있는 기념책에 그 모든 것들을 기록하셨음을 언급했다. 이는 하나님의 구원과 심판에 연관된 예언이다. 즉 하나님께서는 임기응변적으로 형편에 따라 구원과 심판을 행하시는 분이 아니라 책에 기록된 근거에 따라 그리 하신다는 것이다.

그러므로 여호와 하나님께서는 그가 직접 정하신 날에 그 백성을 자신의 특별한 소유로 삼으실 것에 대한 언급을 하셨다. 이는 사람들이 자기에게 효성을 다하는 아들을 진심으로 아끼는 것처럼 하나님께서도 자기의 말씀에 온전히 순종하는 자들을 아끼신다고 하셨다. 그 때가 이르게 되면 그 백성들이 의인과 악인을 분별할 수 있게 되며 하나님을 진정으로 섬기는 자와 그렇지 않은 자를 구별하게 되리라고 했다.

이 말 가운데는 현실적으로는 사람의 겉모양과 저들의 종교적인 활동을 보고 쉽게 분별하기 쉽지 않다는 의미가 내포되어 있다. 하지만 이땅에 메시아가 오시게 되면 그를 표준으로 하여 모든 것이 만천하에 드러나게 된다. 물론 그것은 최종 심판의 때가 이르러 완벽하게 판명되리라는 사실에 연관되어 있다. 그것이 당시 핍박받던 언약의 백성들에게 유일한 소망이 될 수 있었다. 이는 천상의 나라를 바라보며 주님의 재림을 간절히 기다리는 우리의 진정한 소망이 되기도 한다.

제4장

'여호와의 날' 과 메시아
(말4:1-6)

1. 하나님의 심판 날(말4:1)

하나님께서는 이스라엘 자손들을 향해 중요한 메시지를 선포하셨다. 장차 그들에게 마치 '용광로 불' 과 같은 뜨거운 불이 내리는 날이 임하리라는 것이었다. 이는 하나님의 최종 심판과 직접 연관되는 것으로 이해해야 한다. 그 날이 이르면 하나님의 율법을 멸시하는 교만한 자들과 악행을 저지르는 자들은 전부 바싹 마른 지푸라기 같이 타버리는 무서운 심판을 받게 된다. 그때 그 불은 저들을 완전히 불살라 버려 그 뿌리와 가지조차도 남기지 않을 것이라고 했다.

우리는 여기서 몇 가지 중요한 사실을 기억할 수 있어야 한다. 그것은 먼저 오래전 노아 홍수 때 하나님의 진리를 거부했던 모든 인간들이 하나님의 심판에 의해 멸망당한 사실이다. 하나님께서는 무서운 홍수를 보내 저들을 물로 심판하셨다. 하지만 하나님은 그후 다시는 물로 인간들을 심판하지 않겠다는 약속을 하셨다(창9:15, 참조). 그대신 뜨거운 불로 세상을 심판하시겠다는 말씀을 하셨다. 말라기서에 기록된 뜨거운 불 심판에 대한 하나님의 예언은 노아시대에 모든 것을 한꺼번에 삼켜버린 물 심판을 떠올리게 한다.

또한 우리가 깨달아야 할 점은 장차 불 심판에 의해 모든 것을 태워버리는 심판이 영원한 소멸을 의미하는 것이 아니라는 사실이다. 하나님께서는 본문의 기록을 통해 저들이 추구했던 모든 것들이 일시에 불타 없어질 것이며 그 근원마저도 완전히 끊어지게 되리라는 사실을 말씀하셨다. 이와 달리 성경에 기록된 불지옥은 영원히 꺼지지 않는 심판의 불이라는 사실을 말해주고 있다(막9:48,49). 선지자 말라기를 통해 언급된 용광로 불은 영원한 지옥에 관한 것이 아니라 마지막 심판에 연관된 말씀으로 받아들여야 한다.

타락한 이 세상에 살아가면서 참된 지혜를 소유한 성도들은 이에 대한 교훈을 항상 마음속 깊이 간직하고 있어야 한다. 세상에 존재하는 것들 가운데 영원한 값어치를 가지는 것은 아무 것도 없다. 그것이 물질적인 것이든 혹은 정신적인 것이든 마찬가지다. 따라서 하나님을 진정으로 경외하는 성도들은 일시적인 가치를 지닌 것과 영원한 가치를 가진 것에 대한 영적인 분별력을 소유해야만 한다.

2. '의로운 태양' 으로 말미암은 궁극적인 승리(말4:2,3)

하나님께서는 선지자 말라기를 통해 자기의 이름을 진정으로 경외하는 자들에게 장차 '의로운 태양' 이 떠오르게 되리라는 사실을 언급하셨다. 이는 모든 사람들에게 해당되는 사항이 아니라 하나님의 언약을 받아들이는 성도들을 향해 하시는 말씀이다. 또한 그 태양은 기존 세상에는 존재하지 않는 매우 특별한 태양이다.

여기서 의로운 태양이란 장차 이땅에 강림하실 메시아를 일컫고 있음이 분명하다. 그가 오시게 되면 치료하는 광선을 비추게 된다고 했다. 이는 타락한 세상에는 인간들의 능력으로 치료 불가능한 무서운 질병에 걸린 자들로 가득하다는 사실을 말해주고 있다. 그것은 불치병으로서 인간을 영원히 죽이는 역할을 한다. 그 질병은 곧 아담의 타락으로 말미암아 모든 인간들이 지니게 된 본질적인 죄에 연관되어 있는 것이 틀림없다.

그러므로 장차 이땅에 하나님으로 말미암는 그 의로운 태양이 떠올라 중대한 질병에 걸린 인간들에게 비치면 놀라운 일들이 발생한다. 그 빛이 비치게 되면 그 힘을 받는 자들은 마치 외양간에 갇혀 있다가 밖으로 뛰쳐나온 송아지마냥 즐겁게 뛰어다니게 된다. 그가 결코 피할 수 없는 죽음의 질병으로부터 완전히 해방되었기 때문이다.

또한 선지자는 그와 더불어, 세상에서 연약한 자들을 박해하던 강자와 부당한 박해를 받으며 고통당하던 자들 사이에 큰 반전이 일어나게 된다고 했다. 사악한 자들에 의해 억울하게 핍박받던 하나님의 자녀들이 이제 도리어 그 악한 자들을 짓밟게 된다는 것이었다. 하나님께서 정하신 그 특별한 날이 이르면 기득권을 가지고 악을 행하던 자들이 의로운 자들의 발바닥 아래 짓밟히는 재와 같이 무기력하게 된다. 이는 여호와 하나님으로부터 계시된 말씀으로써 장차 반드시 일어나게 될 사건이다.

3. 모세 율법을 기억하고 지켜야 할 언약의 백성(말4:4)

여호와 하나님께서는 언약의 백성들에게 율법을 기억하라는 말씀을 하셨다. 그 율법은 오래 전 이스라엘 자손이 애굽에서 탈출한 후 호렙 산에 머물고 있을 때 하나님의 종 모세를 통해 온 이스라엘 백성에게 전달되었다. 따라서 하나님께 속한 모든 언약의 자손들은 그 율법을 지켜야만 했다.

하나님의 백성들로서 율법이 가지는 그 자체의 의미를 올바르게 이해하는 것은 매우 중요하다. 그 율법은 이 세상의 모든 나라들에 존재하는 일반적인 법과는 근본적인 성격이 다르다. 이 세상의 모든 법은 일종의 상호 계약적 성격을 지니고 있다. 즉 법을 집행하는 자들과 일상생활 가운데서 그 법을 적용하며 살아가는 자들이 상호 연관되어 있는 것이다. 따라서 세상에 존재하는 모든 국가들은 그 구성원의 일부 혹은 전체 국민의 사회적 환경에 따라 그 법을 제정하게 된다.

그에 반해 이스라엘 백성이 소유한 하나님의 율법은 전혀 그렇지 않다. 그 법은 전적으로 하나님으로 말미암아 언약의 자손들에게 일방적으로 주어진 것이다. 즉 인간들의 의사가 전혀 반영되거나 가미되지 않은 상태에서 전적으로 천상의 나라로부터 지상에 계시된 성격을 지니고 있다. 따라서 하나님의 법은 타락한 이 세상 나라에 연관된 것이 아니라 오히려 천상에 존재하는 나라의 성격을 드러내고 있다. 이는 천상의 나라의 왕이신 하나님의 속성을 그대로 보여주는 것이기도 하다.

그러므로 하나님의 백성들은 모세가 기록한 율법을 대하면서 그것을 제정해 주신 여호와 하나님을 더욱 가까이 알아가게 된다. 또한 모든 언약의 백성은 하나님의 율법에 온전히 순종해야 할 의무가 있다. 누구든지 그 법을 멀리하거나 배척함으로써 순종하지 않으면 하나님에 대한 범법행위가 되기 때문이다.

따라서 선지자 말라기는 언약의 백성들을 향해 하나님의 율법을 기억하고 그 명령에 따르라는 요구를 했다. 그렇게 하는 것이 자신의 생명을 지키는 소중한 방편이 된다. 성도로서 죄에 빠진 인간들이 여호와 하나님을 알고 그의 뜻에 따를 수 있는 유일한 방편은 하나님의 법을 알고 그에 순종하는 것이란 사실을 깨닫지 않으면 안 된다.

우리가 또한 여기서 반드시 기억해야 할 바는 하나님으로부터 계시된 모세의 율법이 공간적으로는 영원한 천상의 나라를 향하고 있으며 시간적으로는 장차 이땅에 오시게 될 메시아를 향하고 있다는 사실이다. 하나님의 자녀들이 율법을 지키며 그에 순종해야 하는 까닭은 그 가운데 죄인들을 위해 궁극적인 구원을 이루시게 되실 메시아가 존재하기 때문이다. 그에 대한 올바른 깨달음이 있을 때 비로소 율법의 진정한 의미가 드러나게 되는 것이다.

4. '여호와의 크고 두려운 날'에 대한 예언(말4:5,6)

하나님께서는 장차 '여호와의 크고 두려운 날'이 임하게 되리라는 사실을 말씀하셨다. 이는 메시아 강림에 직접 연관된 예언이다. 그런데 그 날이 이르기 전에 하나님께서 선지자 엘리야를 저들에게 보내주신다고 했다. 엘리야는 구약시대의 대표적인 선지자로서 하나님의 무서운 심판을 예언한 선지자였다. 이 말씀은 곧 나중 예수님께서 공 사역을 시작하시기 전 세례 요한을 보내 뒤따라올 메시아 사역을 선포하는 사건에 연관된 말씀이다.

엘리야의 이름으로 먼저 보냄을 받은 그 선지자가 아버지의 마음을 자녀에게로 돌이키게 하고 자녀들의 마음을 그 아버지에게로 돌이키게 하리라고 했다. 이는 장차 조상으로부터 상속받은 언약의 의미를 회복하게 된다는 사실을 말해주고 있다. 이 말은 하나님께서 예비하신 소망의 때가 가까워지고 있음을 시사하고 있다.

하나님은 또한 만일 부모와 자녀들이 서로간 자신의 마음을 굳게 하여 돌이키지 않는다면 저들에게 무서운 저주를 내리게 될지 모른다는 사실을 언급하셨다. 따라서 선지자의 예언을 듣는 모든 백성들은 그 의미를 마음속 깊이 새겨두고 있어야 했다. 나아가 그 이후 구약시대의 모든 백성들은 그 예언의 말씀을 통해 주님께서 행하실 그 크고 두려운 날에 대한 소망을 가지고 살아가야만 했던 것이다.

성구색인

스바냐

학개

스가랴

말라기